2016

中国文化及相关产业统计年鉴

China Statistical Yearbook on Culture and Related Industries

国家统计局社会科技和文化产业统计司
中宣部文化体制改革和发展办公室 编

Compiled by
Department of Social, Science and Technology, and Cultural Statistics
National Bureau of Statistics of China
Cultural Reform and Development Office
Publicity Department of CPC Central Committee

图书在版编目（CIP）数据

中国文化及相关产业统计年鉴. 2016：汉英对照 / 国家统计局社会科技和文化产业统计司，中宣部文化体制改革和发展办公室编. -- 北京 ： 中国统计出版社，2016.11
ISBN 978-7-5037-8044-8

Ⅰ. ①中… Ⅱ. ①国… ②中… Ⅲ. ①文化产业－中国－2016－年鉴－汉、英 Ⅳ. ①G124-54

中国版本图书馆 CIP 数据核字(2016)第 268865 号

中国文化及相关产业统计年鉴—2016

作　　者/国家统计局社会科技和文化产业统计司，中宣部文化体制改革和发展办公室
责任编辑/徐　涛
封面设计/李雪燕　黄　晨
出版发行/中国统计出版社
通信地址/北京市丰台区西三环南路甲 6 号　邮政编码/100073
电　　话/邮购（010）63376909　书店（010）68783171
网　　址/http://www.zgtjcbs.com
印　　刷/河北鑫宏源印刷包装有限责任公司
经　　销/新华书店
开　　本/880mm×1230mm　1/16
字　　数/592 千字
印　　张/18.5
版　　别/2016 年 11 月第 1 版
版　　次/2016 年 11 月第 1 次印刷
定　　价/280.00 元

本书附同版本 CD-ROM 一张，光盘内容以书面文字为准。
如有印装差错，由本社发行部调换。

《中国文化及相关产业统计年鉴-2016》
编辑委员会和编辑部

编辑委员会

编　辑　部

China Statistical Yearbook on Culture and Related Industries-2016

Editorial Board and Editorial Staff

编 者 说 明

《中国文化及相关产业统计年鉴-2016》由国家统计局和中宣部共同编辑。本年鉴收录了2015年全国和各省、自治区、直辖市与文化产业相关的统计数据，以及2005-2014年全国主要统计数据，是一部全面反映我国文化改革发展情况的资料性年刊。

本年鉴内容分为六个部分。第一部分为经济和社会发展概况；第二部分为文化及相关产业发展情况；第三部分为文化及相关产业法人单位发展情况；第四部分主要文化行业发展情况；第五部分为港澳台地区统计资料；第六部分为国际统计资料。最后附录了中国入选世界文化遗产项目、主要统计指标解释和文化及相关产业分类（2012）。

本年鉴对部分总计和分项因小数取舍而产生的误差，均未做配平处理。年鉴各表中的“空格”表示该统计指标数据不足本表最小单位数、数据不详或无该项数据；“#”表示其中的主要项；“*”或“1、2、3”表示本表的注解。

参与本年鉴编辑的部门还有：工业和信息化部、民政部、财政部、住房和城乡建设部、商务部、文化部、国家工商总局、国家新闻出版广电总局、国家知识产权局和国家档案局。我们对上述部门有关人员在本年鉴编辑过程中给予的大力支持，表示衷心地感谢！

EDITOR'S NOTES

Ⅰ.*China Statistical Yearbook on Culture and Related Industries 2016* is compiled by National Bureau of Statistics of China and Publicity Department of CPC Central Committee. It covers data relevant with cultural industries for 2015 at national level and local level of province, autonomous region and municipality directly under the Central Government, and national key statistical data from 2005 to 2014.The yearbook is an annual statistical publication reflecting comprehensively the development and reform of culture of China.

Ⅱ.The yearbook contains six chapters: 1. Economic and Social Development; 2. Development of Culture and Related Industries; 3. Condition on Legal Entities of Culture and Related Industries; 4. Development of Main Cultural Industries; 5. Statistical Indicators of Hongkong, Macao and Taiwan of China; 6.International Statistical Indicators. Items Listing in World Cultural Heritage of China, Explanatory Notes on Main Statistical Indicators, Classification of Culture and related Industryies(2012) are listed as Appendices.

Ⅲ.Statistical discrepancies on totals and relative figures due to rounding are not adjusted in the yearbook. Notations used in the yearbook: (blank space) indicates that the figure is not large enough to be measured with the smallest unit in the table, or data are unknown, or are not available; "#" indicates a major breakdown of the total.

Ⅳ. Data in the yearbook are also source from the following departments: Ministry of Industry and Information Technology, Ministry of Civil Affairs, Ministry of Finance, Ministry of Housing and Urban-Rural Development, Ministry of Commerce, Ministry of Culture, State Administration for Industry & Commerce, State Administration of Press, Publication, Radio, Film and Television, State Intellectual Property Office and the State Archives Administration. Here we want to express our deep appreciation to these departments!

目　录

Contents

一、经济和社会发展概况

Economic and Social Development

1-1　国内生产总值 …… 3
Gross Domestic Product

1-2　国内生产总值构成 …… 3
Composition of Gross Domestic Product

1-3　地区生产总值 …… 4
Gross Regional Product

1-4　按三次产业分地区生产总值(2015 年) …… 5
Gross Regional Product by Three Strata of Industry (2015)

1-5　按三次产业分地区生产总值构成(2015 年) …… 6
Composition of Gross Regional Product by Three Strata of Industry(2015)

1-6　人口数及城乡构成 …… 7
Population in Urban and Rural Areas

1-7　人口数及年龄结构 …… 7
Population and Age Composition

1-8　分地区年末人口数 …… 8
Population at Year-end by Region

1-9　分地区人口数及城乡构成(2015 年) …… 9
Population at Year-end in Urban and Rural Areas by Region (2015)

1-10　按三次产业分就业人员数及构成（年底数) …… 10
Number of Employed Persons at Year-end and Composition by Three Strata of Industry

1-11　按城乡分就业人员数（年底数) …… 10
Number of Employed Persons at Year-end in Urban and Rural Areas

1-12　按行业分城镇单位就业人员数(年底数) …… 11
Number of Employed Persons in Urban Units at Year-end by Sector

1-13　全社会固定资产投资实际到位资金及构成 …… 15
Actual Funds for Investment in Fixed Assets in the Whole Country and Composition

1-14　分地区全社会固定资产投资实际到位资金(2015 年) …… 16
Actual Funds for Investment in Fixed Assets in the Whole Country by Region(2015)

1-15　按主要行业分全社会固定资产投资 …… 17
Total Investment in Fixed Assets in the Whole Country by Sector

1-16　分地区居民人均可支配收入与消费支出(2015 年) …… 21
Per Capita Disposable Income and Consumption Expenditure by Region (2015)

1-17 居民收入与支出 …… 22
Income and Consumption Expenditure
1-18 货物进出口总额 …… 22
Total Value of Imports and Exports
1-19 分地区货物进出口总额(2015 年) …… 23
Total Value of Imports and Exports by Region (2015)
1-20 一般公共预算收入及增速 …… 24
General Public Budget Revenue and Its Increase Rate
1-21 一般公共预算支出及增速 …… 24
General Public Budget Expenditure and Its Increase Rate
1-22 分地区一般公共预算收入和支出 (2015 年) …… 25
General Public Budget Revenue and Expenditure by Region (2015) ……
1-23 旅游业发展情况 …… 26
Development of Tourism
1-24 国内旅游情况 …… 26
Domestic Tourism
1-25 分地区接待入境过夜游客 …… 27
Number of Overseas Visitor Arrivals by Region
1-26 分地区国际旅游(外汇)收入 …… 28
Foreign Exchange Earnings from International Tourism by Region

二、文化及相关产业发展情况
Development of Culture and Related Industries

2-1-1 文化及相关产业法人单位数 …… 31
Number of Legal Entities Engaged in Culture and Related Industries
2-1-2 文化及相关产业法人单位数(2015 年) …… 31
Number of Legal Entities Engaged in Culture and Related Industries (2015)
2-1-3 分地区文化及相关产业法人单位数(2015 年) …… 32
Number of Legal Entities Engaged in Culture and Related Industries by Region (2015)
2-1-4 文化及相关产业增加值及占 GDP 比重 …… 33
Value-added of Culture and Related Industries and Its Percentage to GDP
2-1-5 文化及相关产业法人单位增加值及构成 …… 33
Value-added and Composition of Culture and Related Industries
2-1-6 分地区文化及相关产业法人单位主要指标(2004 年) …… 34
Basic Statistics on Legal Entities Engaged in Culture and Related Industries by Region (2004)
2-1-7 分地区文化及相关产业法人单位主要指标(2008 年) …… 36
Basic Statistics on Legal Entities Engaged in Culture and Related Industries by Region (2008)
2-1-8 分地区文化及相关产业法人单位主要指标(2013 年) …… 38
Basic Statistics on Legal Entities Engaged in Culture and Related Industries by Region (2013)
2-2-1 文化及相关产业固定资产投资实际到位资金 …… 39
Actual Funds for Investment in Fixed Assets of Culture and Related Industries
2-2-2 文化及相关产业主要行业固定资产投资实际到位资金(2015 年) …… 39
Actual Funds for Investment in Fixed Assets of Culture and Related Industries by Sector (2015)
2-2-3 按类别分文化及相关产业固定资产投资情况(2015 年) …… 40
Investment in Fixed Assets of Culture and Related Industries by Category (2015)

2-2-4 分地区文化及相关产业固定资产投资情况 …… 41
Investment in Fixed Assets of Culture and Related Industries by Region
2-2-5 文化及相关产业施工和投产项目情况 …… 43
Basic Statistics on Projects of Culture and Related Industries under Construction and Put into Use
2-2-6 文化及相关产业主要行业施工和投产项目情况(2015 年) …… 43
Basic Statistics on Projects of Culture and Related Industries under Construction and Put into Use by Sector (2015)
2-3-1 居民人均可支配收入与文化娱乐消费支出 …… 44
Per Capita Disposable Income and Consumption Expenditure on Education,Culture and Recreation of Households
2-3-2 分地区全国居民人均文化娱乐消费支出 …… 45
Per Capita Consumption Expenditure on Culture and Recreation of Nationwide Households by Region
2-3-3 分地区城镇居民人均文化娱乐消费支出 …… 46
Per Capita Consumption Expenditure on Culture and Recreation of Urban Households by Region
2-3-4 分地区农村居民人均文化娱乐消费支出 …… 47
Per Capita Consumption Expenditure on Culture and Recreation of Rural Households by Region
2-3-5 分地区居民人均文化娱乐消费支出(2015 年) …… 48
Per Capita Consumption Expenditure on Culture and Recreation of Households by Region(2015)
2-3-6 文化娱乐用品及服务价格指数 …… 49
Price Indices of Articles and Service for Culture and Recreation
2-3-7 按城乡分文化娱乐用品及服务价格指数(2015 年) …… 49
Price Indices of Articles and Service for Culture and Recreation in Urban and Rural Area (2015)
2-4-1 文化产品进出口情况 …… 50
Imports and Exports of Cultural Commodities
2-4-2 按商品类别分文化产品进出口情况(2015 年) …… 50
Imports and Exports of Cultural Commodities by Category of Commodities (2015)
2-4-3 按贸易方式分文化产品进出口情况(2015 年) …… 51
Imports and Exports of Cultural Commodities by Type of Trade (2015)
2-4-4 按企业性质分文化产品进出口情况(2015 年) …… 51
Imports and Exports of Cultural Commodities by Registration Status of Enterprises (2015)
2-4-5 文化产品前十五位出口市场 …… 52
Ranking List of Exports of Cultural Commodities by Country (Region) of Destination
2-4-6 文化产品前十五位进口市场 …… 53
Ranking List of Imports of Cultural Commodities by Country (Region) of Origin
2-5-1 全国一般公共预算文化体育与传媒支出 …… 55
Expenditure for Culture, Sport and Media of National Government Revenue
2-5-2 地方一般公共预算文化体育与传媒支出 …… 56
Expenditure for Culture, Sport and Media of Regional Government Revenue
2-6-1 国内文化及相关产业专利授权情况 …… 57
Basic Statistics on Granted Patent Applications on Culture and Related Industries
2-6-2 按类别分文化及相关产业专利授权情况 …… 58
Basic Statistics on Granted Patent Applications on Culture and Related Industries by Category

三、文化及相关产业法人单位发展情况

Condition on Legal Entities of Culture and Related Industries

3-1-1 规模以上文化制造业企业基本情况(2015 年)…… 61
Basic Statistics on Cultural Industrial Enterprises above Designated Size(2015)

3-1-2 按类别分规模以上文化制造业企业基本情况(2015 年)…… 65
Basic Statistics on Cultural Industrial Enterprises above Designated Size by Category(2015)

3-1-3 分地区规模以上文化制造业企业基本情况(2015 年)…… 67
Basic Statistics on Cultural Industrial Enterprises above Designated Size by Region(2015)

3-1-4 按类别分规模以上文化制造业企业主要财务指标(2015 年)…… 69
Main Economic Indicators of Cultural Industrial Enterprises above Designated Size by Category(2015)

3-1-5 分地区规模以上文化制造业企业主要财务指标(2015 年)…… 71
Main Economic Indicators of Cultural Industrial Enterprises above Designated Size by Region(2015)

3-1-6 规模以上文化制造业企业科技活动情况(2015 年)…… 74
Basic Statistics on Science and Technology Activities of Cultural Industrial Enterprises above Designated Size(2015)

3-1-7 按类别分规模以上文化制造业企业科技活动情况(2015 年)…… 79
Basic Statistics on Science and Technology Activities of Cultural Industrial Enterprises above Designated Size by Category(2015)

3-1-8 分地区规模以上文化制造业企业科技活动情况(2015 年)…… 81
Basic Statistics on Science and Technology Activities of Cultural Industrial Enterprises above Designated Size by Region(2015)

3-1-9 按类别分规模以下文化制造业企业主要财务指标(2015 年)…… 83
Main Economic Indicators of Cultural Industrial Enterprises under Designated Size by Category(2015)

3-1-10 分地区规模以下文化制造业企业主要财务指标(2015 年)…… 85
Main Economic Indicators of Cultural Industrial Enterprises under Designated Size by Region(2015)

3-2-1 限额以上文化批发和零售业企业基本情况(2015 年)…… 86
Basic Statistics on Cultural Wholesale and Retail Trades Enterprises above Designated Size(2015)

3-2-2 按类别分限额以上文化批发和零售业企业基本情况(2015 年)…… 88
Basic Statistics on Cultural Wholesale and Retail Trades Enterprises above Designated Size by Category(2015)

3-2-3 分地区限额以上文化批发和零售业企业基本情况(2015 年)…… 89
Basic Statistics on Cultural Wholesale and Retail Trades Enterprises above Designated Size by Region(2015)

3-2-4 按类别分限额以上文化批发和零售业企业主要财务指标(2015 年)…… 91
Main Economic Indicators of Cultural Wholesale and Retail Trades Enterprises above Designated Size by Category(2015)

3-2-5 分地区限额以上文化批发和零售业企业主要财务指标(2015 年)…… 93
Main Economic Indicators of Cultural Wholesale and Retail Trades Enterprises above Designated Size by Region(2015)

3-2-6 按类别分限额以下文化批发和零售业企业主要财务指标(2015 年)…… 95
Main Economic Indicators of Cultural Wholesale and Retai l Trades Enterprises under Designated Size by Category(2015)
3-2-7 分地区限额以下文化批发和零售业企业主要财务指标(2015 年)…… 96
Main Economic Indicators of Cultural Wholesale and Retail Trades Enterprises under Designated Size by Region(2015)
3-3-1 规模以上文化服务业企业基本情况(2015 年)…… 98
Basic Statistics on Cultural Enterprises of Service Industry above Designated Size(2015)
3-3-2 按类别分规模以上文化服务业企业基本情况(2015 年)……102
Basic Statistics on Cultural Enterprises of Service Industry above Designated Size by Category(2015)
3-3-3 分地区规模以上文化服务业企业基本情况(2015 年)……104
Basic Statistics on Cultural Enterprises of Service Industry above Designated Size by Region(2015)
3-3-4 按类别分规模以上文化服务业企业主要财务指标(2015 年)……106
Main Economic Indicators of Cultural Enterprises of Service Industry above Designated Size by Category(2015)
3-3-5 分地区规模以上文化服务业企业主要财务指标(2015 年)……108
Main Economic Indicators of Cultural Enterprises of Service Industry above Designated Size by Region(2015)
3-3-6 按类别分规模以下文化服务业企业主要财务指标(2015 年)……110
Main Economic Indicators of Cultural Enterprises of Service Industry under Designated Size by Category(2015)
3-3-7 分地区规模以下文化服务业企业主要财务指标(2015 年)……112
Main Economic Indicators of Cultural Enterprises of Service Industry under Designated Size by Region(2015)
3-3-8 按类别分文化服务业事业和其他单位主要财务指标(2015 年)……114
Main Economic Indicators of Public and Other Cultural Institutions of Service Industry by Category(2015)
3-3-9 分地区文化服务业事业和其他单位主要财务指标(2015 年)……115
Main Economic Indicators of Public and Other Cultural Institutions of Service Industry by Region(2015)

四、主要文化行业发展情况
Development of Main Cultural Industries

4-1-1 出版物基本情况……119
Basic Statistics on Publications
4-1-2 分地区少年儿童读物和课本出版情况(2015 年)……121
Number of Books Published for Children and Textbooks by Region(2015)
4-1-3 全国出版机构及人员情况……122
Institutions and Engaged Persons of Publication Industry
4-1-4 出版物发行购、销、存情况……123
Basic Statistics on Purchase,Sales and Stock of Publications

4-1-5 出版物纯销售情况 ······ 124
Basic Statistics on Sales of Publications
4-1-6 出版物发行网点数 ······ 125
Basic Statistics on Issuing Institutions of Publications
4-1-7 按类别分出版物销售情况 ······ 126
Basic Statistics on Sales of Publications by Category
4-1-8 出版物印刷机构情况 ······ 127
Basic Statistics on Printing Institutions
4-1-9 全国图书、期刊、报纸进出口情况 ······ 129
Basic Statistics on Imports and Exports of Books, Magazines and Newspapers
4-1-10 全国音像制品、电子出版物与数字出版物进出口情况 ······ 129
Basic Statistics on Audio-Vedio Product, Electronic Publications and Digital Publications
4-1-11 版权合同登记情况 ······ 130
Basic Statistics on Registration of Copyright Contracts
4-1-12 全国作品自愿登记情况 ······ 132
Basic Statistics on Registration of Original Products
4-1-13 版权引进和输出情况 ······ 134
Basic Statistics on Copyright Import and Export
4-2-1 全国广播和电视综合人口覆盖情况 ······ 135
Population Coverage Rate of Radio and TV Programs
4-2-2 全国有线广播电视实际用户情况 ······ 136
Users of Cable Radios and TVs
4-2-3 全国广播电视节目制作和播出情况 ······ 137
Production and Broadcasting of Radio and TV Programs
4-2-4 分地区广播节目制作情况(2015 年) ······ 138
Production of Radio Program by Region(2015)
4-2-5 分地区电视节目制作交易情况(2015 年) ······ 139
Production and Transaction of TV Program by Region(2015)
4-2-6 分地区广播节目播出情况(2015 年) ······ 141
Broadcasting of Radio Program by Region(2015)
4-2-7 分地区电视节目播出情况(2015 年) ······ 143
Broadcasting of TV Program by Region(2015)
4-2-8 分地区电视剧播出情况(2015 年) ······ 145
Broadcasting of TV Plays by Region(2015)
4-2-9 全国广播电视从业人员情况 ······ 146
Persons Engaged in Radio and TV Broadcasting Industry
4-2-10 全国广播电视实际创收收入及资产情况 ······ 147
Revenue and Assets of Radio and TV Broadcasting Industry
4-2-11 分地区广播电视实际创收收入及资产情况(2015 年) ······ 148
Revenue of Radio and TV Broadcasting Industry by Region(2015)
4-2-12 分地区广播电视行政事业单位财务收支情况(2015 年) ······ 150
Main Financial Indicators of Administrative Organs and Institutions Engaged in Radio and TV Broadcasting (2015)

4-2-13 分地区广播电视行政事业单位实际创收情况(2015 年) ……151
Actual Revenue of Administrative Organs and Institutions Engaged in Radio and TV Broadcasting by Region(2015)
4-2-14 分地区广播电视行政事业单位资产负债情况(2015 年) ……153
Assets and Liabilities of Administrative Organs and Institutions Engaged in Radio and TV Broadcasting by Region(2015)
4-2-15 分地区广播电视企业单位经营情况(2015 年) ……154
Main Financial Indicators of Enterprises Engaged in Radio and TV Broadcasting by Region(2015)
4-2-16 分地区广播电视企业单位创收情况(2015 年) ……155
Actual Revenue of Enterprises Engaged in Radio and TV Broadcasting by Region(2015)
4-2-17 分地区广播电视企业单位资产负债情况(2015 年) ……157
Assets and Liabilities of Enterprises Engaged in Radio and TV Broadcasting by Region(2015)
4-2-18 全国电视节目进出口情况 ……158
Basic Statistics on Imported and Exported TV Programs
4-2-19 全国电视节目进出口情况(2015 年) ……158
Basic Statistics on Imported and Exported TV Programs(2015)
4-2-20 分地区电视节目进出口情况(2015 年) ……160
Basic Statistics on Imported and Exported TV Programs by Region(2015)
4-2-21 全国电影发展情况 ……162
Basic Statistics on Film Industry
4-3-1 博物馆基本情况 ……163
Basic Statistics on Museums
4-3-2 分地区博物馆基本情况(2015 年) ……164
Basic Statistics on Museums by Region(2015)
4-3-3 群众文化机构基本情况 ……167
Basic Statistics on Mass Cultural Institutions
4-3-4 分地区群众文化机构基本情况(2015 年) ……168
Basic Statistics on Mass Cultural Institutions by Region(2015)
4-3-5 公共图书馆基本情况 ……171
Basic Statistics on Public Libraries
4-3-6 分地区公共图书馆基本情况(2015 年) ……172
Basic Statistics on Public Libraries by Region(2015)
4-3-7 艺术表演团体基本情况 ……176
Basic Statistics on Art Performance Troupes
4-3-8 分地区艺术表演团体基本情况(2015 年) ……177
Basic Statistics on Art Performance Troupes by Region(2015)
4-3-9 艺术表演场馆基本情况 ……180
Basic Statistics on Art Performance Places of Culture System
4-3-10 分地区艺术表演场馆基本情况(2015 年) ……181
Basic Statistics on Art Performance Places of Culture System by Region(2015)
4-3-11 文物保护管理机构基本情况 ……184
Basic Statistics on Agencies of Cultural Relics Preservation
4-3-12 文物保护科研机构基本情况 ……184
Basic Statistics on Scientific and Research Agencies of Cultural Relics

4-3-13 分地区文物保护管理机构基本情况(2015 年)……185
Basic Statistics on Agencies of Cultural Relics Preservation by Region(2015)
4-3-14 分地区文物保护科研机构基本情况(2015 年)……188
Basic Statistics on Scientific and Research Agencies of ultural Relics by Region(2015)
4-3-15 文化类社会组织情况……191
Basic Statistics on Social Organizations Related with Culture
4-3-16 烈士纪念建筑物管理单位基本情况……192
Basic Statistics on Martyr Memorial Building Management Units
4-3-17 档案馆机构和人员情况……194
Basic Statistics on Archive Institutions and Personnel
4-3-18 国家综合档案馆基本情况……195
Basic Statistics on National Comprehensive Archives
4-4-1 分地区国家级风景名胜区基本情况(2015 年)……196
Basic Statistics on National Scenic Area by Region(2015)
4-4-2 娱乐场所基本情况……199
Basic Statistics on Entertainment Units
4-4-3 分地区娱乐场所基本情况(2015 年)……200
Basic Statistics on Entertainment Units by Region(2015)
4-4-4 网吧基本情况……202
Basic Statistics on Internet Bars
4-4-5 分地区网吧基本情况(2015 年)……203
Basic Statistics on Internet Bars by Region(2015)
4-4-6 分地区动漫企业基本情况(2015 年)……205
Basic Statistics on Comic and Animation Enterprises by Region(2015
4-5-1 全国广告业基本情况……207
Basic Statistics on Advertising Industry
4-5-2 分地区广告经营单位……208
Number of Advertising Units by Region
4-5-3 分地区广告从业人员……209
Basic Statistics on Persons Engaged in Advertising by Region
4-5-4 分地区广告经营额……210
Basic Statistics on Advertising Turnover by Region
4-5-5 建筑设计资质企业财务状况……211
Basic Statistics on Enterprises with Qualification of Architectural Design
4-5-6 建筑装饰工程设计资质企业财务状况……212
Basic Statistics on Enterprises with Qualification of Architectural Decoration Design
4-5-7 与文化产业相关的通信业基本情况……213
Basic Statistics on Communication Service Related with Culture Industries

五、港澳台地区统计资料

Statistical Indicators of Hong Kong, Macao and Taiwan, China

5-1-1 香港文化及创意产业增加值……219
Value Added of the Cultural and Creative Industries of Hong Kong, China

5-1-2 香港文化及创意产业就业人数……220
Number of Persons Engaged in the Cultural and Creative Industries of Hongkong, China
5-1-3 香港文化及创意产品进出口情况……221
Total Exports and Imports of Cultural and Creative Goods of Hongkong, China
5-1-4 香港文化及创意服务输出和输入情况……222
Exports and Imports of Cultural and Creative Services of HongKong, China
5-2-1 澳门文化活动参与情况……224
Basic Statistics on Arts Attendance of Macao,China
5-2-2 澳门会展业基本情况……226
Basic Statistics on Exhibition Industry of Macao,China
5-2-3 澳门表演及文化展览情况……226
Basic Statistics on Public Performance and Cultural Exhibitions of Macao,China
5-2-4 澳门公共图书馆及阅览室情况……227
Basic Statistics on Public Libraries and Reading Rooms of Macao,China
5-2-5 澳门出版、博物馆及广播电影电视情况……228
Basic Statistics on Publishing, Museums,Radio, TV and Films
5-3-1 台湾省文创产业营业额与本地生产总值……229
Total Revenue of Cultural and Creative Industries and GDP of Taiwan,China
5-3-2 台湾省文创产业从业人员情况……229
Basic Statistics on Engaged Persons of Cultural and Creative Industries of Taiwan,China
5-3-3 台湾省文化创意产业企业情况……230
Basic Statistics on Enterprises of Cultural and Creative Industries of Taiwan,China

六、国际统计资料
International Statistical Indicators

6-1 世界主要国家版权产业增加值占 GDP 的比重……233
Contribution of Copyright Industries to GDP in Main Countries
6-2 世界主要国家版权产业从业人员占从业总人员数的比重……234
Employed Persons Engaged in Copyright Industries as Percentage of Total Employed Persons
6-3 世界创意产品进出口情况(2012 年)……235
Basic Statistics on Imported and Exported Creative Goods (2012)
6-4 世界创意产品出口情况……236
Values of Exported Creative Goods
6-5 世界创意产品进口情况……238
Values of Imported Creative Goods
6-6 世界主要国家故事影片生产情况……240
Total Number of National Feature Films Produced in Main Countries
6-7 世界主要国家电影银幕情况……242
Total Number of Screens in Main Countries
6-8 按产业分美国文化总产出及增加值(2013 年)……244
Output and Value Added of Culture by Industry in America(2013)
6-9 按产业分类的美国文化从业人员及劳动报酬(2013 年)……246
Employment and Compensation of Culture by Industry in America(2013)

6-10 加拿大文化产业基本情况……248
Basic Statistics on Culture Industries in Canada
6-11 澳大利亚文化产业增加值基本情况……248
The Added Value of Creative Industries in Australia
6-12 英国文化产业增加值基本情况……249
Gross value added for the Creative Industries in UK
6-13 德国文化产业基本情况……250
Key Data on the Culture and Creative Industries in Germany
6-14 法国文化产业增加值及构成……251
Value-added of Cultutal Industries and Its Composition in France
6-15 西班牙核心文化产业增加值……252
Value-added of Core Cultural Industries in Spain
6-16 日本文化产业基本情况……253
Basic Statistics on Culture Industries in Japan
6-17 韩国文化产业统计(2012 年)……254
Statistics of Korea's Creative Content Industry(2012)
6-18 印度娱乐传媒业营业额基本情况……254
Business Revenue of Entertainment and Media Industry in India

附录一 中国入选世界文化遗产项目
Appendix 1 Items Listing in World Cultural Heritage of China
1.中国入选“世界遗产名录”的文化和自然遗产项目……257
2.中国入选世界“非物质文化遗产代表作名录”的项目……259
3.中国列入“急需保护的非物质文化遗产名录”的项目……259
4.中国世界文化遗产预备名单……260

附录二 主要统计指标解释……265
Appendix 2 Explanatory Notes on Main Statistical Indicators

附录三 文化及相关产业分类（2012）
Appendix 3 Classification of Culture and Related Industries (2012)
文化及相关产业分类(2012)……271
表 1 文化及相关产业的类别名称和行业代码……273
表 2 对延伸层文化生产活动内容的说明……278

1

经济和社会发展概况

Economic and Social Development

1-1　国内生产总值
Gross Domestic Product

单位：亿元　　(100 million yuan)

年份 Year	国内生产总值 Gross Domestic Product	第一产业 Primary Industry	第二产业 Secondary Industry	#工业 Industry	第三产业 Tertiary Industry	#批发零售业 Wholesale and Retail Trades
2005	187318.9	21806.7	88084.4	77960.5	77427.8	13966.2
2006	219438.5	23317.0	104361.8	92238.4	91759.7	16530.7
2007	270232.3	27788.0	126633.6	111693.9	115810.7	20937.8
2008	319515.5	32753.2	149956.6	131727.6	136805.8	26182.3
2009	349081.4	34161.8	160171.7	138095.5	154747.9	29001.5
2010	413030.3	39362.6	191629.8	165126.4	182038.0	35904.4
2011	489300.6	46163.1	227038.8	195142.8	216098.6	43730.5
2012	540367.4	50902.3	244643.3	208905.6	244821.9	49831.0
2013	595244.4	55329.1	261956.1	222337.6	277959.3	56284.1
2014	643974.0	58343.5	277571.8	233856.4	308058.6	62423.5
2015	685505.8	60870.5	280560.3	235183.5	344075.0	66203.8

注：1.本表按当年价格计算(以下相关表同)。
　　2.实施研发支出核算方法改革后，对各年度GDP数据进行了系统修订(以下相关表同)。

a) Data in this table are calculated at current prices.The same applies to the relevant tables following.

b)As methodology of R&D expenditure accounting is reformed, data of GDP of all years are adjusted systematically. The same applies to the relevant tables following.

1-2　国内生产总值构成
Composition of Gross Domestic Product

单位：%　　(%)

年份 Year	国内生产总值 Gross Domestic Product	第一产业 Primary Industry	第二产业 Secondary Industry	#工业 Industry	第三产业 Tertiary Industry	#批发零售业 Wholesale and Retail Trades
2005	100.0	11.6	47.0	41.6	41.3	7.5
2006	100.0	10.6	47.6	42.0	41.8	7.5
2007	100.0	10.3	46.9	41.3	42.9	7.7
2008	100.0	10.3	46.9	41.2	42.8	8.2
2009	100.0	9.8	45.9	39.6	44.3	8.3
2010	100.0	9.5	46.4	40.0	44.1	8.7
2011	100.0	9.4	46.4	39.9	44.2	8.9
2012	100.0	9.4	45.3	38.7	45.3	9.2
2013	100.0	9.3	44.0	37.4	46.7	9.5
2014	100.0	9.1	43.1	36.3	47.8	9.7
2015	100.0	8.9	40.9	34.3	50.2	9.7

1-3 地区生产总值
Gross Regional Product

单位：亿元 (100 million yuan)

地 区	Region	2011	2012	2013	2014	2015
北 京	Beijing	16251.9	17879.4	19800.8	21330.8	23014.6
天 津	Tianjin	11307.3	12893.9	14442.0	15726.9	16538.2
河 北	Hebei	24515.8	26575.0	28443.0	29421.2	29806.1
山 西	Shanxi	11237.6	12112.8	12665.3	12761.5	12766.5
内蒙古	Inner Mongolia	14359.9	15880.6	16916.5	17770.2	17831.5
辽 宁	Liaoning	22226.7	24846.4	27213.2	28626.6	28669.0
吉 林	Jilin	10568.8	11939.2	13046.4	13803.1	14063.1
黑龙江	Heilongjiang	12582.0	13691.6	14454.9	15039.4	15083.7
上 海	Shanghai	19195.7	20181.7	21818.2	23567.7	25123.5
江 苏	Jiangsu	49110.3	54058.2	59753.4	65088.3	70116.4
浙 江	Zhejiang	32318.9	34665.3	37756.6	40173.0	42886.5
安 徽	Anhui	15300.7	17212.1	19229.3	20848.7	22005.6
福 建	Fujian	17560.2	19701.8	21868.5	24055.8	25979.8
江 西	Jiangxi	11702.8	12948.9	14410.2	15714.6	16723.8
山 东	Shandong	45361.9	50013.2	55230.3	59426.6	63002.3
河 南	Henan	26931.0	29599.3	32191.3	34938.2	37002.2
湖 北	Hubei	19632.3	22250.5	24791.8	27379.2	29550.2
湖 南	Hunan	19669.6	22154.2	24621.7	27037.3	28902.2
广 东	Guangdong	53210.3	57067.9	62474.8	67809.9	72812.6
广 西	Guangxi	11720.9	13035.1	14449.9	15672.9	16803.1
海 南	Hainan	2522.7	2855.5	3177.6	3500.7	3702.8
重 庆	Chongqing	10011.4	11409.6	12783.3	14262.6	15717.3
四 川	Sichuan	21026.7	23872.8	26392.1	28536.7	30053.1
贵 州	Guizhou	5701.8	6852.2	8086.9	9266.4	10502.6
云 南	Yunnan	8893.1	10309.5	11832.3	12814.6	13619.2
西 藏	Tibet	605.8	701.0	815.7	920.8	1026.4
陕 西	Shaanxi	12512.3	14453.7	16205.5	17689.9	18021.9
甘 肃	Gansu	5020.4	5650.2	6330.7	6836.8	6790.3
青 海	Qinghai	1670.4	1893.5	2122.1	2303.3	2417.1
宁 夏	Ningxia	2102.2	2341.3	2577.6	2752.1	2911.8
新 疆	Xinjiang	6610.1	7505.3	8443.8	9273.5	9324.8

1-4 按三次产业分地区生产总值(2015年)
Gross Regional Product by Three Strata of Industry (2015)

单位：亿元 (100 million yuan)

地 区	Region	地 区 生产总值 Gross Regional Product	第一产业 Primary Industry	第二产业 Secondary Industry	#工业 Industry	第三产业 Tertiary Industry
北 京	Beijing	23014.6	140.2	4542.6	3710.9	18331.7
天 津	Tianjin	16538.2	208.8	7704.2	6982.7	8625.2
河 北	Hebei	29806.1	3439.5	14386.9	12626.2	11979.8
山 西	Shanxi	12766.5	783.2	5194.3	4359.6	6789.1
内蒙古	Inner Mongolia	17831.5	1617.4	9000.6	7739.2	7213.5
辽 宁	Liaoning	28669.0	2384.0	13042.0	11270.8	13243.0
吉 林	Jilin	14063.1	1596.3	7005.7	6112.1	5461.1
黑龙江	Heilongjiang	15083.7	2633.5	4798.1	4053.8	7652.1
上 海	Shanghai	25123.5	109.8	7991.0	7162.3	17022.6
江 苏	Jiangsu	70116.4	3986.1	32044.5	27996.4	34085.9
浙 江	Zhejiang	42886.5	1832.9	19711.7	17217.5	21341.9
安 徽	Anhui	22005.6	2456.7	10946.8	9264.8	8602.1
福 建	Fujian	25979.8	2118.1	13064.8	10820.2	10796.9
江 西	Jiangxi	16723.8	1773.0	8411.6	6918.0	6539.2
山 东	Shandong	63002.3	4979.1	29485.9	25910.7	28537.4
河 南	Henan	37002.2	4209.6	17917.4	15823.3	14875.2
湖 北	Hubei	29550.2	3309.8	13503.6	11532.4	12736.8
湖 南	Hunan	28902.2	3331.6	12810.8	10945.8	12759.8
广 东	Guangdong	72812.6	3345.5	32613.5	30259.5	36853.5
广 西	Guangxi	16803.1	2565.5	7717.5	6359.8	6520.2
海 南	Hainan	3702.8	854.7	875.8	485.9	1972.2
重 庆	Chongqing	15717.3	1150.2	7069.4	5557.5	7497.8
四 川	Sichuan	30053.1	3677.3	13248.1	11039.1	13127.7
贵 州	Guizhou	10502.6	1640.6	4147.8	3315.6	4714.1
云 南	Yunnan	13619.2	2055.8	5416.1	3848.3	6147.3
西 藏	Tibet	1026.4	98.0	376.2	69.9	552.2
陕 西	Shaanxi	18021.9	1597.6	9082.1	7344.6	7342.1
甘 肃	Gansu	6790.3	954.1	2494.8	1778.1	3341.5
青 海	Qinghai	2417.1	208.9	1207.3	893.9	1000.8
宁 夏	Ningxia	2911.8	237.8	1379.6	979.7	1294.4
新 疆	Xinjiang	9324.8	1559.1	3596.4	2740.7	4169.3

1-5 按三次产业分地区生产总值构成(2015年)
Composition of Gross Regional Product by Three Strata of Industry(2015)

单位：% (%)

地区	Region	地区生产总值 Gross Regional Product	第一产业 Primary Industry	第二产业 Secondary Industry	#工业 Industry	第三产业 Tertiary Industry
北京	Beijing	100.0	0.6	19.7	16.1	79.7
天津	Tianjin	100.0	1.3	46.6	42.2	52.2
河北	Hebei	100.0	11.5	48.3	42.4	40.2
山西	Shanxi	100.0	6.1	40.7	34.1	53.2
内蒙古	Inner Mongolia	100.0	9.1	50.5	43.4	40.5
辽宁	Liaoning	100.0	8.3	45.5	39.3	46.2
吉林	Jilin	100.0	11.4	49.8	43.5	38.8
黑龙江	Heilongjiang	100.0	17.5	31.8	26.9	50.7
上海	Shanghai	100.0	0.4	31.8	28.5	67.8
江苏	Jiangsu	100.0	5.7	45.7	39.9	48.6
浙江	Zhejiang	100.0	4.3	46.0	40.1	49.8
安徽	Anhui	100.0	11.2	49.7	42.1	39.1
福建	Fujian	100.0	8.2	50.3	41.6	41.6
江西	Jiangxi	100.0	10.6	50.3	41.4	39.1
山东	Shandong	100.0	7.9	46.8	41.1	45.3
河南	Henan	100.0	11.4	48.4	42.8	40.2
湖北	Hubei	100.0	11.2	45.7	39.0	43.1
湖南	Hunan	100.0	11.5	44.3	37.9	44.1
广东	Guangdong	100.0	4.6	44.8	41.6	50.6
广西	Guangxi	100.0	15.3	45.9	37.8	38.8
海南	Hainan	100.0	23.1	23.7	13.1	53.3
重庆	Chongqing	100.0	7.3	45.0	35.4	47.7
四川	Sichuan	100.0	12.2	44.1	36.7	43.7
贵州	Guizhou	100.0	15.6	39.5	31.6	44.9
云南	Yunnan	100.0	15.1	39.8	28.3	45.1
西藏	Tibet	100.0	9.6	36.7	6.8	53.8
陕西	Shaanxi	100.0	8.9	50.4	40.8	40.7
甘肃	Gansu	100.0	14.1	36.7	26.2	49.2
青海	Qinghai	100.0	8.6	49.9	37.0	41.4
宁夏	Ningxia	100.0	8.2	47.4	33.6	44.5
新疆	Xinjiang	100.0	16.7	38.6	29.4	44.7

1-6 人口数及城乡构成
Population in Urban and Rural Areas

单位：万人，%　　　　(10 000 persons,%)

年 份 Year	总人口 (年末) Total Population (year-end)	城镇 Urban	乡村 Rural	构成 Composition 城镇 Urban	 乡村 Rural
2005	130756	56212	74544	42.99	57.01
2006	131448	58288	73160	44.34	55.66
2007	132129	60633	71496	45.89	54.11
2008	132802	62403	70399	46.99	53.01
2009	133450	64512	68938	48.34	51.66
2010	134091	66978	67113	49.95	50.05
2011	134735	69079	65656	51.27	48.73
2012	135404	71182	64222	52.57	47.43
2013	136072	73111	62961	53.73	46.27
2014	136782	74916	61866	54.77	45.23
2015	137462	77116	60346	56.10	43.90

1-7 人口数及年龄结构
Population and Age Composition

单位：万人，%　　　　(10 000 persons,%)

年 份 Year	总人口 (年末) Total Population (year-end)	按年龄组分 by Age 0-14岁 Aged 0-14 人口数 Population	 比重 Proportion	 15-64岁 Aged 15-64 人口数 Population	 比重 Proportion	 65岁及以上 Aged 65 and Over 人口数 Population	 比重 Proportion
2005	130756	26504	20.3	94197	72.0	10055	7.7
2006	131448	25961	19.8	95068	72.3	10419	7.9
2007	132129	25660	19.4	95833	72.5	10636	8.1
2008	132802	25166	19.0	96680	72.7	10956	8.3
2009	133450	24659	18.5	97484	73.0	11307	8.5
2010	134091	22259	16.6	99938	74.5	11894	8.9
2011	134735	22164	16.5	100283	74.4	12288	9.1
2012	135404	22287	16.5	100403	74.1	12714	9.4
2013	136072	22329	16.4	100582	73.9	13161	9.7
2014	136782	22558	16.5	100469	73.4	13755	10.1
2015	137462	22715	16.5	100361	73.0	14386	10.5

1-8 分地区年末人口数
Population at Year-end by Region

单位：万人 (10 000 persons)

地　区	Region	2006	2007	2008	2009	2010	2011	2012	2013	2014	2015
全　国	**National Total**	**131448**	**132129**	**132802**	**133450**	**134091**	**134735**	**135404**	**136072**	**136782**	**137462**
北　京	Beijing	1581	1633	1695	1755	1962	2019	2069	2115	2152	2171
天　津	Tianjin	1075	1115	1176	1228	1299	1355	1413	1472	1517	1547
河　北	Hebei	6898	6943	6989	7034	7194	7241	7288	7333	7384	7425
山　西	Shanxi	3375	3393	3411	3427	3574	3593	3611	3630	3648	3664
内蒙古	Inner Mongolia	2415	2429	2444	2458	2472	2482	2490	2498	2505	2511
辽　宁	Liaoning	4271	4298	4315	4341	4375	4383	4389	4390	4391	4382
吉　林	Jilin	2723	2730	2734	2740	2747	2749	2750	2751	2752	2753
黑龙江	Heilongjiang	3823	3824	3825	3826	3833	3834	3834	3835	3833	3812
上　海	Shanghai	1964	2064	2141	2210	2303	2347	2380	2415	2426	2415
江　苏	Jiangsu	7656	7723	7762	7810	7869	7899	7920	7939	7960	7976
浙　江	Zhejiang	5072	5155	5212	5276	5447	5463	5477	5498	5508	5539
安　徽	Anhui	6110	6118	6135	6131	5957	5968	5988	6030	6083	6144
福　建	Fujian	3585	3612	3639	3666	3693	3720	3748	3774	3806	3839
江　西	Jiangxi	4339	4368	4400	4432	4462	4488	4504	4522	4542	4566
山　东	Shandong	9309	9367	9417	9470	9588	9637	9685	9733	9789	9847
河　南	Henan	9392	9360	9429	9487	9405	9388	9406	9413	9436	9480
湖　北	Hubei	5693	5699	5711	5720	5728	5758	5779	5799	5816	5852
湖　南	Hunan	6342	6355	6380	6406	6570	6596	6639	6691	6737	6783
广　东	Guangdong	9442	9660	9893	10130	10441	10505	10594	10644	10724	10849
广　西	Guangxi	4719	4768	4816	4856	4610	4645	4682	4719	4754	4796
海　南	Hainan	836	845	854	864	869	877	887	895	903	911
重　庆	Chongqing	2808	2816	2839	2859	2885	2919	2945	2970	2991	3017
四　川	Sichuan	8169	8127	8138	8185	8045	8050	8076	8107	8140	8204
贵　州	Guizhou	3690	3632	3596	3537	3479	3469	3484	3502	3508	3530
云　南	Yunnan	4483	4514	4543	4571	4602	4631	4659	4687	4714	4742
西　藏	Tibet	283	287	292	297	301	303	308	312	318	324
陕　西	Shaanxi	3699	3708	3718	3727	3735	3743	3753	3764	3775	3793
甘　肃	Gansu	2547	2548	2551	2555	2560	2564	2578	2582	2591	2600
青　海	Qinghai	548	552	554	557	563	568	573	578	583	588
宁　夏	Ningxia	604	610	618	625	633	639	647	654	662	668
新　疆	Xinjiang	2050	2095	2131	2159	2185	2209	2233	2264	2298	2360

注：2010年数据为当年人口普查数据推算数；其余年份数据为年度人口抽样调查推算数据。2005年起各地区数据为常住人口口径。

a) Data of 2010 are the census year estimates; the rest are the estimates from the annual national sample survey of population. Since 2005, data by region are of usual residents.

1-9 分地区人口数及城乡构成(2015年)
Population at Year-end in Urban and Rural Areas by Region (2015)

单位：万人，% (10 000 persons,%)

地 区	Region	总人口(年末) Total Population (year-end)	城镇人口 Urban Population		乡村人口 Rural Population	
			人口数 Population	比重 Proportion	人口数 Population	比重 Proportion
全 国	**National Total**	**137462**	**77116**	**56.10**	**60346**	**43.90**
北 京	Beijing	2171	1878	86.50	293	13.50
天 津	Tianjin	1547	1278	82.64	269	17.36
河 北	Hebei	7425	3811	51.33	3614	48.67
山 西	Shanxi	3664	2016	55.03	1648	44.97
内蒙古	Inner Mongolia	2511	1514	60.30	997	39.70
辽 宁	Liaoning	4382	2952	67.35	1431	32.65
吉 林	Jilin	2753	1523	55.31	1230	44.69
黑龙江	Heilongjiang	3812	2241	58.80	1571	41.20
上 海	Shanghai	2415	2116	87.60	299	12.40
江 苏	Jiangsu	7976	5306	66.52	2670	33.48
浙 江	Zhejiang	5539	3645	65.80	1894	34.20
安 徽	Anhui	6144	3103	50.50	3041	49.50
福 建	Fujian	3839	2403	62.60	1436	37.40
江 西	Jiangxi	4566	2357	51.62	2209	48.38
山 东	Shandong	9847	5614	57.01	4233	42.99
河 南	Henan	9480	4441	46.85	5039	53.15
湖 北	Hubei	5852	3327	56.85	2525	43.15
湖 南	Hunan	6783	3452	50.89	3331	49.11
广 东	Guangdong	10849	7454	68.71	3395	31.29
广 西	Guangxi	4796	2257	47.06	2539	52.94
海 南	Hainan	911	502	55.12	409	44.88
重 庆	Chongqing	3017	1838	60.94	1178	39.06
四 川	Sichuan	8204	3913	47.69	4291	52.31
贵 州	Guizhou	3530	1483	42.01	2047	57.99
云 南	Yunnan	4742	2055	43.33	2687	56.67
西 藏	Tibet	324	90	27.74	234	72.26
陕 西	Shaanxi	3793	2045	53.92	1748	46.08
甘 肃	Gansu	2600	1123	43.19	1477	56.81
青 海	Qinghai	588	296	50.30	292	49.70
宁 夏	Ningxia	668	369	55.23	299	44.77
新 疆	Xinjiang	2360	1115	47.23	1245	52.77

注：1.本表数据根据2015年全国1%人口抽样调查数据推算。全国总人口根据抽样误差和调查误差进行了修正，分地区人口未作修正。
2.全国总人口包括现役军人数，分地区数字中未包括。

a) Data in the table are estimates from the 1% Population Sample Survey in 2015. The national total population was adjusted on the basis of sampling errors and survey errors. Similar adjustments were not made to regional figures.

b) The military personnel were included in the national total population, but were not included in the population by region.

1-10 按三次产业分就业人员数及构成（年底数）
Number of Employed Persons at Year-end and Composition by Three Strata of Industry

单位：万人，% (10 000 persons,%)

年 份 Year	经济活动人口 Economically Active Population	就业人员 Total Employed Persons	第一产业 Primary Industry	第二产业 Secondary Industry	第三产业 Tertiary Industry	构成 Composition 第一产业 Primary Industry	第二产业 Secondary Industry	第三产业 Tertiary Industry
2005	76120	74647	33442	17766	23439	44.8	23.8	31.4
2006	76315	74978	31941	18894	24143	42.6	25.2	32.2
2007	76531	75321	30731	20186	24404	40.8	26.8	32.4
2008	77046	75564	29923	20553	25087	39.6	27.2	33.2
2009	77510	75828	28890	21080	25857	38.1	27.8	34.1
2010	78388	76105	27931	21842	26332	36.7	28.7	34.6
2011	78579	76420	26594	22544	27282	34.8	29.5	35.7
2012	78894	76704	25773	23241	27690	33.6	30.3	36.1
2013	79300	76977	24171	23170	29636	31.4	30.1	38.5
2014	79690	77253	22790	23099	31364	29.5	29.9	40.6
2015	80091	77451	21919	22693	32839	28.3	29.3	42.4

1-11 按城乡分就业人员数（年底数）
Number of Employed Persons at Year-end in Urban and Rural Areas

单位：万人 (10 000 persons)

年 份 Year	合计 Total	城镇小计 Subtotal of Urban Areas	内资单位 Domestic Units	#国有单位 State-owned Units	#私营企业 Private Enterprises	港澳台商投资单位 Units with Funds from Hong Kong, Macao and Taiwan	外商投资单位 Foreign Funded Units	个体 Self-employed Individuals	乡村小计 Subtotal of Rural Areas	#私营企业 Private Enterprises	#个体 Self-employed Individuals
2005	74647	28389	24366	6488	3458	557	688	2778	46258	2366	2123
2006	74978	29630	25210	6430	3954	611	796	3012	45348	2632	2147
2007	75321	30953	26060	6424	4581	680	903	3310	44368	2672	2187
2008	75564	32103	26872	6447	5124	679	943	3609	43461	2780	2167
2009	75828	33322	27379	6420	5544	721	978	4245	42506	3063	2341
2010	76105	34687	28396	6516	6071	770	1053	4467	41418	3347	2540
2011	76420	35914	28538	6704	6912	932	1217	5227	40506	3442	2718
2012	76704	37102	29244	6839	7557	969	1246	5643	39602	3739	2986
2013	76977	38240	29135	6365	8242	1397	1566	6142	38737	4279	3193
2014	77253	39310	29346	6312	9857	1393	1562	7009	37943	4533	3575
2015	77451	40410	29820	6208	11180	1344	1446	7800	37041	5215	3882

1-12 按行业分城镇单位就业人员数(年底数)

Number of Employed Persons in Urban Units at Year-end by Sector

单位：万人 (10 000 persons)

年份 Year 地区 Region	合计 Total	农、林、牧、渔业 Agriculture, Forestry, Animal Husbandry and Fishery	采矿业 Mining	制造业 Manufacturing	电力、热气、燃气及水生产和供应业 Production and Supply of Electricity, Heat, Gas and Water
2005	11404.0	446.3	509.2	3210.9	299.9
2006	11713.2	435.2	529.7	3351.6	302.5
2007	12024.4	426.3	535.0	3465.4	303.4
2008	12192.5	410.1	540.4	3434.3	306.5
2009	12573.0	373.7	553.7	3491.9	307.7
2010	13051.5	375.7	562.0	3637.2	310.5
2011	14413.3	359.5	611.6	4088.3	334.7
2012	15236.4	338.9	631.0	4262.2	344.6
2013	18108.4	294.8	636.5	5257.9	404.5
2014	18277.8	284.6	596.5	5243.1	403.7
2015	18062.5	270.0	545.8	5068.7	396.0
北 京 Beijing	777.3	3.9	5.3	92.2	8.2
天 津 Tianjin	294.8	0.5	6.5	110.8	4.5
河 北 Hebei	643.6	4.2	24.6	140.9	18.7
山 西 Shanxi	440.3	1.8	95.3	65.4	11.7
内蒙古 Inner Mongolia	298.3	23.6	17.9	46.7	14.2
辽 宁 Liaoning	618.4	22.5	28.7	150.6	14.6
吉 林 Jilin	325.1	12.8	14.1	84.2	13.0
黑龙江 Heilongjiang	433.5	65.5	31.9	57.4	18.1
上 海 Shanghai	637.2	2.5	0.1	192.9	4.3
江 苏 Jiangsu	1552.1	5.8	10.6	595.2	17.4
浙 江 Zhejiang	1083.4	0.5	0.7	330.6	11.0
安 徽 Anhui	513.8	4.4	27.0	120.9	10.3
福 建 Fujian	663.1	4.5	2.5	235.5	9.0
江 西 Jiangxi	480.5	4.9	7.2	138.2	14.1
山 东 Shandong	1236.7	1.7	64.5	417.5	23.5
河 南 Henan	1125.9	2.5	51.6	352.9	25.3
湖 北 Hubei	712.3	9.2	7.1	189.4	16.3
湖 南 Hunan	579.1	2.4	10.3	121.8	17.3
广 东 Guangdong	1948.0	5.3	3.0	981.0	30.7
广 西 Guangxi	405.4	8.2	3.0	76.2	13.9
海 南 Hainan	100.4	8.8	0.6	8.8	2.4
重 庆 Chongqing	415.6	1.2	7.3	90.2	6.7
四 川 Sichuan	795.5	2.9	19.6	159.7	26.1
贵 州 Guizhou	307.5	1.1	15.5	42.5	12.8
云 南 Yunnan	414.7	6.5	15.3	67.5	10.6
西 藏 Tibet	33.4	1.1	0.5	1.2	1.1
陕 西 Shaanxi	511.8	2.2	35.4	104.4	13.7
甘 肃 Gansu	261.8	5.0	11.9	35.6	12.1
青 海 Qinghai	62.7	1.4	3.9	10.9	2.0
宁 夏 Ningxia	73.1	1.4	6.0	12.8	3.5
新 疆 Xinjiang	317.2	51.7	17.9	34.8	8.9

注：本表数据不含私营单位。

a) Data of employed persons in urban units do not include those of private enterprises.

1-12 续表 1 continued

单位：万人 (10 000 persons)

年份 地区	Year Region	建筑业 Construction	批发和零售业 Wholesale and Retail Trades	交通运输、仓储和邮政业 Transport, Storage and Post	住宿和餐饮业 Hotels and Catering Services	信息传输、软件和信息技术服务业 Information Transmission, Software and Information Technology
	2005	926.6	544.0	613.9	181.2	130.1
	2006	988.7	515.7	612.7	183.9	138.2
	2007	1050.8	506.9	623.1	185.8	150.2
	2008	1072.6	514.4	627.3	193.2	159.5
	2009	1177.5	520.8	634.4	202.1	173.8
	2010	1267.5	535.1	631.1	209.2	185.8
	2011	1724.8	647.5	662.8	242.7	212.8
	2012	2010.3	711.8	667.5	265.1	222.8
	2013	2921.9	890.8	846.2	304.4	327.3
	2014	2921.2	888.6	861.4	289.3	336.3
	2015	2796.0	883.3	854.4	276.1	349.9
北　京	Beijing	45.3	77.1	60.0	29.8	68.0
天　津	Tianjin	29.5	17.8	15.0	5.2	4.4
河　北	Hebei	84.4	27.1	29.2	5.8	8.8
山　西	Shanxi	33.3	17.5	24.1	4.2	5.5
内蒙古	Inner Mongolia	21.6	9.6	20.6	4.1	5.0
辽　宁	Liaoning	83.7	25.8	36.1	6.8	13.3
吉　林	Jilin	29.3	11.4	16.6	3.0	6.6
黑龙江	Heilongjiang	31.1	18.2	27.5	4.2	7.4
上　海	Shanghai	35.1	78.2	51.5	24.0	25.4
江　苏	Jiangsu	417.3	58.6	49.2	17.3	28.3
浙　江	Zhejiang	323.4	42.1	32.0	13.5	17.1
安　徽	Anhui	92.6	23.6	22.3	6.0	7.7
福　建	Fujian	162.9	28.4	24.5	9.8	9.0
江　西	Jiangxi	91.9	18.1	21.2	4.4	6.7
山　东	Shandong	163.7	59.9	48.4	14.0	17.4
河　南	Henan	178.8	54.9	45.3	11.3	10.4
湖　北	Hubei	138.5	39.4	34.4	9.9	11.5
湖　南	Hunan	106.3	21.3	24.4	8.3	7.2
广　东	Guangdong	141.6	96.8	82.8	37.1	35.3
广　西	Guangxi	65.2	13.4	20.0	4.8	4.4
海　南	Hainan	6.9	5.6	6.5	6.0	1.5
重　庆	Chongqing	101.5	22.1	27.1	6.3	4.7
四　川	Sichuan	153.9	30.9	40.7	10.6	18.3
贵　州	Guizhou	42.8	12.4	11.6	2.9	3.3
云　南	Yunnan	68.0	25.0	17.1	8.4	4.9
西　藏	Tibet	2.0	1.2	0.9	0.5	0.5
陕　西	Shaanxi	64.4	25.8	28.0	11.1	10.2
甘　肃	Gansu	43.8	8.2	12.6	3.3	2.7
青　海	Qinghai	7.0	2.3	4.3	0.6	0.8
宁　夏	Ningxia	5.3	2.5	3.8	0.7	0.8
新　疆	Xinjiang	24.7	8.2	16.7	2.4	2.9

1-12 续表 2 continued

单位：万人 (10 000 persons)

年 份 地 区	Year Region	金融业 Financial Intermediation	房地产业 Real Estate	租赁和商务服务业 Leasing and Business Services	科学研究和技术服务业 Scientific Research and Technical Services	水利、环境和公共设施管理业 Management of Water Conservancy, Environment and Public Facilities
	2005	359.3	146.5	218.5	227.7	180.4
	2006	367.4	153.9	236.7	235.5	187.0
	2007	389.7	166.5	247.2	243.4	193.5
	2008	417.6	172.7	274.7	257.0	197.3
	2009	449.0	190.9	290.5	272.6	205.7
	2010	470.1	211.6	310.1	292.3	218.9
	2011	505.3	248.6	286.6	298.5	230.3
	2012	527.8	273.7	292.3	330.7	243.8
	2013	537.9	373.7	421.9	387.8	259.2
	2014	566.3	402.2	449.4	408.0	269.1
	2015	606.8	417.3	474.0	410.6	273.3
北 京	Beijing	47.2	42.2	80.1	59.3	10.2
天 津	Tianjin	12.1	7.3	8.2	11.3	4.1
河 北	Hebei	29.9	11.0	13.4	14.8	11.8
山 西	Shanxi	16.8	3.6	8.9	7.5	9.6
内蒙古	Inner Mongolia	11.6	5.4	4.6	6.3	8.1
辽 宁	Liaoning	26.0	13.3	11.8	15.9	15.9
吉 林	Jilin	11.8	6.0	5.0	7.5	8.3
黑龙江	Heilongjiang	18.7	6.0	6.3	11.2	10.9
上 海	Shanghai	33.7	26.2	52.0	22.5	8.3
江 苏	Jiangsu	35.1	22.6	31.3	21.8	15.5
浙 江	Zhejiang	42.3	20.1	27.9	16.1	11.6
安 徽	Anhui	19.1	10.4	6.3	9.2	8.2
福 建	Fujian	17.9	15.3	12.6	8.6	5.5
江 西	Jiangxi	12.6	6.4	5.2	5.7	7.7
山 东	Shandong	41.6	26.1	21.5	18.0	18.3
河 南	Henan	24.4	21.2	16.1	17.2	13.5
湖 北	Hubei	19.5	13.1	9.0	16.3	11.4
湖 南	Hunan	24.0	12.4	9.8	11.5	8.4
广 东	Guangdong	46.1	59.1	64.7	34.7	17.4
广 西	Guangxi	13.3	7.9	11.2	9.5	9.3
海 南	Hainan	4.1	7.7	2.1	2.2	2.9
重 庆	Chongqing	13.3	12.5	12.2	8.0	6.4
四 川	Sichuan	25.9	18.6	14.2	21.0	12.8
贵 州	Guizhou	8.6	8.7	4.6	7.7	5.0
云 南	Yunnan	9.9	10.9	9.6	10.0	7.5
西 藏	Tibet	0.9	0.15	0.3	1.2	0.2
陕 西	Shaanxi	18.0	11.1	10.9	18.3	9.6
甘 肃	Gansu	7.5	4.5	3.0	7.0	5.9
青 海	Qinghai	2.3	0.9	0.8	2.2	1.0
宁 夏	Ningxia	3.8	1.7	2.0	1.5	2.3
新 疆	Xinjiang	9.0	5.1	8.5	6.4	5.9

1-12 续表 3 continued

单位：万人 (10 000 persons)

年份 地区	Year Region	居民服务、修理和其他服务业 Services to Households, Repair and Other Services	教育 Education	卫生和社会工作 Health and Social Service	文化、体育和娱乐业 Culture, Sports and Entertainment	公共管理、社会保障和社会组织 Public Management, Social Security and Social Organization
	2005	53.9	1483.2	508.9	122.5	1240.8
	2006	56.6	1504.4	525.4	122.4	1265.6
	2007	57.4	1520.9	542.8	125.0	1291.2
	2008	56.5	1534.0	563.6	126.0	1335.0
	2009	58.8	1550.4	595.8	129.5	1394.3
	2010	60.2	1581.8	632.5	131.4	1428.5
	2011	59.9	1617.8	679.1	135.0	1467.6
	2012	62.1	1653.4	719.3	137.7	1541.5
	2013	72.3	1687.2	770.0	147.0	1567.0
	2014	75.4	1727.3	810.4	145.5	1599.3
	2015	75.2	1736.5	841.6	149.1	1637.8
北京	Beijing	9.0	47.3	27.3	18.3	46.7
天津	Tianjin	11.0	18.0	9.7	2.2	16.5
河北	Hebei	1.7	89.1	36.5	5.5	86.3
山西	Shanxi	0.6	51.7	20.0	4.6	58.0
内蒙古	Inner Mongolia	0.9	35.1	15.3	3.5	44.2
辽宁	Liaoning	2.6	58.0	33.7	5.1	54.1
吉林	Jilin	2.2	36.1	18.1	3.6	35.5
黑龙江	Heilongjiang	4.3	44.3	22.4	4.0	44.4
上海	Shanghai	6.5	29.1	18.9	5.6	20.3
江苏	Jiangsu	3.3	96.0	47.9	7.8	71.0
浙江	Zhejiang	2.5	70.9	43.7	7.4	70.1
安徽	Anhui	0.9	64.4	29.1	3.2	48.3
福建	Fujian	1.8	50.3	21.6	4.3	39.2
江西	Jiangxi	1.0	55.8	24.5	3.8	51.1
山东	Shandong	3.1	117.2	60.7	7.0	112.8
河南	Henan	2.7	125.0	55.2	7.8	109.7
湖北	Hubei	1.6	73.9	41.8	6.3	63.9
湖南	Hunan	1.7	67.2	37.5	5.5	81.8
广东	Guangdong	7.4	125.5	61.3	11.6	106.5
广西	Guangxi	0.8	62.0	30.7	3.4	48.2
海南	Hainan	0.5	13.0	5.9	1.2	13.6
重庆	Chongqing	1.5	41.2	19.0	2.9	31.6
四川	Sichuan	1.9	94.8	46.8	6.1	90.8
贵州	Guizhou	1.2	53.7	19.9	2.1	51.1
云南	Yunnan	1.4	60.0	25.7	3.5	52.8
西藏	Tibet	0.2	4.8	1.8	0.7	14.2
陕西	Shaanxi	1.7	57.9	26.2	5.0	57.9
甘肃	Gansu	0.3	38.9	14.3	2.5	42.8
青海	Qinghai	0.1	7.6	3.8	0.9	10.2
宁夏	Ningxia	0.1	9.3	4.5	1.1	10.3
新疆	Xinjiang	0.7	38.4	18.0	3.0	53.9

1-13 全社会固定资产投资实际到位资金及构成
Actual Funds for Investment in Fixed Assets in the Whole Country and Composition

年 份 Year	实际到位资金小计 Subtotal of Actual Funds for Investment	国家预算资金 State Budget	国内贷款 Domestic Loans	利用外资 Foreign Investment	自筹和其他资金 Self-raising Fund and Others
总量(亿元) **Total (100 million yuan)**					
2005	94590.8	4154.3	16319.0	3978.8	70138.7
2006	118957.0	4672.0	19590.5	4334.3	90360.2
2007	150803.6	5857.1	23044.2	5132.7	116769.7
2008	182915.3	7954.8	26443.7	5311.9	143204.9
2009	250229.7	12685.7	39302.8	4623.7	193617.4
2010	285779.2	13012.7	44020.8	4703.6	224042.0
2011	345984.2	14843.3	46344.5	5062.0	279734.4
2012	409675.6	18958.7	51593.5	4468.8	334654.7
2013	491612.5	22305.3	59442.0	4319.4	405545.8
2014	543480.6	26745.4	65221.0	4052.9	447461.2
2015	584198.8	30924.3	61054.0	2854.4	489366.0
构成(%) Percentage					
2005	100.0	4.4	17.3	4.2	74.1
2006	100.0	3.9	16.5	3.6	76.0
2007	100.0	3.9	15.3	3.4	77.4
2008	100.0	4.3	14.5	2.9	78.3
2009	100.0	5.1	15.7	1.8	77.4
2010	100.0	4.7	15.2	1.6	78.5
2011	100.0	4.3	13.4	1.5	80.9
2012	100.0	4.6	12.6	1.1	81.7
2013	100.0	4.5	12.1	0.9	82.5
2014	100.0	4.9	12.0	0.7	82.3
2015	100.0	5.3	10.5	0.5	83.8

1-14 分地区全社会固定资产投资实际到位资金(2015年)
Actual Funds for Investment in Fixed Assets in the Whole Country by Region(2015)

单位：亿元 (100 million yuan)

地区	Region	本年实际到位资金 Subtotal of Actual Funds for Investment	国家预算资金 State Budget	国内贷款 Domestic Loans	利用外资 Foreign Investment	自筹资金 Self-raising Funds	其他资金 Others
全国	**National Total**	**584198.8**	**30924.3**	**61054.0**	**2854.4**	**414802.4**	**74563.6**
北京	Beijing	10417.2	964.2	2360.4	13.2	3759.3	3320.0
天津	Tianjin	13073.7	163.9	2209.9	101.4	9075.9	1522.7
河北	Hebei	29108.4	1044.6	1922.8	42.7	24321.7	1776.7
山西	Shanxi	12154.0	721.0	650.2	2.5	9948.6	831.7
内蒙古	Inner Mongolia	13558.8	705.0	1719.4	6.9	10453.5	674.0
辽宁	Liaoning	18305.2	821.7	2399.8	97.1	13517.8	1468.7
吉林	Jilin	12912.0	436.5	457.0	24.9	11260.8	732.8
黑龙江	Heilongjiang	10791.4	500.0	288.7	12.6	9333.5	656.6
上海	Shanghai	8180.0	501.6	2050.8	130.1	3011.0	2486.5
江苏	Jiangsu	50396.6	806.9	4823.3	926.2	36633.3	7206.9
浙江	Zhejiang	28684.4	1658.6	3030.8	160.4	18435.7	5398.9
安徽	Anhui	24434.6	1145.9	1255.4	62.7	18767.0	3203.6
福建	Fujian	21756.3	1498.7	2173.9	85.6	14972.3	3025.9
江西	Jiangxi	18634.9	678.0	835.2	40.3	15152.2	1929.3
山东	Shandong	50156.6	752.4	4109.5	274.4	41006.9	4013.4
河南	Henan	35560.9	1228.7	4076.2	46.5	27936.7	2272.7
湖北	Hubei	27010.0	1050.4	2698.4	43.7	20913.7	2303.9
湖南	Hunan	26487.6	1331.4	1840.7	33.8	20570.5	2711.2
广东	Guangdong	36584.9	1755.3	4568.2	204.1	21266.7	8790.6
广西	Guangxi	17125.0	1207.5	2274.8	36.5	11530.7	2075.5
海南	Hainan	3783.1	209.7	623.4	3.8	2045.6	900.6
重庆	Chongqing	16196.3	1145.7	2261.8	139.2	9492.3	3157.3
四川	Sichuan	26333.0	1656.8	2374.5	53.3	17569.0	4679.3
贵州	Guizhou	10369.1	598.2	1812.5	15.7	6263.4	1679.3
云南	Yunnan	11777.9	1463.2	1498.6	20.1	7042.3	1753.6
西藏	Tibet	1662.3	1137.3	10.8	1.1	458.1	55.1
陕西	Shaanxi	18194.8	1238.4	1226.2	224.2	13601.2	1904.8
甘肃	Gansu	8597.6	1101.9	997.5	21.4	5606.8	870.0
青海	Qinghai	3145.1	609.0	681.4	2.7	1578.1	273.9
宁夏	Ningxia	3077.9	307.0	712.8	0.3	1700.7	357.0
新疆	Xinjiang	10734.9	1561.5	1607.4	4.1	6517.2	1044.6
不分地区	Not Classified by Region	4994.5	923.3	1501.6	23.0	1059.9	1486.5

1-15 按主要行业分全社会固定资产投资
Total Investment in Fixed Assets in the Whole Country by Sector

单位：亿元 (100 million yuan)

年份 地区	Year Region	合计 Total	农、林、牧、渔业 Agriculture, Forestry, Animal Husbandry and Fishery	采矿业 Mining	制造业 Manufacturing	电力、燃气及水生产和供应业 Production and Supply of Electricity, Heat, Gas and Water
	2005	88773.6	2323.7	3587.4	26576.0	7554.4
	2006	109998.2	2749.9	4678.4	34089.5	8585.7
	2007	137323.9	3403.5	5878.8	44505.1	9467.6
	2008	172828.4	5064.5	7705.8	56702.4	10997.2
	2009	224598.8	6894.9	9210.8	70612.9	14434.6
	2010	278121.9	7923.1	11000.9	88619.2	15679.7
	2011	311485.1	8757.8	11747.0	102712.9	14659.7
	2012	374694.7	10996.4	13300.8	124550.0	16672.7
	2013	446294.1	13478.8	14650.8	147705.0	19634.7
	2014	512020.7	16573.8	14538.9	167025.3	22829.7
	2015	561999.8	21042.7	12970.8	180370.4	26722.8
北京	Beijing	7496.0	111.0	2.6	362.5	293.2
天津	Tianjin	11832.0	262.6	265.1	3380.4	368.5
河北	Hebei	29448.3	1599.8	561.6	12579.8	1528.7
山西	Shanxi	14074.2	1631.3	1410.9	2515.5	1355.9
内蒙古	Inner Mongolia	13702.2	893.4	943.6	3709.8	1732.5
辽宁	Liaoning	17917.9	510.3	382.8	6568.3	520.6
吉林	Jilin	12705.3	632.4	532.7	5820.0	463.2
黑龙江	Heilongjiang	10182.9	1076.7	459.2	2819.2	344.1
上海	Shanghai	6352.7	3.9	0.2	757.8	199.2
江苏	Jiangsu	46246.9	365.2	103.2	21248.2	1444.7
浙江	Zhejiang	27323.3	393.0	59.3	7609.1	1108.9
安徽	Anhui	24386.0	899.7	324.1	9458.1	782.2
福建	Fujian	21301.4	638.9	278.1	6108.5	902.3
江西	Jiangxi	17388.1	515.2	245.5	8101.1	573.2
山东	Shandong	48312.4	1451.0	649.0	20923.8	1729.2
河南	Henan	35660.3	1738.9	568.3	15348.0	1114.4
湖北	Hubei	26563.9	826.9	346.5	10204.6	690.7
湖南	Hunan	25045.1	1019.1	570.3	8565.4	855.7
广东	Guangdong	30343.0	525.9	162.0	8785.3	1198.7
广西	Guangxi	16227.8	860.0	389.8	5209.4	736.4
海南	Hainan	3451.2	58.6	7.6	119.0	118.5
重庆	Chongqing	14353.2	441.4	285.6	3950.8	462.0
四川	Sichuan	25525.9	868.7	517.2	5193.4	1585.1
贵州	Guizhou	10945.5	330.9	339.2	1204.8	418.0
云南	Yunnan	13500.6	792.4	427.2	1526.9	1129.0
西藏	Tibet	1295.7	73.4	75.0	28.9	157.0
陕西	Shaanxi	18582.2	1239.5	1080.8	3596.9	847.6
甘肃	Gansu	8754.2	557.5	306.4	1232.4	762.7
青海	Qinghai	3210.6	143.3	204.1	647.6	449.3
宁夏	Ningxia	3505.4	166.5	107.7	824.7	696.2
新疆	Xinjiang	10813.0	415.1	888.7	1970.1	2091.5
不分地区	Not Classified by Region	5552.4		476.4		63.3

1-15 续表 1 continued

单位：亿元 (100 million yuan)

年份 地区	Year Region	建筑业 Construction	批发和零售业 Wholesale and Retail Trades	交通运输、仓储和邮政业 Transport, Storage and Post	住宿和餐饮业 Hotels and Catering Services	信息传输、软件和信息技术服务业 Information Transmission, Software and Information Technology
	2005	1119.0	1716.4	9614.0	808.8	1581.8
	2006	1125.5	2265.3	12138.1	1095.7	1875.9
	2007	1302.3	2880.3	14154.0	1519.4	1848.1
	2008	1555.9	3741.8	17024.4	1959.2	2162.6
	2009	1992.5	5132.8	24974.7	2625.4	2589.0
	2010	2802.2	6032.2	30074.5	3366.8	2454.5
	2011	3357.1	7439.4	28291.7	3956.6	2174.4
	2012	3739.0	9810.7	31444.9	5153.5	2692.0
	2013	3669.8	12720.5	36790.1	6041.1	3084.9
	2014	4125.8	15800.2	43215.7	6230.1	4110.0
	2015	4956.6	18924.9	49200.0	6546.7	5521.9
北京	Beijing	5.7	60.8	715.0	40.9	240.0
天津	Tianjin	138.8	528.8	757.2	83.5	140.2
河北	Hebei	21.6	971.7	2077.5	221.7	147.2
山西	Shanxi	11.8	349.0	920.7	79.6	104.3
内蒙古	Inner Mongolia	163.5	401.3	1251.2	101.3	84.2
辽宁	Liaoning	22.8	848.7	1263.6	296.4	202.6
吉林	Jilin	203.8	594.4	961.3	104.2	191.2
黑龙江	Heilongjiang	257.8	596.1	995.0	179.7	164.7
上海	Shanghai	1.7	34.8	794.6	28.3	127.3
江苏	Jiangsu	133.5	1448.1	2432.5	541.5	662.9
浙江	Zhejiang	55.4	411.4	2312.8	232.3	275.2
安徽	Anhui	132.4	956.1	1350.9	254.8	255.4
福建	Fujian	228.1	520.6	2230.7	269.0	261.9
江西	Jiangxi	134.4	973.1	822.9	293.3	125.4
山东	Shandong	889.7	2801.7	2787.5	348.1	287.4
河南	Henan	11.3	1177.0	1937.5	411.1	161.7
湖北	Hubei	148.5	793.5	2279.8	312.5	136.9
湖南	Hunan	402.2	1152.6	1723.0	292.1	259.3
广东	Guangdong	55.8	917.2	3037.6	467.0	477.8
广西	Guangxi	236.7	608.1	1532.9	205.4	151.1
海南	Hainan	79.1	34.6	421.8	144.6	79.8
重庆	Chongqing	10.1	253.4	1436.5	255.3	82.4
四川	Sichuan	64.1	573.9	3087.7	424.9	267.4
贵州	Guizhou	20.1	193.7	1588.9	160.2	45.3
云南	Yunnan	1.9	278.6	1815.2	247.8	63.8
西藏	Tibet	0.7	14.5	346.9	14.6	8.2
陕西	Shaanxi	98.6	694.8	1439.5	246.3	188.8
甘肃	Gansu	1136.9	479.3	814.9	170.0	72.5
青海	Qinghai	157.1	40.6	419.8	19.7	80.2
宁夏	Ningxia	14.1	33.0	261.7	16.0	51.4
新疆	Xinjiang	118.6	183.7	1017.4	84.4	125.6
不分地区	Not Classified by Region			4365.8		

1-15 续表 2 continued

单位：亿元 (100 million yuan)

年 份 地 区	Year Region	金融业 Financial Intermediation	房地产业 Real Estate	租赁和商务服务业 Leasing and Business Services	科学研究和技术服务业 Scientific Research and Technical Services	水利、环境和公共设施管理业 Management of Water Conservancy, Environment and Public Facilities
	2005	109.5	19505.3	549.6	435.1	6274.3
	2006	121.4	24524.4	725.6	495.3	8152.7
	2007	157.6	32438.9	949.3	560.0	10154.3
	2008	260.6	40441.8	1355.9	782.0	13534.3
	2009	360.2	49358.5	2036.2	1200.8	19874.4
	2010	489.4	64877.3	2692.6	1379.3	24827.6
	2011	638.7	81686.1	3382.8	1679.8	24523.1
	2012	923.9	99159.3	4700.4	2475.8	29621.6
	2013	1242.0	118809.4	5893.2	3133.2	37663.9
	2014	1363.0	131348.2	7965.2	4219.1	46225.0
	2015	1367.2	134284.3	9447.9	4752.0	55679.6
北 京	Beijing	73.3	4479.3	64.0	80.1	550.5
天 津	Tianjin	47.1	2788.7	798.4	107.9	1670.2
河 北	Hebei	47.9	5690.2	416.9	185.6	2219.2
山 西	Shanxi	4.5	3331.7	72.1	76.9	1607.4
内蒙古	Inner Mongolia	36.4	1636.6	100.1	98.6	1772.1
辽 宁	Liaoning	71.6	3797.3	343.5	246.7	2081.9
吉 林	Jilin	36.7	1196.0	196.9	119.0	938.8
黑龙江	Heilongjiang	32.0	1345.4	180.1	125.3	922.5
上 海	Shanghai	24.5	3486.7	116.2	46.1	474.4
江 苏	Jiangsu	150.8	9935.8	1131.5	592.3	3868.8
浙 江	Zhejiang	102.2	9679.6	572.0	99.9	3092.0
安 徽	Anhui	72.7	6046.4	429.1	261.4	2021.0
福 建	Fujian	57.1	5643.1	269.4	83.0	2669.1
江 西	Jiangxi	41.1	2428.3	330.1	96.0	1691.1
山 东	Shandong	99.4	8774.9	898.8	1026.6	2339.0
河 南	Henan	19.7	8161.9	441.4	184.7	2782.9
湖 北	Hubei	53.2	6142.6	650.4	133.0	2714.7
湖 南	Hunan	88.2	4180.3	523.8	304.2	3377.7
广 东	Guangdong	113.2	10479.4	315.5	218.1	2443.4
广 西	Guangxi	39.0	2905.6	350.3	110.8	1826.5
海 南	Hainan	1.9	1953.0	16.5	10.8	241.6
重 庆	Chongqing	21.6	4429.9	174.3	33.5	1926.8
四 川	Sichuan	23.0	7992.8	274.4	151.9	3255.4
贵 州	Guizhou	7.7	3469.8	187.0	24.2	2373.1
云 南	Yunnan	9.0	4618.1	118.0	22.1	1485.0
西 藏	Tibet	46.2	129.5	6.1	10.7	143.8
陕 西	Shaanxi	14.4	4760.3	171.1	191.8	2806.9
甘 肃	Gansu	13.3	1284.9	126.6	58.4	762.6
青 海	Qinghai	1.6	484.4	45.7	11.3	236.5
宁 夏	Ningxia	5.9	880.1	23.3	10.7	269.7
新 疆	Xinjiang	11.9	2151.8	104.7	30.1	1068.2
不分地区	Not Classified by Region					46.8

1-15 续表 3 continued

单位：亿元 (100 million yuan)

年 份 地 区	Year Region	居民服务、修理和其他服务业 Services to Households, Repair and Other Services	教 育 Education	卫生和社会工作 Health and Social Service	文化、体育和娱乐业 Culture, Sports and Entertainment	公共管理、社会保障和社会组织 Public Management, Social Security and Social Organizations	国际组织 International Organization
	2005	363.5	2209.2	661.8	857.0	2926.8	0.2
	2006	389.5	2270.2	769.0	955.4	2990.5	0.1
	2007	434.7	2375.6	885.0	1243.4	3166.1	
	2008	522.0	2523.8	1155.6	1589.9	3748.5	0.3
	2009	801.9	3521.2	1858.6	2383.4	4735.9	0.2
	2010	1114.1	4033.6	2119.0	2959.4	5676.6	
	2011	1443.3	3894.6	2330.3	3162.0	5647.8	
	2012	1905.0	4613.0	2617.1	4271.3	6047.4	
	2013	2099.3	5433.0	3139.3	5231.1	5874.1	
	2014	2371.7	6708.7	3991.5	6178.4	7200.5	
	2015	2730.3	7726.8	5175.6	6728.3	7851.1	
北 京	Beijing	21.7	142.2	60.6	133.3	59.3	
天 津	Tianjin	85.3	172.0	85.9	93.3	58.0	
河 北	Hebei	88.6	260.3	261.5	461.5	106.8	
山 西	Shanxi	49.5	182.6	126.0	195.4	49.1	
内蒙古	Inner Mongolia	88.9	140.6	113.5	135.5	299.1	
辽 宁	Liaoning	138.9	178.4	125.5	181.7	136.4	
吉 林	Jilin	86.5	111.5	112.8	112.5	291.4	
黑龙江	Heilongjiang	89.1	161.9	130.3	155.1	148.8	
上 海	Shanghai	2.8	89.2	45.6	108.0	11.6	
江 苏	Jiangsu	263.5	543.3	450.5	560.1	370.5	
浙 江	Zhejiang	67.7	400.9	219.5	311.5	320.6	
安 徽	Anhui	95.5	276.4	224.7	203.6	341.2	
福 建	Fujian	72.1	273.4	171.9	265.7	358.4	
江 西	Jiangxi	126.1	243.6	159.7	261.3	226.8	
山 东	Shandong	380.7	607.0	429.7	755.0	1134.0	
河 南	Henan	204.1	417.9	416.5	371.0	192.1	
湖 北	Hubei	111.4	213.1	179.0	289.5	337.1	
湖 南	Hunan	112.8	439.9	278.9	280.0	619.6	
广 东	Guangdong	49.9	415.3	254.7	292.6	133.5	
广 西	Guangxi	102.9	381.3	164.0	180.2	237.2	
海 南	Hainan	5.0	41.7	30.6	69.2	17.5	
重 庆	Chongqing	35.6	178.9	108.3	142.1	124.7	
四 川	Sichuan	60.8	483.7	310.6	203.6	187.5	
贵 州	Guizhou	48.7	267.7	74.3	165.9	26.1	
云 南	Yunnan	54.5	297.5	139.3	176.6	297.8	
西 藏	Tibet	11.7	31.5	14.4	17.8	164.9	
陕 西	Shaanxi	82.1	299.3	243.5	273.6	306.5	
甘 肃	Gansu	159.8	205.3	102.2	204.5	304.1	
青 海	Qinghai	4.7	56.1	25.1	27.2	156.3	
宁 夏	Ningxia	7.0	53.0	28.9	20.7	34.8	
新 疆	Xinjiang	22.6	161.2	87.5	80.3	199.5	
不分地区	Not Classified by Region					600.1	

1-16 分地区居民人均可支配收入与消费支出(2015年)
Per Capita Disposable Income and Consumption Expenditure by Region (2015)

单位：元 (yuan)

地区	Region	全国居民 Nationwide Households		城镇居民 Urban Households		农村居民 Rural Households	
		人均可支配收入 Per Capita Annual Disposable Income	人均消费支出 Per Capita Annual Consumption Expenditure	人均可支配收入 Per Capita Annual Disposable Income	人均消费支出 Per Capita Annual Consumption Expenditure	人均可支配收入 Per Capita Annual Disposable Income	人均消费支出 Per Capita Annual Consumption Expenditure
全国	**National Total**	**21966.2**	**15712.4**	**31194.8**	**21392.4**	**11421.7**	**9222.6**
北京	Beijing	48458.0	33802.8	52859.2	36642.0	20568.7	15811.2
天津	Tianjin	31291.4	24162.5	34101.3	26229.5	18481.6	14739.4
河北	Hebei	18118.1	13030.7	26152.2	17586.6	11050.5	9022.8
山西	Shanxi	17853.7	11729.1	25827.7	15818.6	9453.9	7421.2
内蒙古	Inner Mongolia	22310.1	17178.5	30594.1	21876.5	10775.9	10637.4
辽宁	Liaoning	24575.6	17199.8	31125.7	21556.7	12056.9	8872.8
吉林	Jilin	18683.7	13763.9	24900.9	17972.6	11326.2	8783.3
黑龙江	Heilongjiang	18592.7	13402.5	24202.6	17152.1	11095.2	8391.5
上海	Shanghai	49867.2	34783.6	52961.9	36946.1	23205.2	16152.3
江苏	Jiangsu	29538.9	20555.6	37173.5	24966.0	16256.7	12882.5
浙江	Zhejiang	35537.1	24116.9	43714.5	28661.3	21125.0	16107.7
安徽	Anhui	18362.6	12840.1	26935.8	17233.5	10820.7	8975.2
福建	Fujian	25404.4	18850.2	33275.3	23520.2	13792.7	11960.8
江西	Jiangxi	18437.1	12403.4	26500.1	16731.8	11139.1	8485.6
山东	Shandong	22703.2	14578.4	31545.3	19853.8	12930.4	8747.6
河南	Henan	17124.8	11835.1	25575.6	17154.3	10852.9	7887.4
湖北	Hubei	20025.6	14316.5	27051.5	18192.3	11843.9	9803.1
湖南	Hunan	19317.5	14267.3	28838.1	19501.4	10992.5	9690.6
广东	Guangdong	27858.9	20975.7	34757.2	25673.1	13360.4	11103.0
广西	Guangxi	16873.4	11401.0	26415.9	16321.2	9466.6	7582.0
海南	Hainan	18979.0	13575.0	26356.4	18448.4	10857.6	8210.3
重庆	Chongqing	20110.1	15139.5	27238.8	19742.3	10504.7	8937.7
四川	Sichuan	17221.0	13632.1	26205.3	19276.8	10247.4	9250.6
贵州	Guizhou	13696.6	10413.8	24579.6	16914.2	7386.9	6644.9
云南	Yunnan	15222.6	11005.4	26373.2	17675.0	8242.1	6830.1
西藏	Tibet	12254.3	8245.8	25456.6	17022.0	8243.7	5579.7
陕西	Shaanxi	17395.0	13087.2	26420.2	18463.9	8688.9	7900.7
甘肃	Gansu	13466.6	10950.8	23767.1	17450.9	6936.2	6829.8
青海	Qinghai	15812.7	13611.3	24542.3	19200.6	7933.4	8566.5
宁夏	Ningxia	17329.1	13815.6	25186.0	18983.9	9118.7	8414.9
新疆	Xinjiang	16859.1	12867.4	26274.7	19414.7	9425.1	7697.9

1-17 居民收入与支出
Income and Consumption Expenditure

单位：元 (yuan)

年 份 Year	全国居民 Nationwide		城镇居民 Urban		农村居民 Rural	
	人均可支配收入 Per Capita Disposable Income	人均消费支出 Per Capita Consumption Expenditure	人均可支配收入 Per Capita Disposable Income	人均消费支出 Per Capita Consumption Expenditure	人均可支配收入 Per Capita Disposable Income	人均消费支出 Per Capita Consumption Expenditure
2013	18311	13220	26467	18488	9430	7485
2014	20167	14491	28844	19968	10489	8383
2015	21966	15712	31195	21392	11422	9223

注：数据来源于国家统计局开展的城乡一体化住户收支与生活状况调查。

a) Data above are from the integrated household income and expenditure surveys of the NBS,including both urban and rural households.

1-18 货物进出口总额
Total Value of Imports and Exports

年 份 Year	人民币（亿元） CNY 100 million				美元（亿美元） USD 100 million			
	进出口总额 Total Imports & Exports	出口总额 Total Exports	进口总额 Total Imports	差 额 Balance	进出口总额 Total Imports & Exports	出口总额 Total Exports	进口总额 Total Imports	差 额 Balance
2005	116921.8	62648.1	54273.7	8374.4	14219.1	7619.5	6599.5	1020.0
2006	140974.0	77597.2	63376.9	14220.3	17604.4	9689.8	7914.6	1775.2
2007	166863.7	93563.6	73300.1	20263.5	21765.7	12204.6	9561.2	2643.4
2008	179921.5	100394.9	79526.5	20868.4	25632.6	14306.9	11325.7	2981.2
2009	150648.1	82029.7	68618.4	13411.3	22075.4	12016.1	10059.2	1956.9
2010	201722.1	107022.8	94699.3	12323.5	29740.0	15777.5	13962.4	1815.1
2011	236402.0	123240.6	113161.4	10079.2	36418.6	18983.8	17434.8	1549.0
2012	244160.2	129359.3	114801.0	14558.3	38671.2	20487.1	18184.1	2303.1
2013	258168.9	137131.4	121037.5	16094.0	41589.9	22090.0	19499.9	2590.1
2014	264241.8	143883.7	120358.0	23525.7	43015.3	23422.9	19592.3	3830.6
2015	245502.9	141166.8	104336.1	36830.7	39530.3	22734.7	16795.6	5939.0

注：本表为海关进出口统计数(下表同)。

a)Data in this table are from Customs statistics. The same applies to the table following.

1-19 分地区货物进出口总额(2015年)
Total Value of Imports and Exports by Region (2015)

单位：万美元 (USD 10 000)

地区	Region	按经营单位所在地分 By Location of Importers/Exporters			按境内目的地和货源地分 By Place of Destination or Origin in China		
		进出口 Total	出口 Exports	进口 Imports	进出口 Total	出口 Exports	进口 Imports
全国	**National Total**	**395303272**	**227346822**	**167956450**	**395303272**	**227346822**	**167956450**
北京	Beijing	31944057	5466682	26477375	13077544	2900145	10177399
天津	Tianjin	11428280	5116293	6311988	11896003	4835967	7060037
河北	Hebei	5151375	3293276	1858099	8024919	4765576	3259342
山西	Shanxi	1468132	842077	626055	1744691	1143866	600825
内蒙古	Inner Mongolia	1273115	565001	708114	1390605	613404	777202
辽宁	Liaoning	9594713	5071098	4523614	10707319	5110024	5597295
吉林	Jilin	1887739	461375	1426364	1997889	536326	1461563
黑龙江	Heilongjiang	2101203	803541	1297662	1632351	631721	1000630
上海	Shanghai	44924072	19591321	25332751	42303709	17869857	24433852
江苏	Jiangsu	54556045	33864478	20691567	58097323	34883336	23213986
浙江	Zhejiang	34678383	27633211	7045171	35905883	28300253	7605630
安徽	Anhui	4784453	3227017	1557436	4249289	2765407	1483881
福建	Fujian	16884593	11268011	5616582	14756640	9379516	5377123
江西	Jiangxi	4239960	3311674	928287	4065078	3014050	1051028
山东	Shandong	24060780	14392568	9668212	27837439	14849436	12988004
河南	Henan	7378056	4306137	3071920	7695655	4577870	3117785
湖北	Hubei	4555258	2921182	1634076	4456280	2709819	1746461
湖南	Hunan	2930180	1913709	1016471	2930411	1908535	1021876
广东	Guangdong	102249568	64317208	37932360	116518848	73018796	43500052
广西	Guangxi	5109055	2793398	2315657	4621248	1405562	3215686
海南	Hainan	1396697	374304	1022393	1551519	426793	1124726
重庆	Chongqing	7446685	5518683	1928001	5871183	3993808	1877375
四川	Sichuan	5118856	3309290	1809566	4694177	2838678	1855499
贵州	Guizhou	1222142	994862	227279	782974	544979	237995
云南	Yunnan	2449128	1661563	787565	1899070	1066471	832599
西藏	Tibet	91384	58691	32693	66492	52714	13778
陕西	Shaanxi	3049850	1478876	1570975	2987709	1462161	1525548
甘肃	Gansu	795202	581181	214021	436290	215921	220369
青海	Qinghai	193447	164197	29251	59104	36670	22434
宁夏	Ningxia	373926	296311	77615	338866	236899	101967
新疆	Xinjiang	1966940	1749608	217332	2706766	1252263	1454503

1-20 一般公共预算收入及增速
General Public Budget Revenue and Its Increase Rate

年 份 Year	一般公共预算收入(亿元) General Public Budget Revenue (100 million yuan)	中央 Central Government	地方 Local Governments	构成 (%) Composition (%) 中央 Central Government	地方 Local Governments	一般公共预算收入增长速度(%) Increase Rate (%)
2005	31649.3	16548.5	15100.8	52.3	47.7	19.9
2006	38760.2	20456.6	18303.6	52.8	47.2	22.5
2007	51321.8	27749.2	23572.6	54.1	45.9	32.4
2008	61330.4	32680.6	28649.8	53.3	46.7	19.5
2009	68518.3	35915.7	32602.6	52.4	47.6	11.7
2010	83101.5	42488.5	40613.0	51.1	48.9	21.3
2011	103874.4	51327.3	52547.1	49.4	50.6	25.0
2012	117253.5	56175.2	61078.3	47.9	52.1	12.9
2013	129209.6	60198.5	69011.2	46.6	53.4	10.2
2014	140370.0	64493.5	75876.6	45.9	54.1	8.6
2015	152269.2	69267.2	83002.0	45.5	54.5	5.8

注：预算收入中不包括国内外债务收入。
a)Budget Revenue does not include the receipts of domestic and foreign debts.

1-21 一般公共预算支出及增速
General Public Budget Expenditure and Its Increase Rate

年 份 Year	一般公共预算支出(亿元) General Public Budget Expenditure (100 million yuan)	中央 Central Government	地方 Local Governments	构成 (%) Composition (%) 中央 Central Government	地方 Local Governments	一般公共预算支出增长速度(%) Increase Rate (%)
2005	33930.3	8776.0	25154.3	25.9	74.1	19.1
2006	40422.7	9991.4	30431.3	24.7	75.3	19.1
2007	49781.4	11442.1	38339.3	23.0	77.0	23.2
2008	62592.7	13344.2	49248.5	21.3	78.7	25.7
2009	76299.9	15255.8	61044.1	20.0	80.0	21.9
2010	89874.2	15989.7	73884.4	17.8	82.2	17.8
2011	109247.8	16514.1	92733.7	15.1	84.9	21.6
2012	125953.0	18764.6	107188.3	14.9	85.1	15.3
2013	140212.1	20471.8	119740.3	14.6	85.4	11.3
2014	151785.6	22570.1	129215.5	14.9	85.1	8.3
2015	175877.8	25542.2	150335.6	14.5	85.5	13.2

注：预算支出中包括国内外债务付息支出。
a) Budget expenditures include the interest payment on domestic and foreign debts.

1-22　分地区一般公共预算收入和支出（2015年）
General Public Budget Revenue and Expenditure by Region (2015)

单位：亿元　　(100 million yuan)

地　区	Region	地方一般公共预算收入 General Public Budget Revenue	税收收入 Tax Revenue	非税收入 Non-tax Revenue	地方一般公共预算支出 General Public Budget Expenditure
地方合计	**Region Total**	**83002.04**	**62661.93**	**20340.11**	**150335.62**
北　京	Beijing	4723.86	4263.91	459.95	5737.70
天　津	Tianjin	2667.11	1578.07	1089.05	3232.35
河　北	Hebei	2649.18	1934.29	714.89	5632.19
山　西	Shanxi	1642.35	1056.60	585.75	3422.97
内蒙古	Inner Mongolia	1964.48	1320.75	643.74	4252.96
辽　宁	Liaoning	2127.39	1650.45	476.94	4481.61
吉　林	Jilin	1229.35	867.12	362.23	3217.10
黑龙江	Heilongjiang	1165.88	880.34	285.53	4020.66
上　海	Shanghai	5519.50	4858.16	661.34	6191.56
江　苏	Jiangsu	8028.59	6610.12	1418.47	9687.58
浙　江	Zhejiang	4809.94	4168.22	641.72	6645.98
安　徽	Anhui	2454.30	1799.89	654.41	5239.01
福　建	Fujian	2544.24	1938.71	605.53	4001.58
江　西	Jiangxi	2165.74	1517.03	648.71	4412.55
山　东	Shandong	5529.33	4203.12	1326.21	8250.01
河　南	Henan	3016.05	2101.17	914.88	6799.35
湖　北	Hubei	3005.53	2086.50	919.03	6132.84
湖　南	Hunan	2515.43	1527.52	987.91	5728.72
广　东	Guangdong	9366.78	7377.07	1989.71	12827.80
广　西	Guangxi	1515.16	1031.65	483.51	4065.51
海　南	Hainan	627.70	514.31	113.39	1239.43
重　庆	Chongqing	2154.83	1450.93	703.90	3792.00
四　川	Sichuan	3355.44	2353.51	1001.93	7497.51
贵　州	Guizhou	1503.38	1126.03	377.35	3939.50
云　南	Yunnan	1808.15	1210.54	597.61	4712.83
西　藏	Tibet	137.13	92.00	45.13	1381.46
陕　西	Shaanxi	2059.95	1290.33	769.63	4376.06
甘　肃	Gansu	743.86	529.79	214.07	2958.31
青　海	Qinghai	267.13	205.81	61.33	1515.16
宁　夏	Ningxia	373.45	256.31	117.13	1138.49
新　疆	Xinjiang	1330.85	861.73	469.12	3804.87

1-23 旅游业发展情况
Development of Tourism

年 份 Year	国际旅游(外汇)收入(亿美元) Foreign Exchange Earnings from International Tourism (100 million USD)	国内旅游收 入(亿元) Earnings from Domestic Tourism (100 million yuan)	国内游客(亿人次) Number of Domestic Visitors (100 million person-times)	入境游客(万人次) Number of Overseas Visitors Arrivals (10 000 person-times)	国内居民出境人数(万人次) Number of Chinese Outbound Visitors (10 000 person-times)	旅行社数(个) Number of Travel Agencies (unit)
2005	293.0	5285.9	12.1	12029.2	3102.6	16245
2006	339.5	6229.7	13.9	12494.2	3452.4	17957
2007	419.2	7770.6	16.1	13187.3	4095.4	18943
2008	408.4	8749.3	17.1	13002.7	4584.4	20110
2009	396.8	10183.7	19.0	12647.6	4765.6	20399
2010	458.1	12579.8	21.0	13376.2	5738.7	22784
2011	484.6	19305.4	26.4	13542.4	7025.0	23690
2012	500.3	22706.2	29.6	13240.5	8318.2	24944
2013	516.6	26276.1	32.6	12907.8	9818.5	26054
2014	569.1	30311.9	36.1	12849.8	11659.3	26650
2015	1136.5	34195.1	40.0	13382.0	12786.0	

1-24 国内旅游情况
Domestic Tourism

年 份 Year	国内游客(百万人次) Domestic Tourists (million person-times)	城镇居民 Urban Residents	农村居民 Rural Residents	旅游总花费(亿元) Tourism Expenditure (100 million yuan)	城镇居民 Urban Residents	农村居民 Rural Residents	人均花费(元) Per Capita Expenditure (yuan)	城镇居民 Urban Residents	农村居民 Rural Residents
2005	1212	496	716	5285.9	3656.1	1629.7	436.1	737.1	227.6
2006	1394	576	818	6229.7	4414.7	1815.0	446.9	766.4	221.9
2007	1610	612	998	7770.6	5550.4	2220.2	482.6	906.9	222.5
2008	1712	703	1009	8749.3	5971.7	2777.6	511.0	849.4	275.3
2009	1902	903	999	10183.7	7233.8	2949.9	535.4	801.1	295.3
2010	2103	1065	1038	12579.8	9403.8	3176.0	598.2	883.0	306.0
2011	2641	1687	954	19305.4	14808.6	4496.8	731.0	877.8	471.4
2012	2957	1933	1024	22706.2	17678.0	5028.2	767.9	914.5	491.0
2013	3262	2186	1076	26276.1	20692.6	5583.5	805.5	946.6	518.9
2014	3611	2483	1128	30311.9	24219.8	6092.1	839.7	975.4	540.2
2015	4000	2802	1188	34195.1	27610.9	6584.2	857.0	985.5	554.2

1-25 分地区接待入境过夜游客
Number of Overseas Visitor Arrivals by Region

单位：万人次 (10 000 person-times)

地 区	Region	2011		2012		2013		2014		2015	
		总计 Total	#外国人 Foreigners	总计 Total	#外国人 Foreigners	总计 Total	#外国人 Foreigners	总计 Total	#外国人 Foreigners	总计 Total	#外国人 Foreigners
北 京	Beijing	520.4	447.4	500.9	434.4	450.1	387.6	427.5	365.5	420.0	357.6
天 津	Tianjin	73.1	63.6	73.8	63.7	75.9	66.0	76.6	67.5	78.5	69.0
河 北	Hebei	114.1	98.3	129.3	106.7	84.3	70.0	75.6	60.3	76.6	59.9
山 西	Shanxi	155.3	98.3	189.2	120.4	53.8	38.9	56.6	36.1	59.4	38.0
内蒙古	Inner Mongolia	151.5	147.6	159.2	151.5	161.6	155.3	167.3	160.2	160.8	153.4
辽 宁	Liaoning	405.3	339.4	473.1	388.6	256.0	173.6	260.7	200.6	264.0	204.6
吉 林	Jilin	99.3	85.5	118.3	100.9	124.3	107.6	130.6	113.3	148.1	129.2
黑龙江	Heilongjiang	206.5	197.8	207.6	194.7	152.9	145.0	141.7	132.3	83.5	78.7
上 海	Shanghai	668.6	555.0	651.2	539.6	614.1	511.1	639.6	523.3	653.6	540.7
江 苏	Jiangsu	737.3	537.9	791.5	575.2	288.0	193.4	297.1	197.0	305.0	200.8
浙 江	Zhejiang	773.7	515.0	865.9	570.5	337.6	252.1	370.9	269.8	459.0	334.0
安 徽	Anhui	262.9	151.7	331.5	190.4	272.0	167.1	280.2	160.8	291.1	171.2
福 建	Fujian	427.4	140.0	493.7	167.0	294.0	114.5	318.9	127.4	332.7	133.7
江 西	Jiangxi	135.8	44.0	156.2	50.4	123.9	40.3	147.7	44.7	155.9	44.9
山 东	Shandong	424.2	312.3	469.9	342.2	286.0	206.1	300.2	218.1	312.2	226.4
河 南	Henan	168.3	104.3	190.8	118.7	127.4	73.0	124.8	71.8	135.3	84.4
湖 北	Hubei	213.5	160.1	264.7	193.0	268.0	204.7	277.1	213.3	311.8	239.8
湖 南	Hunan	227.6	119.8	224.6	90.6	230.7	87.7	219.5	100.1	226.1	118.2
广 东	Guangdong	3331.6	749.3	3489.4	773.1	3397.9	760.5	3355.4	775.2	3450.4	783.6
广 西	Guangxi	302.8	171.5	350.3	192.7	281.7	150.9	295.8	146.8	450.4	239.2
海 南	Hainan	81.4	56.2	81.6	52.0	75.6	50.1	66.1	42.2	60.8	35.6
重 庆	Chongqing	186.4	132.6	224.3	152.6	115.2	77.0	126.4	80.6	148.1	99.0
四 川	Sichuan	164.0	113.7	227.3	151.3	209.6	147.3	240.2	169.7	273.2	193.4
贵 州	Guizhou	58.5	23.6	70.5	30.4	62.4	27.2	65.3	28.5	68.6	29.9
云 南	Yunnan	395.4	281.0	457.8	329.8	287.9	212.5	286.6	206.2	570.1	420.0
西 藏	Tibet	27.1	24.9	19.5	17.5	22.3	18.7	24.4	20.0	29.3	14.3
陕 西	Shaanxi	270.4	189.9	335.2	233.7	253.5	178.9	266.3	185.8	293.0	194.2
甘 肃	Gansu	9.1	5.5	10.2	6.7	9.8	6.3	4.9	2.9	5.5	3.2
青 海	Qinghai	5.2	4.1	4.7	3.8	4.7	4.1	5.2	4.1	6.5	4.5
宁 夏	Ningxia	1.9	1.4	1.9	1.4	2.5	1.5	3.4	1.5	3.7	1.8
新 疆	Xinjiang	56.4	48.8	62.5	49.0	68.9	60.1	54.0	47.7	53.1	45.9

1-26 分地区国际旅游(外汇)收入
Foreign Exchange Earnings from International Tourism by Region

单位：百万美元 (USD million)

地区	Region	2009	2010	2011	2012	2013	2014	2015
北京	Beijing	4356.7	5044.6	5416.0	5149.0	4794.7	4608.0	4605.0
天津	Tianjin	1182.6	1419.5	1755.5	2226.4	2591.3	2992.1	3298.1
河北	Hebei	307.8	350.7	447.7	544.9	585.8	534.2	501.9
山西	Shanxi	377.9	464.6	567.2	720.2	822.7	280.7	297.1
内蒙古	Inner Mongolia	558.3	601.9	671.0	772.0	962.3	1003.0	962.5
辽宁	Liaoning	1856.2	2259.3	2713.1	3263.7	3477.1	1618.0	1636.5
吉林	Jilin	242.9	304.9	385.3	494.8	552.4	583.9	724.1
黑龙江	Heilongjiang	638.7	762.5	917.6	835.5	604.4	563.6	395.3
上海	Shanghai	4744.0	6340.9	5751.2	5493.2	5244.7	5601.9	5860.4
江苏	Jiangsu	4016.0	4783.4	5653.0	6299.7	2379.9	3032.7	3527.3
浙江	Zhejiang	3223.6	3930.2	4541.7	5151.7	5392.9	5753.5	6788.5
安徽	Anhui	565.8	709.0	1179.2	1562.7	1660.4	1840.3	2262.9
福建	Fujian	2599.2	2978.2	3634.4	4225.7	4573.4	4911.8	5561.4
江西	Jiangxi	289.8	346.0	415.0	484.7	525.1	556.9	567.0
山东	Shandong	1765.3	2155.0	2550.8	2923.7	2731.2	2330.1	2896.5
河南	Henan	433.0	498.8	549.0	611.4	660.0	538.4	623.6
湖北	Hubei	510.2	751.2	940.2	1203.0	1218.9	1238.5	1671.9
湖南	Hunan	672.7	906.2	1014.3	928.4	822.7	800.0	857.7
广东	Guangdong	10028.1	12382.6	13906.2	15610.7	16278.1	17106.4	17884.7
广西	Guangxi	643.3	806.2	1051.9	1278.9	1547.3	1572.1	1916.9
海南	Hainan	276.7	322.4	376.2	348.0	337.5	268.6	248.5
重庆	Chongqing	537.2	703.2	968.1	1168.3	1268.3	1354.4	1468.6
四川	Sichuan	288.6	354.1	593.8	798.2	764.8	857.7	1180.9
贵州	Guizhou	110.4	129.6	135.1	168.9	201.4	188.8	231.3
云南	Yunnan	1172.2	1323.7	1608.6	1947.1	2418.2	2420.7	2875.5
西藏	Tibet	78.7	103.6	129.6	105.7	127.9	144.7	176.7
陕西	Shaanxi	771.1	1016.0	1295.1	1597.5	1676.2	1768.7	2000.2
甘肃	Gansu	12.5	14.8	17.4	22.4	20.4	10.2	14.2
青海	Qinghai	15.4	20.5	26.6	24.3	19.4	24.7	38.8
宁夏	Ningxia	4.4	6.0	6.2	5.5	12.1	18.5	20.8
新疆	Xinjiang	136.6	185.4	465.2	550.6	585.0	497.0	555.9

2

文化及相关产业发展情况

Development of Culture and Related Industries

2-1-1 文化及相关产业法人单位数
Number of Legal Entities Engaged in Culture and Related Industries

年 份	Year	法人单位数 Number of Legal Entities	文化制造业 Culture Manufacture	文化批发和零售业 Culture Wholesale and Retail Trade	文化服务业 Culture Service
绝对数(万个)	Number (10 000 units)				
	2004	31.79	6.89	5.11	19.79
	2008	46.08	8.88	5.53	31.66
	2012	66.30	13.30	11.34	41.66
	2013	91.85	16.25	13.99	61.61
	2014	99.62	17.26	15.28	67.08
	2015	114.03	19.16	17.73	77.14
构成(%)	Composition(%)				
	2004	100.00	21.67	16.07	62.25
	2008	100.00	19.27	12.00	68.71
	2012	100.00	20.06	17.10	62.84
	2013	100.00	17.69	15.23	67.08
	2014	100.00	17.33	15.34	67.33
	2015	100.00	16.80	15.55	67.65

注：1.2004年和2008年数据分别来自第一、第二次全国经济普查，统计范围为2004年《文化及相关产业分类》规定的行业范围。
2.2012年数据来自国家统计局2012年文化及相关产业法人单位核查认定结果，统计范围为《文化及相关产业分类(2012)》规定的行业范围。
3.2013年数据来自第三次全国经济普查，统计范围为《文化及相关产业分类(2012)》规定的行业范围。

a)Data of 2004 and 2008 are based on the first and second National Economic Census,and the statistical scope of data follows Classification of Culture and Related Industries issued in 2004.

b)Data of 2012 are based on the verification of legal entities of culture and related industries in 2012,… and the statistical scope of data follows Classification of Culture and Related Industries (2012).

c)Data of 2013 are based on the third National Economic Census, and the statistical scope of data follows Classification of Culture and Related Industries(2012).

2-1-2 文化及相关产业法人单位数(2015年)
Number of Legal Entities Engaged in Culture and Related Industries (2015)

单位：个，% (unit,%)

类 别	Category	法人单位数 Number of Legal Entities	构成 Composition
合 计	**Total**	**1140290**	**100.0**
一、新闻出版发行服务	News,Publishing and Issuing Service	26356	2.3
二、广播电视电影服务	Radio,TV and Films Service	22288	2.0
三、文化艺术服务	Culture and Arts	144607	12.7
四、文化信息传输服务	Transmission of Culture Information	32553	2.9
五、文化创意和设计服务	Culture Originality and Design	324835	28.5
六、文化休闲娱乐服务	Culture Leisure and Entertainment	152644	13.4
七、工艺美术品的生产	Manufacture of Arts and Crafts Products	114227	10.0
八、文化产品生产的辅助生产	Supplementary Manufacture of Culture Products	167111	14.7
九、文化用品的生产	Manufacture of Culture Article	141015	12.4
十、文化专用设备的生产	Manufacture of Culture Equipment	14654	1.3

注：具体类别参见附录三：《文化及相关产业分类(2012)》(以下相关表同)。

a)Details on more categories refer to Appendix 3: Classification of Culture and Related Industries (2012). The same applies to the relevant tables following.

2-1-3　分地区文化及相关产业法人单位数(2015年)
Number of Legal Entities Engaged in Culture and Related Industries by Region (2015)

单位：个　(unit)

地　区	Region	法人单位数 Number of Legal Entities	文化制造业 Culture Manufacture	文化批发和零售业 Culture Wholesale and Retail Trade	文化服务业 Culture Service
全　国	**National Total**	**1140290**	**191569**	**177300**	**771421**
北　京	Beijing	104870	2527	17610	84733
天　津	Tianjin	22299	3398	4447	14454
河　北	Hebei	33883	6218	6032	21633
山　西	Shanxi	16628	1188	2238	13202
内蒙古	Inner Mongolia	11152	667	1545	8940
辽　宁	Liaoning	34589	3865	4733	25991
吉　林	Jilin	11077	1268	1138	8671
黑龙江	Heilongjiang	11239	1208	1335	8696
上　海	Shanghai	42874	4488	8008	30378
江　苏	Jiangsu	121450	26111	19937	75402
浙　江	Zhejiang	112984	35105	18400	59479
安　徽	Anhui	43404	5603	5551	32250
福　建	Fujian	48991	11680	7359	29952
江　西	Jiangxi	24890	5844	2588	16458
山　东	Shandong	71814	14052	15819	41943
河　南	Henan	52103	7410	8853	35840
湖　北	Hubei	46263	3897	6927	35439
湖　南	Hunan	39658	6609	4283	28766
广　东	Guangdong	122397	34025	19054	69318
广　西	Guangxi	22016	2038	3115	16863
海　南	Hainan	4881	280	595	4006
重　庆	Chongqing	29726	2562	4682	22482
四　川	Sichuan	31366	3177	2151	26038
贵　州	Guizhou	12280	2318	1490	8472
云　南	Yunnan	18751	1250	2732	14769
西　藏	Tibet	1072	126	151	795
陕　西	Shaanxi	21214	1942	2907	16365
甘　肃	Gansu	10614	1293	1389	7932
青　海	Qinghai	3009	340	439	2230
宁　夏	Ningxia	2980	252	479	2249
新　疆	Xinjiang	9816	828	1313	7675

2-1-4 文化及相关产业增加值及占GDP比重
Value-added of Culture and Related Industries and Its Percentage to GDP

年 份 Year	增加值 (亿元) Value-added (100 million yuan)	增长 (现价, %) Increase Rate (current price,%)	占GDP比重 (%) as Percentage of GDP (%)
2004	3440		2.15
2005	4253	37.1	2.30
2006	5123	20.5	2.37
2007	6455	26.0	2.43
2008	7630	18.2	2.43
2009	8786	22.6	2.52
2010	11052	25.8	2.75
2011	13479	22.0	2.85
2012	18071	16.5	3.48
2013	21870	11.1	3.67
2014	24538	12.2	3.81
2015	27235	11.0	3.97

注：1. 2004-2011年按2004年《文化及相关产业分类》规定的行业范围进行测算，2012年按《文化及相关产业分类(2012)》规定的行业范围进行测算(下表同)。
2. 2004年、2008年根据经济普查数据测算，其他年份根据年报数据测算(下表同)。
3. 2009-2012年仅包括法人单位数据，其他年份为包括个体经营户在内的全口径数据。
4. 2011年按新标准调整为15516亿元、占GDP比重修正为3.28%。2012年的增长速度按新标准进行测算。
5. 实施研发支出核算方法改革后，对2013年以来的文化产业增加值数据进行了修订。2013年的增长速度仅指数据修订前法人单位增加值的增速。

a)Data of 2004-2011 are caculated according to the scope of Classification of Culture and Related Industries issued in 2004, and data of 2012 is calculated accoring to new Classfication of Culture and Relate Industries (2012).The same applies to the table following.
b)Data of 2004 and 2008 are based on National Economic Census, and other data are base on annual report.The same applies to the table following.
c)Data of 2009-2012 only include legal entities. Data of other years are calculated of the full aperture data, including individual enterprises.
d)Following the new Classification of Culture and Related Industries(2012),value-added of culture and related industry in 2011 is revised as 1551600 million yuan, and its percentage to GDP is revised as 3.28%.The increase rate of 2012 is calculated with the revised data.
e)As metholodogy of R&D expenditure accounting is reformed, data of value-added since 2013 are adjusted. Growth in 2013 only refers to the growth rate of the legal entities before adjustment.

2-1-5 文化及相关产业法人单位增加值及构成
Value-added and Composition of Culture and Related Industries

单位：亿元，% (100 million yuan,%)

年 份 Year	增加值 Total Value-added	文化制造业 Culture Manufacture	文化批发和零售业 Culture Wholesale and Retail Trade	文化服务业 Culture Service	构成 Composition 文化制造业 Culture Manufacture	构成 Composition 文化批发和零售业 Culture Wholesale and Retail Trade	构成 Composition 文化服务业 Culture Service
2004	3102	1481	328	1293	47.7	10.6	41.7
2008	7166	2945	527	3695	41.1	7.4	51.5
2009	8786	3555	522	4709	40.5	5.9	53.6
2010	11052	4391	638	6023	39.7	5.8	54.5
2011	13479	5123	725	7631	38.0	5.4	56.6
2012	18071	7253	1187	9631	40.1	6.6	53.3
2013	21870	9418	2146	10307	43.1	9.8	47.1
2014	24538	10201	2386	11952	41.6	9.7	48.7
2015	27235	11053	2542	13640	40.6	9.3	50.1

注：2013年起，增加值数据为包含个体经营户在内的全口径数据。
a)since 2013,data of value-added are calculated of the full aperture data, including individual enterprises.

2-1-6 分地区文化及相关产业法人单位主要指标(2004年)
Basic Statistics on Legal Entities Engaged in Culture and Related Industries by Region (2004)

行业 地区	Sector Region	法人单位数 (万个) Number of Legal Entities (10 000 units)	从业人员 (万人) Number of Engaged Persons (10 000 persons)	资产总计 (亿元) Total Assets (100 million yuan)
全　国	**National Total**	**31.79**	**873.26**	**18316.6**
文化制造业	Culture Manufacture	6.89	500.29	7862.6
文化批发和零售业	Culture Whole and Retail Trade	5.11	71.50	2778.2
文化服务业	Culture Service	19.79	301.47	7675.9
北　京	Beijing	3.03	55.51	2942.4
天　津	Tianjin	0.58	15.10	389.8
河　北	Hebei	0.71	25.53	360.5
山　西	Shanxi	0.57	14.42	142.9
内蒙古	Inner Mongolia	0.32	10.11	78.1
辽　宁	Liaoning	1.20	28.25	551.0
吉　林	Jilin	0.41	12.29	155.4
黑龙江	Heilongjiang	0.45	15.94	190.2
上　海	Shanghai	3.00	50.12	1747.5
江　苏	Jiangsu	2.66	71.57	1349.8
浙　江	Zhejiang	3.13	79.22	1523.3
安　徽	Anhui	0.68	21.61	286.7
福　建	Fujian	1.27	48.33	675.0
江　西	Jiangxi	0.50	15.69	162.0
山　东	Shandong	1.72	75.17	1268.3
河　南	Henan	0.93	36.93	366.2
湖　北	Hubei	0.74	24.88	369.7
湖　南	Hunan	0.75	25.76	438.6
广　东	Guangdong	3.63	231.14	3428.6
广　西	Guangxi	0.80	19.14	226.9
海　南	Hainan	0.18	4.62	152.8
重　庆	Chongqing	0.43	14.26	204.3
四　川	Sichuan	1.57	36.97	729.5
贵　州	Guizhou	0.30	7.69	74.4
云　南	Yunnan	0.61	14.66	240.5
西　藏	Tibet	0.03	1.50	8.5
陕　西	Shaanxi	0.58	16.35	229.0
甘　肃	Gansu	0.37	8.50	78.1
青　海	Qinghai	0.10	2.93	16.3
宁　夏	Ningxia	0.14	3.88	61.8
新　疆	Xinjiang	0.39	8.30	104.2

注：本表数据根据第一次全国经济普查数据测算。
a)Data in the table above are based on the first National Economic Census.

2-1-6 续表 continued

行 业 地 区	Sector Region	营业收入（亿元） Business Revenue (100 million yuan)	#主营业务收入 Revenue from Principal Business	法人单位增加值（亿元） Value-added of Legal Entities (100 million yuan)	占GDP比重（%） as Percentage of GDP (%)
全 国	**National Total**	**16561.5**	**16225.2**	**3101.7**	**1.94**
文化制造业	Culture Manufacture	8911.2	8720.0	1480.7	0.93
文化批发和零售业	Culture Whole and Retail Trade	4227.0	4169.2	327.8	0.21
文化服务业	Culture Service	3423.3	3336.0	1293.1	0.81
北 京	Beijing	1749.2		385.9	6.37
天 津	Tianjin	331.4		62.1	2.00
河 北	Hebei	256.2		75.0	0.89
山 西	Shanxi	107.7		36.4	1.02
内蒙古	Inner Mongolia	85.7		32.3	1.07
辽 宁	Liaoning	406.3		89.6	1.34
吉 林	Jilin	102.2		40.6	1.30
黑龙江	Heilongjiang	139.2		47.8	1.01
上 海	Shanghai	1782.3		269.5	3.34
江 苏	Jiangsu	1570.4		258.6	1.72
浙 江	Zhejiang	1366.6		273.1	2.34
安 徽	Anhui	217.3		55.5	1.17
福 建	Fujian	727.7		137.6	2.39
江 西	Jiangxi	130.1		42.0	1.22
山 东	Shandong	1628.6		286.9	1.91
河 南	Henan	381.3		101.4	1.19
湖 北	Hubei	231.1		71.3	1.27
湖 南	Hunan	318.9		108.8	1.93
广 东	Guangdong	4286.2		698.9	3.70
广 西	Guangxi	163.0		51.1	1.49
海 南	Hainan	51.7		13.4	1.68
重 庆	Chongqing	163.5		37.6	1.40
四 川	Sichuan	484.5		85.4	1.34
贵 州	Guizhou	58.7		24.1	1.43
云 南	Yunnan	157.3		47.3	1.54
西 藏	Tibet	4.6		4.6	2.08
陕 西	Shaanxi	151.6		45.7	1.44
甘 肃	Gansu	50.5		18.1	1.07
青 海	Qinghai	11.2		5.1	1.09
宁 夏	Ningxia	33.7		9.8	1.82
新 疆	Xinjiang	65.1		24.6	1.09

2-1-7 分地区文化及相关产业法人单位主要指标(2008年)
Basic Statistics on Legal Entities Engaged in Culture and Related Industries by Region (2008)

行 业 地 区	Sector Region	法人单位数 (万个) Number of Legal Entities (10 000 units)	从业人员 (万人) Number of Engaged Persons (10 000 persons)	资产总计 (亿元) Total Assets (100 million yuan)
全 国	**National Total**	**46.08**	**1008.22**	**27486.6**
文化制造业	Culture Manufacture	8.88	508.14	10438.2
文化批发和零售业	Culture Whole and Retail Trade	5.53	63.59	3177.4
文化服务业	Culture Service	31.66	436.49	13870.9
北 京	Beijing	3.77	58.20	3584.9
天 津	Tianjin	0.91	15.71	918.2
河 北	Hebei	1.22	24.10	475.2
山 西	Shanxi	0.84	13.45	207.0
内蒙古	Inner Mongolia	0.60	9.84	167.8
辽 宁	Liaoning	1.79	27.46	687.1
吉 林	Jilin	0.67	12.89	307.0
黑龙江	Heilongjiang	0.74	13.52	258.6
上 海	Shanghai	2.90	47.37	2261.1
江 苏	Jiangsu	3.72	78.24	2084.9
浙 江	Zhejiang	4.43	87.16	2694.2
安 徽	Anhui	1.30	23.11	447.7
福 建	Fujian	1.80	45.65	1092.2
江 西	Jiangxi	0.69	19.68	349.6
山 东	Shandong	3.38	77.45	1895.3
河 南	Henan	1.62	39.97	618.7
湖 北	Hubei	1.69	25.31	465.0
湖 南	Hunan	1.57	27.48	592.0
广 东	Guangdong	4.91	240.33	5413.3
广 西	Guangxi	1.14	19.56	363.9
海 南	Hainan	0.25	4.76	242.7
重 庆	Chongqing	0.91	12.91	275.2
四 川	Sichuan	1.87	28.29	943.4
贵 州	Guizhou	0.46	6.41	105.9
云 南	Yunnan	0.77	13.27	353.2
西 藏	Tibet	0.05	0.96	18.7
陕 西	Shaanxi	0.88	16.72	354.9
甘 肃	Gansu	0.41	7.39	88.4
青 海	Qinghai	0.12	2.06	19.7
宁 夏	Ningxia	0.16	2.64	84.3
新 疆	Xinjiang	0.51	6.31	116.6

注：本表数据根据第二次全国经济普查数据测算。
a)Data in the table above are based on the second National Economic Census.

2-1-7 续表 continued

行 业 地 区	Sector Region	营业收入(亿元) Business Revenue (100 million yuan)	#主营业务收入 Revenue from Principal Business	法人单位增加值(亿元) Value-added of Legal Entities (100 million yuan)	占GDP比重(%) as Percentage of GDP (%)
全 国	**National Total**	**27244.3**	**26802.2**	**7166**	**2.28**
文化制造业	Culture Manufacture	14477.6	14201.3	2944.8	0.94
文化批发和零售业	Culture Whole and Retail Trade	4504.1	4454.5	526.7	0.17
文化服务业	Culture Service	8262.6	8146.3	3694.6	1.18
北 京	Beijing	2678.0	2634.6	641.4	5.77
天 津	Tianjin	549.3	545.5	92.4	1.38
河 北	Hebei	359.0	355.8	122.4	0.76
山 西	Shanxi	115.7	114.1	72.1	0.99
内蒙古	Inner Mongolia	275.4	273.1	111.2	1.31
辽 宁	Liaoning	688.5	672.1	179.7	1.31
吉 林	Jilin	222.8	220.6	108.9	1.69
黑龙江	Heilongjiang	235.1	231.3	104.1	1.25
上 海	Shanghai	2459.9	2429.1	378.4	2.69
江 苏	Jiangsu	2551.5	2523.0	644.8	2.08
浙 江	Zhejiang	2334.2	2294.1	529.7	2.47
安 徽	Anhui	376.8	371.5	117.8	1.33
福 建	Fujian	1039.4	1029.7	296.5	2.74
江 西	Jiangxi	398.7	396.1	159.2	2.28
山 东	Shandong	2547.0	2453.4	651.0	2.10
河 南	Henan	767.1	759.3	249.7	1.39
湖 北	Hubei	383.8	376.2	158.9	1.40
湖 南	Hunan	611.0	607.0	283.9	2.46
广 东	Guangdong	6565.2	6469.0	1545.0	4.20
广 西	Guangxi	266.5	259.4	99.4	1.42
海 南	Hainan	82.5	81.8	21.7	1.45
重 庆	Chongqing	288.0	284.1	103.8	1.79
四 川	Sichuan	719.4	709.5	182.5	1.45
贵 州	Guizhou	77.8	75.7	26.6	0.75
云 南	Yunnan	224.6	216.3	77.2	1.36
西 藏	Tibet	5.6	5.5	8.7	2.21
陕 西	Shaanxi	235.5	232.6	116.0	1.59
甘 肃	Gansu	57.2	55.1	28.9	0.91
青 海	Qinghai	12.8	12.5	10.3	1.01
宁 夏	Ningxia	35.6	35.3	13.8	1.14
新 疆	Xinjiang	80.6	78.8	30.1	0.72

2-1-8 分地区文化及相关产业法人单位主要指标(2013年)

Basic Statistics on Legal Entities Engaged in Culture and Related Industries by Region (2013)

行业 地区	Sector Region	法人单位数(万个) Number of Legal Entities (10 000 units)	从业人员(万人) Number of Engaged Persons (10 000 persons)	资产总计(亿元) Total Assets (100 million yuan)	营业收入(亿元) Business Revenue (100 million yuan)	#主营业务收入 Revenue from Principal Business
全　国	**National Total**	**91.85**	**1760.0**	**95422.1**	**83743.4**	**82611.0**
文化制造业	Culture Manufacture	16.25	805.5	32478.1	43501.9	42916.3
文化批发和零售业	Culture Whole and Retail Trade	13.99	146.1	12290.0	18479.6	18336.7
文化服务业	Culture Service	61.61	808.4	50654.0	21762.0	21358.0
北　京	Beijing	9.78	94.2	9295.8	6408.5	6319.9
天　津	Tianjin	1.99	36.0	3749.3	2287.6	2256.4
河　北	Hebei	2.88	48.5	1869.9	1575.2	1556.3
山　西	Shanxi	1.42	21.1	718.4	306.1	301.6
内蒙古	Inner Mongolia	0.94	13.9	558.9	346.3	337.4
辽　宁	Liaoning	2.66	38.1	1737.6	1507.4	1492.0
吉　林	Jilin	0.79	13.2	481.8	271.4	266.3
黑龙江	Heilongjiang	0.97	14.6	405.4	274.5	270.6
上　海	Shanghai	3.86	71.0	7703.2	7763.2	7681.0
江　苏	Jiangsu	9.49	193.1	11884.4	11101.8	10952.1
浙　江	Zhejiang	8.57	134.3	8335.7	6580.7	6488.7
安　徽	Anhui	3.51	51.1	2290.7	2251.6	2234.7
福　建	Fujian	3.42	77.3	2666.8	3037.6	3010.6
江　西	Jiangxi	1.60	50.9	1424.2	1793.3	1783.6
山　东	Shandong	5.92	130.1	9411.5	8078.0	7949.7
河　南	Henan	3.51	84.8	3047.4	2839.6	2817.0
湖　北	Hubei	3.37	49.1	3207.3	1930.5	1903.5
湖　南	Hunan	3.60	93.2	2710.5	3480.0	3426.0
广　东	Guangdong	10.43	332.4	13550.4	15030.2	14793.8
广　西	Guangxi	1.75	29.5	808.8	733.3	723.1
海　南	Hainan	0.36	6.0	899.7	217.4	209.7
重　庆	Chongqing	2.11	32.2	1792.5	1830.4	1815.2
四　川	Sichuan	2.63	48.8	2653.0	2021.3	1994.1
贵　州	Guizhou	0.99	13.1	701.6	259.8	251.3
云　南	Yunnan	1.42	21.6	1052.2	521.7	505.3
西　藏	Tibet	0.08	1.7	41.2	23.1	22.7
陕　西	Shaanxi	1.71	27.9	1476.8	751.1	741.5
甘　肃	Gansu	0.89	13.8	346.3	169.5	164.1
青　海	Qinghai	0.22	4.1	187.4	144.5	143.3
宁　夏	Ningxia	0.28	4.1	165.5	53.0	48.7
新　疆	Xinjiang	0.73	10.1	248.0	154.8	150.7

注：本表数据根据第三次全国经济普查数据测算。
a)Data in the table above are based on the third National Economic Census.

2-2-1 文化及相关产业固定资产投资实际到位资金
Actual Funds for Investment in Fixed Assets of Culture and Related Industries

单位：亿元 (100 million yuan)

年 份 Year	合计 Total	国家预算资金 State Budget	国内贷款 Domestic Loans	利用外资 Foreign Investment	自筹资金 Self-raising Fund	其他资金 Others	新增固定资产 Newly Increased Fixed Assets	固定资产交付使用率 (%) of Fixed Assets Completed and Put into Use (%)
2005	2892.3	103.1	297.3	237.5	2063.1	191.2	1796.7	64.3
2006	3404.5	129.4	361.6	173.5	2539.3	200.8	1948.1	59.0
2007	4301.1	186.7	400.3	237.2	3200.0	276.9	2273.0	54.8
2008	5725.7	285.9	431.8	279.8	4359.4	368.8	3142.3	56.0
2009	7803.8	383.8	804.0	209.2	5916.8	490.0	4757.5	63.1
2010	9583.7	496.2	822.1	238.8	7492.5	534.2	5453.9	60.0
2011	11003.6	562.8	895.3	249.9	8741.8	553.7	6609.4	63.3
2012	16256.6	836.9	1284.0	313.0	13095.5	727.1	9567.5	61.2
2013	19862.3	1038.4	1559.4	329.1	16197.3	738.0	12165.3	63.9
2014	24356.0	1029.3	1736.9	312.3	20302.7	974.8	15999.5	67.5
2015	28503.4	1348.3	1723.5	239.6	24223.7	968.3	20913.3	72.4

注：不含农户数据(以下相关表同)。
a)Data in the table above exclude rural households.The same applies to the relevent tables following.

2-2-2 文化及相关产业主要行业固定资产投资实际到位资金(2015年)
Actual Funds for Investment in Fixed Assets of Culture and Related Industries by Sector (2015)

单位：亿元,% (100 million yuan,%)

主要行业	Sector	合计 Total	国家预算资金 State Budget	国内贷款 Domestic Loans	利用外资 Foreign Investment	自筹资金 Self-raising Fund	其他资金 Others	新增固定资产 Newly Increased Fixed Assets	固定资产交付使用率 of Fixed Assets Completed and Put into Use
新闻出版业	News and Publishing	133.0	8.3	5.8		117.6	1.4	99.7	76.8
广播、电视、电影和音像业	Radio,TV,Films and Audio-vedio Service	480.5	19.0	9.3	1.8	439.0	11.4	317.5	64.5
文化艺术业	Culture and Arts	2970.5	359.7	135.3	3.2	2298.7	173.5	2207.7	71.7
娱乐业	Entertainment	1886.3	39.6	132.5	20.1	1631.2	62.9	1270.2	63.9

2-2-3 按类别分文化及相关产业固定资产投资情况(2015年)
Investment in Fixed Assets of Culture and Related Industries by Category (2015)

类 别	Category	投资额 (万元) Investment (10 000 yuan)	构成 (%) Composition (%)
合 计	**Total**	**288979574**	**100.00**
一、新闻出版发行服务	News,Publishing and Issuing Service	1902887	0.66
二、广播电视电影服务	Radio,TV and Films Service	4919705	1.70
三、文化艺术服务	Culture and Arts	36786353	12.73
四、文化信息传输服务	Transmission of Culture Information	7770801	2.69
五、文化创意和设计服务	Culture Originality and Design	16994508	5.88
六、文化休闲娱乐服务	Culture Leisure and Entertainment	107842684	37.32
七、工艺美术品的生产	Manufacture of Arts and Crafts Products	16171100	5.60
八、文化产品生产的辅助生产	Supplementary Manufacture of Culture Products	41099460	14.22
九、文化用品的生产	Manufacture of Culture Article	48703945	16.85
十、文化专用设备的生产	Manufacture of Culture Equipment	6788131	2.35

2-2-4 分地区文化及相关产业固定资产投资情况
Investment in Fixed Assets of Culture and Related Industries by Region

单位：万元 (10 000 yuan)

地区	Region	2006	2007	2008	2009	2010
全国	**National Total**	**33021537**	**41468447**	**56089707**	**75416950**	**90885175**
北京	Beijing	895511	1203793	1297396	1310447	1763215
天津	Tianjin	339228	467752	902252	961984	2003998
河北	Hebei	1852698	2291215	2685030	3857174	5238031
山西	Shanxi	273690	455422	628416	1281867	1701377
内蒙古	Inner Mongolia	565120	1017800	1016661	1484789	1960465
辽宁	Liaoning	1413836	1738882	2245970	3226859	3755347
吉林	Jilin	643200	940322	1288835	1538414	2369582
黑龙江	Heilongjiang	421219	563714	523812	953215	1416331
上海	Shanghai	492285	607393	1219930	1881511	1143150
江苏	Jiangsu	2913847	3553261	4935334	6058482	7636733
浙江	Zhejiang	3038878	3482220	4419420	4968869	5192974
安徽	Anhui	1040014	1606892	1901992	2906888	3511837
福建	Fujian	875522	1306734	1835369	2330089	2825877
江西	Jiangxi	883021	1203140	1935472	3091304	4296084
山东	Shandong	4987563	4914805	8446692	11509288	12889573
河南	Henan	1866452	2934909	3692764	5242120	6791654
湖北	Hubei	1063327	1392459	1886427	3032072	3527568
湖南	Hunan	1076456	1371074	1955866	2954063	3347813
广东	Guangdong	3429594	4310554	4395724	5189135	5500725
广西	Guangxi	604003	784185	1150620	1694818	2125396
海南	Hainan	162991	177811	532732	875456	923593
重庆	Chongqing	495861	760797	1195337	1214712	1940720
四川	Sichuan	1717433	1649983	2310197	3245313	4048637
贵州	Guizhou	240955	299948	366132	347571	460871
云南	Yunnan	403863	527189	686182	985359	1247579
西藏	Tibet	50172	54558	84952	98769	118720
陕西	Shaanxi	682076	1153154	1635420	2068751	1948269
甘肃	Gansu	178609	206302	225669	348308	439954
青海	Qinghai	52626	104951	121105	158547	161868
宁夏	Ningxia	145373	172700	211118	184700	138612
新疆	Xinjiang	216114	214528	356881	416076	458622

2-2-4 续表 continued

单位: 万元 (10 000 yuan)

地 区	Region	2011	2012	2013	2014	2015
全 国	**National Total**	**104455303**	**156426250**	**190460073**	**236950339**	**288979574**
北 京	Beijing	1811466	2958510	2919865	2283402	3542565
天 津	Tianjin	2231773	4087848	3583568	4417790	5549753
河 北	Hebei	5576719	9624071	13324296	14794559	19268584
山 西	Shanxi	1834253	2722256	3715333	5089109	6429921
内蒙古	Inner Mongolia	2689276	3061915	2947674	5608522	4027952
辽 宁	Liaoning	4715288	7366250	8618131	10111973	8316394
吉 林	Jilin	1800830	3041038	3068861	3790223	4954848
黑龙江	Heilongjiang	1795016	3638691	4235141	3871063	4486806
上 海	Shanghai	806375	1915334	2255632	2551302	1959561
江 苏	Jiangsu	8716819	14383597	18226189	24098064	26412230
浙 江	Zhejiang	5531592	6965973	8515517	10747329	14423125
安 徽	Anhui	3918544	6674015	8198415	9139672	11734126
福 建	Fujian	4078631	6108062	7577615	8393680	10873550
江 西	Jiangxi	5150786	8097499	9566445	11839336	14574845
山 东	Shandong	14113621	20163093	22219885	26127932	27991192
河 南	Henan	6805527	8466733	10396060	13909698	18418138
湖 北	Hubei	3968475	6222233	8740314	11091809	13851636
湖 南	Hunan	4815219	8643378	10458199	12277538	16621908
广 东	Guangdong	7068278	8767815	10044910	12332375	14012029
广 西	Guangxi	2844772	4078112	5398113	7109740	8963321
海 南	Hainan	683962	842654	1114087	1481849	1680414
重 庆	Chongqing	2346382	3675129	4131973	7593029	11873347
四 川	Sichuan	3782082	5194133	6708817	8070662	9387277
贵 州	Guizhou	642014	715251	1063878	2205423	5208059
云 南	Yunnan	1996848	2113237	2711661	3704349	4536707
西 藏	Tibet	165556	320715	639234	510105	1089240
陕 西	Shaanxi	2816240	3715436	5591742	8148262	9442561
甘 肃	Gansu	780165	1266001	2358266	2747763	3850166
青 海	Qinghai	176607	428814	628911	661121	1235122
宁 夏	Ningxia	169311	225405	335158	550228	1190989
新 疆	Xinjiang	622876	943052	1166183	1692432	3073208

2-2-5 文化及相关产业施工和投产项目情况
Basic Statistics on Projects of Culture and Related Industries under Construction and Put into Use

单位：个，% (unit,%)

年 份 Year	施工项目 Number of Projects under Construction	#新开工 Projects Started This Year	全部建成投产项目 Number of Projects Completed and Put into Use	项目建成投产率 Rate of Construction Projects Completed and Put into Use
2005	18748	14099	10712	57.1
2006	18932	13733	10432	55.1
2007	20474	14440	11358	55.5
2008	23379	16423	13529	57.9
2009	28392	21096	17729	62.4
2010	27674	19363	17724	64.0
2011	21803	14366	13279	60.9
2012	27774	19492	16679	60.1
2013	29739	20329	18132	61.0
2014	34662	23992	23039	66.5
2015	41090	30695	29532	71.9

2-2-6 文化及相关产业主要行业施工和投产项目情况(2015年)
Basic Statistics on Projects of Culture and Related Industries under Construction and Put into Use by Sector (2015)

单位：个，% (unit,%)

主要行业	Sector	施工项目 Number of Projects under Construction	#新开工 Projects Started This Year	全部建成投产项目 Number of Projects Completed and Put into Use	项目建成投产率 Rate of Construction Projects Completed and Put into Use
新闻出版业	News and Publishing	117	64	63	53.8
广播、电视、电影和音像业	Radio,TV,Films and Audio-vedio Service	697	519	496	71.2
文化艺术业	Culture and Arts	5135	3492	3546	69.1
娱乐业	Entertainment	2290	1770	1636	71.4

2-3-1 居民人均可支配收入与文化娱乐消费支出
Per Capita Disposable Income and Consumption Expenditure on Education,Culture and Recreation of Households

单位：元，% (yuan, %)

指 标	Item	2013	2014	2015
全国居民	**Nationwide Households**			
人均可支配收入	Per Capita Disposable Income	18310.8	20167.1	21966.2
人均消费支出	Per Capita Consumption Expenditure	13220.4	14491.4	15712.4
#文化娱乐	Cultural and Recreation	576.7	671.5	760.1
文化娱乐占消费支出比重	Expenditure on Culture and Recreation as Percentage of Consumption Expenditure	4.4	4.6	4.8
城镇居民	**Urban Households**			
人均可支配收入	Per Capita Disposable Income	26467.0	28843.9	31194.8
人均消费支出	Per Capita Consumption Expenditure	18487.5	19968.1	21392.4
#文化娱乐	Cultural and Recreation	945.7	1087.9	1216.1
文化娱乐占消费支出比重	Expenditure on Culture and Recreation as Percentage of Consumption Expenditure	5.1	5.4	5.7
农村居民	**Rural Households**			
人均可支配收入	Per Capita Disposable Income	9429.6	10488.9	11421.7
人均消费支出	Per Capita Consumption Expenditure	7485.1	8382.6	9222.6
#文化娱乐	Cultural and Recreation	174.8	207.0	239.0
文化娱乐占消费支出比重	Expenditure on Culture and Recreation as Percentage of Consumption Expenditure	2.3	2.5	2.6

注：从2013年起，国家统计局开展了城乡一体化住户收支与生活状况调查，2-3-1至2-3-5表数据来源于此调查样本，与2013年前的分城镇和农村住户调查的调查范围、调查方法、指标口径有所不同。

a) The NBS started an integrated household income and expenditure survey in 2013, including both urban and rural households. The data shown in Tables 2-3-1 to 2-3-5 are compiled on the basis of the survey. The coverage, methodology and definitions used in the survey are different from those used for the separate urban and rural household surveys prior to 2013.

2-3-2 分地区全国居民人均文化娱乐消费支出
Per Capita Consumption Expenditure on Culture and Recreation of Nationwide Households by Region

单位：元 (yuan)

地 区	Region	2013	2014	2015
全 国	**National Total**	**576.7**	**671.5**	**760.1**
北 京	Beijing	2133.3	2333.7	2592.1
天 津	Tianjin	839.3	998.5	1120.0
河 北	Hebei	375.0	443.4	553.7
山 西	Shanxi	350.6	481.6	544.3
内蒙古	Inner Mongolia	645.7	692.3	828.2
辽 宁	Liaoning	646.7	794.8	856.0
吉 林	Jilin	480.8	580.9	616.7
黑龙江	Heilongjiang	405.7	460.1	500.5
上 海	Shanghai	1822.1	2149.6	2372.8
江 苏	Jiangsu	1141.9	1204.6	1266.7
浙 江	Zhejiang	880.5	927.2	1093.0
安 徽	Anhui	306.4	350.7	412.4
福 建	Fujian	658.5	714.4	803.4
江 西	Jiangxi	379.4	479.3	552.3
山 东	Shandong	430.0	537.9	640.7
河 南	Henan	439.9	501.5	573.7
湖 北	Hubei	417.3	487.6	551.8
湖 南	Hunan	458.5	639.0	740.7
广 东	Guangdong	871.6	1015.5	1139.6
广 西	Guangxi	341.1	383.2	449.0
海 南	Hainan	360.9	367.4	387.0
重 庆	Chongqing	481.5	576.2	653.7
四 川	Sichuan	419.0	517.2	584.7
贵 州	Guizhou	347.7	462.4	506.5
云 南	Yunnan	373.7	446.4	533.8
西 藏	Tibet	70.5	109.2	144.3
陕 西	Shaanxi	463.6	506.0	576.7
甘 肃	Gansu	305.0	348.0	438.5
青 海	Qinghai	413.8	589.1	594.6
宁 夏	Ningxia	513.6	538.5	612.6
新 疆	Xinjiang	373.4	413.3	445.0

2-3-3 分地区城镇居民人均文化娱乐消费支出
Per Capita Consumption Expenditure on Culture and Recreation of Urban Households by Region

单位：元 (yuan)

地 区	Region	2013	2014	2015
全 国	**National Total**	**945.7**	**1087.9**	**1216.1**
北 京	Beijing	2409.4	2633.0	2926.3
天 津	Tianjin	958.9	1150.3	1278.3
河 北	Hebei	626.2	723.0	919.3
山 西	Shanxi	592.2	800.0	886.7
内蒙古	Inner Mongolia	979.7	1043.1	1240.8
辽 宁	Liaoning	898.6	1101.3	1154.2
吉 林	Jilin	707.6	858.5	916.0
黑龙江	Heilongjiang	577.6	641.0	708.2
上 海	Shanghai	1999.7	2359.1	2593.2
江 苏	Jiangsu	1550.9	1636.2	1700.0
浙 江	Zhejiang	1209.1	1272.2	1462.9
安 徽	Anhui	520.4	570.7	661.9
福 建	Fujian	949.6	1016.8	1162.8
江 西	Jiangxi	673.6	833.3	921.9
山 东	Shandong	678.8	846.2	1007.1
河 南	Henan	833.4	902.1	1038.6
湖 北	Hubei	649.7	754.9	823.9
湖 南	Hunan	805.2	1095.1	1244.3
广 东	Guangdong	1202.9	1387.8	1550.3
广 西	Guangxi	667.7	733.4	836.1
海 南	Hainan	586.9	577.8	589.0
重 庆	Chongqing	759.0	891.3	1002.0
四 川	Sichuan	798.6	968.1	1087.1
贵 州	Guizhou	797.6	1067.0	1126.6
云 南	Yunnan	840.0	1009.0	1168.4
西 藏	Tibet	212.5	376.2	479.8
陕 西	Shaanxi	814.4	893.0	973.6
甘 肃	Gansu	634.6	714.1	880.2
青 海	Qinghai	740.8	1068.2	1076.6
宁 夏	Ningxia	845.0	877.6	992.1
新 疆	Xinjiang	691.2	792.8	875.3

2-3-4 分地区农村居民人均文化娱乐消费支出
Per Capita Consumption Expenditure on Culture and Recreation of Rural Households by Region

单位：元 (yuan)

地 区	Region	2013	2014	2015
全 国	**National Total**	**174.8**	**207.0**	**239.0**
北 京	Beijing	378.6	437.2	474.4
天 津	Tianjin	337.1	327.3	398.2
河 北	Hebei	160.8	202.4	232.1
山 西	Shanxi	107.9	154.7	183.7
内蒙古	Inner Mongolia	202.2	215.8	253.7
辽 宁	Liaoning	190.0	225.7	286.0
吉 林	Jilin	216.4	252.6	262.5
黑龙江	Heilongjiang	178.6	218.4	222.9
上 海	Shanghai	313.7	344.9	473.9
江 苏	Jiangsu	465.9	469.6	512.7
浙 江	Zhejiang	328.1	334.6	440.9
安 徽	Anhui	129.6	162.5	193.0
福 建	Fujian	247.8	277.5	273.2
江 西	Jiangxi	127.5	170.1	217.8
山 东	Shandong	167.1	206.5	235.8
河 南	Henan	166.5	213.7	228.7
湖 北	Hubei	163.0	185.1	235.0
湖 南	Hunan	168.7	253.6	300.4
广 东	Guangdong	202.5	241.4	276.7
广 西	Guangxi	102.4	119.1	148.5
海 南	Hainan	126.3	140.4	164.6
重 庆	Chongqing	136.1	165.3	184.3
四 川	Sichuan	141.3	177.1	194.7
贵 州	Guizhou	101.7	123.8	147.0
云 南	Yunnan	97.5	108.8	136.5
西 藏	Tibet	28.0	29.5	42.4
陕 西	Shaanxi	143.3	147.3	193.8
甘 肃	Gansu	106.8	123.2	158.4
青 海	Qinghai	127.4	160.8	159.5
宁 夏	Ningxia	179.4	193.9	216.0
新 疆	Xinjiang	124.1	115.3	105.2

2-3-5 分地区居民人均文化娱乐消费支出(2015年)
Per Capita Consumption Expenditure on Culture and Recreation of Households by Region(2015)

单位：元 (yuan)

地区	Region	全国居民 Nationwide Households		城镇居民 Urban Households		农村居民 Rural Households	
		人均消费支出 Per Capita Consumption Expenditure	#文化娱乐 Culture and Recreation	人均消费支出 Per Capita Consumption Expenditure	#文化娱乐 Culture and Recreation	人均消费支出 Per Capita Consumption Expenditure	#文化娱乐 Culture and Recreation
全国	**National Total**	**15712.4**	**760.1**	**21392.4**	**1216.1**	**9222.6**	**239.0**
北京	Beijing	33802.8	2592.1	36642.0	2926.3	15811.2	474.4
天津	Tianjin	24162.5	1120.0	26229.5	1278.3	14739.4	398.2
河北	Hebei	13030.7	553.7	17586.6	919.3	9022.8	232.1
山西	Shanxi	11729.1	544.3	15818.6	886.7	7421.2	183.7
内蒙古	Inner Mongolia	17178.5	828.2	21876.5	1240.8	10637.4	253.7
辽宁	Liaoning	17199.8	856.0	21556.7	1154.2	8872.8	286.0
吉林	Jilin	13763.9	616.7	17972.6	916.0	8783.3	262.5
黑龙江	Heilongjiang	13402.5	500.5	17152.1	708.2	8391.5	222.9
上海	Shanghai	34783.6	2372.8	36946.1	2593.2	16152.3	473.9
江苏	Jiangsu	20555.6	1266.7	24966.0	1700.0	12882.5	512.7
浙江	Zhejiang	24116.9	1093.0	28661.3	1462.9	16107.7	440.9
安徽	Anhui	12840.1	412.4	17233.5	661.9	8975.2	193.0
福建	Fujian	18850.2	803.4	23520.2	1162.8	11960.8	273.2
江西	Jiangxi	12403.4	552.3	16731.8	921.9	8485.6	217.8
山东	Shandong	14578.4	640.7	19853.8	1007.1	8747.6	235.8
河南	Henan	11835.1	573.7	17154.3	1038.6	7887.4	228.7
湖北	Hubei	14316.5	551.8	18192.3	823.9	9803.1	235.0
湖南	Hunan	14267.3	740.7	19501.4	1244.3	9690.6	300.4
广东	Guangdong	20975.7	1139.6	25673.1	1550.3	11103.0	276.7
广西	Guangxi	11401.0	449.0	16321.2	836.1	7582.0	148.5
海南	Hainan	13575.0	387.0	18448.4	589.0	8210.3	164.6
重庆	Chongqing	15139.5	653.7	19742.3	1002.0	8937.7	184.3
四川	Sichuan	13632.1	584.7	19276.8	1087.1	9250.6	194.7
贵州	Guizhou	10413.8	506.5	16914.2	1126.6	6644.9	147.0
云南	Yunnan	11005.4	533.8	17675.0	1168.4	6830.1	136.5
西藏	Tibet	8245.8	144.3	17022.0	479.8	5579.7	42.4
陕西	Shaanxi	13087.2	576.7	18463.9	973.6	7900.7	193.8
甘肃	Gansu	10950.8	438.5	17450.9	880.2	6829.8	158.4
青海	Qinghai	13611.3	594.6	19200.6	1076.6	8566.5	159.5
宁夏	Ningxia	13815.6	612.6	18983.9	992.1	8414.9	216.0
新疆	Xinjiang	12867.4	445.0	19414.7	875.3	7697.9	105.2

2-3-6 文化娱乐用品及服务价格指数
Price Indices of Articles and Service for Culture and Recreation

上年=100 (preceding year=100)

年 份 Year	居民消费价格指数 Consumer Price Index	#文娱用耐用消费品及服务 Durable Consumer Goods for Cultural and Recreation Use and Service	#文化娱乐 Culture and Recreation	#旅游 Touring and Outing
2005	101.8	93.8	101.2	99.6
2006	101.5	94.2	101.0	103.1
2007	104.8	93.1	101.0	102.3
2008	105.9	92.3	101.3	101.1
2009	99.3	90.6	102.5	97.5
2010	103.3	94.3	101.0	104.9
2011	105.4	93.7	101.1	103.8
2012	102.6	94.5	101.3	101.7
2013	102.6	96.3	101.4	104.0
2014	102.0	97.3	101.3	105.0
2015	101.4	98.5	101.8	99.5

2-3-7 按城乡分文化娱乐用品及服务价格指数(2015年)
Price Indices of Articles and Service for Culture and Recreation in Urban and Rural Area (2015)

上年=100 (preceding year=100)

项 目	Item	全国 Total	城市 Urban Area	农村 Rural Area
居民消费价格指数	**Consumer Price Index**	**101.4**	**101.5**	**101.3**
#文娱用耐用消费品及服务	Durable Consumer Goods for Culturaland Recreation Use and Service	98.5	98.3	99.2
#文化娱乐	Culture and Recreation	101.8	101.9	101.4
文化娱乐用品	Cultural and Recreational Articles	100.3	100.2	100.8
书报杂志	Newspapers and Magazines	105.4	105.9	103.4
文娱费	Expenditure for Cultural and Recreational Services	101.4	101.4	100.9
#旅游	Touring and Outing	99.5	99.3	101.0

2-4-1 文化产品进出口情况
Imports and Exports of Cultural Commodities

单位：亿美元，%　　(USD 100 million ,%)

年份 Year	进出口总额 Total Imports & Exports	出口额 Total Exports	进口额 Total Imports	贸易差额 Balance	增长 Increase Rate 进出口总额 Total Imports & Exports	出口额 Total Exports	进口额 Total Imports
2005	187.2	176.0	11.2	164.7	26.4	27.8	7.2
2006	213.6	201.7	11.9	189.8	14.1	14.6	5.8
2007	382.4	349.2	33.2	315.9	79.0	73.1	180.1
2008	433.0	390.5	42.5	348.0	13.2	11.8	28.0
2009	388.9	346.5	42.4	304.1	-10.2	-11.3	-0.2
2010	487.1	429.0	58.1	370.8	25.2	23.8	37.0
2011	671.4	582.1	89.3	492.9	37.8	35.7	53.6
2012	887.5	766.5	121.0	645.5	32.2	31.7	35.6
2013	1070.8	898.6	172.2	726.4	20.6	17.2	42.3
2014	1273.7	1118.3	155.4	962.9	19.0	24.5	-9.8
2015	1013.1	871.2	141.9	729.3	-20.5	-22.1	-8.7

注：按照《我国文化产品进出口统计目录》(2015修订)标准统计（下表同）。
a)Data in this table are according to "China's cultural products import and export statistics directory" (2015 Revision) standard statistics. The same applies to the table following.

2-4-2 按商品类别分文化产品进出口情况(2015年)
Imports and Exports of Cultural Commodities by Category of Commodities (2015)

单位：亿美元，%　　(USD 100 million ,%)

项目	Item	进出口总额 Total Imports & Exports	出口额 Total Exports	进口额 Total Imports	贸易差额 Balance	增长 Increase Rate 出口额 Total Exports	进口额 Total Imports
合计	**Total**	**1013.12**	**871.22**	**141.90**	**729.33**	**-22.1**	**-8.7**
出版物	Publications	47.44	36.15	11.28	24.87	-0.9	-14.7
图书、报纸、期刊	Books,Newspapers and Magazines	23.67	18.24	5.44	12.80	-4.0	4.3
音像制品及电子出版物	Audio-Vedio Products and Electronic Products	3.61	1.21	2.40	-1.19	-1.3	13.3
其他出版物	Other Publications	20.15	16.71	3.45	13.26	2.7	-41.6
工艺美术品及收藏品	Arts,Crafts and Collections	394.44	374.66	19.78	354.89	-44.5	-18.5
工艺美术品	Arts and Crafts	391.87	373.99	17.88	356.10	-44.6	-22.7
收藏品	Collections	2.57	0.68	1.90	-1.22	156.8	66.4
文化用品	Cultural Products	347.37	332.72	14.65	318.07	15.2	1.0
文具	Stationery	1.48	1.47	0.02	1.45	6.2	-0.7
乐器	Musical Instruments	20.33	16.94	3.39	13.56	-1.0	6.4
玩具	Toys	161.61	156.64	4.97	151.67	10.8	39.3
游艺器材及娱乐用品	Recreation Equipment and Entertainment Supplies	163.95	157.66	6.28	151.38	22.2	-18.8
文化专用设备	Special Cultural equipment	223.87	127.68	96.18	31.50	8.1	-7.0
印刷专用设备	Printing Equipment	27.12	13.98	13.13	0.85	-3.7	-16.6
广播电视电影专用设备	Radio,Television and Film Special Equipment	196.75	113.70	83.05	30.65	9.8	-5.2

2-4-3 按贸易方式分文化产品进出口情况(2015年)
Imports and Exports of Cultural Commodities by Type of Trade (2015)

单位：亿美元，% (USD 100 million ,%)

项目	Item	进出口总额 Total Imports & Exports	出口额 Total Exports	进口额 Total Imports	增长 Increase Rate 出口额 Total Exports	增长 Increase Rate 进口额 Total Imports
贸易总额	**Total**	**1013.12**	**871.22**	**141.90**	**-22.1**	**-8.7**
一般贸易	General Trade	403.66	363.97	39.68	5.5	-11.5
加工贸易	Processing Trade	486.00	416.39	69.61	-39.2	4.5
其他贸易	Other Trade	123.47	90.87	32.60	2.8	-25.9

2-4-4 按企业性质分文化产品进出口情况(2015年)
Imports and Exports of Cultural Commodities by Registration Status of Enterprises (2015)

单位：亿美元，% (USD 100 million ,%)

项目	Item	进出口总额 Total Imports & Exports	出口额 Total Exports	进口额 Total Imports	增长 Increase Rate 出口额 Total Exports	增长 Increase Rate 进口额 Total Imports
贸易总额	**Total**	**1013.12**	**871.22**	**141.90**	**-22.1**	**-8.7**
国有企业	State-owned Enterprises	67.94	48.01	19.93	0.9	8.7
外资企业	Foreign Funded Enterprises	449.55	357.40	92.15	-7.3	2.7
集体、私营及其他企业	Collectived-owned, Private and Other Enterprises	495.63	465.82	29.81	-32.0	-37.0

2-4-5 文化产品前十五位出口市场
Ranking List of Exports of Cultural Commodities by Country (Region) of Destination

位次 Ranking	2010			2011		
	国别（地区）	Country (Region)	累计金额（亿美元） Total Value (USD 100 million)	国别（地区）	Country (Region)	累计金额（亿美元） Total Value (USD 100 million)
1	美国	United States	129.44	美国	United States	150.58
2	中国香港	Hong Kong,China	65.37	中国香港	Hong Kong,China	132.02
3	德国	Germany	22.52	日本	Japan	34.86
4	日本	Japan	22.06	德国	Germany	31.19
5	英国	United Kingdom	18.81	英国	United Kingdom	23.33
6	荷兰	Netherlands	15.12	荷兰	Netherlands	16.72
7	意大利	Italy	11.20	意大利	Italy	12.36
8	韩国	Korea Rep.	8.45	韩国	Korea Rep.	11.86
9	法国	France	8.32	法国	France	9.47
10	印度	India	7.83	加拿大	Canada	8.63
11	加拿大	Canada	7.40	印度	India	8.18
12	澳大利亚	Australia	6.62	澳大利亚	Australia	8.03
13	新加坡	Singapore	6.24	俄罗斯	Russia	7.82
14	西班牙	Spain	6.03	西班牙	Spain	7.07
15	俄罗斯	Russia	5.89	新加坡	Singapore	6.83

位次 Ranking	2012			2013		
	国别（地区）	Country (Region)	累计金额（亿美元） Total Value (USD 100 million)	国别（地区）	Country (Region)	累计金额（亿美元） Total Value (USD 100 million)
1	中国香港	Hong Kong,China	257.86	中国香港	Hong Kong,China	323.17
2	美国	United States	163.05	美国	United States	190.18
3	日本	Japan	31.93	日本	Japan	40.90
4	英国	United Kingdom	25.77	德国	Germany	30.89
5	德国	Germany	24.96	英国	United Kingdom	28.49
6	荷兰	Netherlands	18.36	荷兰	Netherlands	19.08
7	新加坡	Singapore	11.61	新加坡	Singapore	15.24
8	意大利	Italy	11.09	韩国	Korea Rep.	13.66
9	韩国	Korea Rep.	10.86	印度	India	11.68
10	加拿大	Canada	10.75	加拿大	Canada	11.64
11	法国	France	10.59	法国	France	10.96
12	澳大利亚	Australia	9.82	意大利	Italy	10.58
13	巴西	Brazil	9.59	俄罗斯	Russia	10.32
14	印度	India	8.99	澳大利亚	Australia	10.01
15	俄罗斯	Russia	8.70	巴西	Brazil	9.89

2-4-5 续表 continued

位 次 Ranking	2014 国别（地区）	2014 Country (Region)	2014 累计金额（亿美元）Total Value (USD 100 million)	2015 国别（地区）	2015 Country (Region)	2015 累计金额（亿美元）Total Value (USD 100 million)
1	中国香港	Hong Kong,China	514.64	美国	United States	240.47
2	美国	United States	217.60	中国香港	Hong Kong,China	224.93
3	日本	Japan	36.97	英国	United Kingdom	36.37
4	英国	United Kingdom	31.49	荷兰	Netherlands	35.03
5	德国	Germany	27.57	日本	Japan	29.16
6	荷兰	Netherlands	25.67	德国	Germany	26.29
7	新加坡	Singapore	14.37	新加坡	Singapore	16.94
8	俄罗斯	Russia	13.59	加拿大	Canada	15.03
9	澳大利亚	Australia	11.79	韩国	Korea Rep.	13.52
10	韩国	Korea Rep.	10.95	澳大利亚	Australia	12.92
11	意大利	Italy	10.69	菲律宾	Philippines	12.22
12	法国	France	10.28	印度	India	11.65
13	加拿大	Canada	10.19	法国	France	10.70
14	印度	India	9.90	意大利	Italy	10.49
15	巴西	Brazil	8.91	马来西亚	Malaysia	9.76

2-4-6 文化产品前十五位进口市场
Ranking List of Imports of Cultural Commodities by Country (Region) of Origin

位 次 Ranking	2010 国别（地区）	2010 Country (Region)	2010 累计金额（亿美元）Total Value (USD 100 million)	2011 国别（地区）	2011 Country (Region)	2011 累计金额（亿美元）Total Value (USD 100 million)
1	日本	Japan	11.23	韩国	Korea Rep.	17.32
2	德国	Germany	8.44	日本	Japan	12.93
3	韩国	Korea Rep.	6.11	德国	Germany	9.30
4	美国	United States	4.23	美国	United States	4.89
5	中国台湾	Taiwan,China	1.96	中国台湾	Taiwan,China	3.06
6	意大利	Italy	1.82	意大利	Italy	2.34
7	菲律宾	Philippines	1.71	瑞士	Switzerland	1.85
8	英国	United Kingdom	1.18	法国	France	1.83
9	中国香港	Hong Kong,China	1.16	英国	United Kingdom	1.38
10	法国	France	1.04	中国香港	Hong Kong,China	1.32
11	瑞士	Switzerland	0.91	菲律宾	Philippines	1.22
12	加拿大	Canada	0.59	加拿大	Canada	0.86
13	印度尼西亚	Indonesia	0.45	印度尼西亚	Indonesia	0.77
14	新加坡	Singapore	0.37	新加坡	Singapore	0.58
15	以色列	Israel	0.31	南非	South Africa	0.43

2-4-6 续表 continued

位 次 Ranking	2012 国别（地区）	2012 Country (Region)	2012 累计金额（亿美元） Total Value (USD 100 million)	2013 国别（地区）	2013 Country (Region)	2013 累计金额（亿美元） Total Value (USD 100 million)
1	韩国	Korea Rep.	20.14	韩国	Korea Rep.	22.59
2	日本	Japan	11.56	日本	Japan	9.92
3	德国	Germany	8.96	德国	Germany	9.30
4	美国	United States	5.38	美国	United States	5.45
5	中国台湾	Taiwan,China	4.30	中国香港	Hong Kong,China	5.33
6	意大利	Italy	2.88	中国台湾	Taiwan,China	4.16
7	中国香港	Hong Kong,China	2.60	新加坡	Singapore	4.13
8	法国	France	2.23	意大利	Italy	2.95
9	英国	United Kingdom	1.77	法国	France	2.14
10	瑞士	Switzerland	1.71	英国	United Kingdom	1.92
11	新加坡	Singapore	1.41	瑞士	Switzerland	1.20
12	印度尼西亚	Indonesia	1.03	印度尼西亚	Indonesia	1.16
13	菲律宾	Philippines	0.69	菲律宾	Philippines	0.71
14	加拿大	Canada	0.56	巴西	Brazil	0.62
15	南非	South Africa	0.46	西班牙	Spain	0.56

位 次 Ranking	2014 国别（地区）	2014 Country (Region)	2014 累计金额（亿美元） Total Value (USD 100 million)	2015 国别（地区）	2015 Country (Region)	2015 累计金额（亿美元） Total Value (USD 100 million)
1	韩国	Korea Rep.	22.15	韩国	Korea Rep.	22.35
2	日本	Japan	8.92	越南	Vietnam	21.74
3	德国	Germany	8.37	日本	Japan	7.29
4	美国	United States	6.31	德国	Germany	6.90
5	中国香港	Hong Kong,China	5.31	美国	United States	6.52
6	新加坡	Singapore	4.26	意大利	Italy	4.68
7	意大利	Italy	3.87	缅甸	Myanmar	3.34
8	中国台湾	Taiwan,China	2.49	法国	France	2.91
9	法国	France	2.35	中国台湾	Taiwan,China	2.89
10	英国	United Kingdom	2.20	新加坡	Singapore	2.58
11	印度尼西亚	Indonesia	1.37	中国香港	Hong Kong,China	2.30
12	瑞士	Switzerland	1.15	英国	United Kingdom	2.22
13	菲律宾	Philippines	0.98	印度尼西亚	Indonesia	1.58
14	加拿大	Canada	0.88	泰国	Thailand	1.53
15	荷兰	Holland	0.68	瑞士	Switzerland	1.23

2-5-1 全国一般公共预算文化体育与传媒支出
Expenditure for Culture, Sport and Media of National Government Revenue

单位：亿元 (100 million yuan)

年 份 地 区	Year Region	一般公共预算文化体育与传媒支出 Expenditure for Culture, Sport and Media	文化 Culture	文物 Cultural Relics	体育 Sport	广播影视 Radio,Film and Television	新闻出版 Press and Publication	其他 Others
	2007	898.64	326.98	96.69	169.75	206.46	47.41	51.33
	2008	1095.74	379.10	131.19	205.29	238.76	58.50	82.90
	2009	1393.07	485.57	144.30	238.26	309.78	66.35	148.81
	2010	1542.70	529.54	157.87	254.17	326.10	94.41	180.61
	2011	1893.36	618.74	198.49	266.35	482.26	117.43	210.09
	2012	2268.35	757.10	259.53	272.49	537.31	126.42	315.49
	2013	2544.39	858.59	314.14	299.08	549.87	112.27	410.44
	2014	2691.48	917.42	311.18	370.75	567.61	116.67	407.86
中 央	Central-level	223.00	36.81	18.13	17.49	69.05	56.72	24.80
地方合计	Regional Total	2468.48	880.61	293.05	353.26	498.56	59.95	383.06
北 京	Beijing	163.90	56.27	22.87	17.53	9.25	1.30	56.68
天 津	Tianjin	47.87	20.66	2.73	11.87	5.87	1.38	5.36
河 北	Hebei	82.66	22.60	11.96	18.06	12.91	0.77	16.36
山 西	Shanxi	63.95	19.33	14.68	6.12	14.64	1.77	7.40
内 蒙 古	Inner Mongolia	91.90	23.66	7.09	18.16	26.46	3.31	13.22
辽 宁	Liaoning	92.60	22.30	7.44	10.99	41.55	1.67	8.65
吉 林	Jilin	61.16	17.68	7.58	5.75	22.80	3.38	3.97
黑 龙 江	Heilongjiang	45.63	15.74	3.74	7.65	11.07	1.21	6.22
上 海	Shanghai	86.38	42.03	7.61	18.69	2.95	1.45	13.64
江 苏	Jiangsu	190.86	86.35	16.09	36.85	17.52	3.14	30.91
浙 江	Zhejiang	115.36	54.56	12.79	15.93	10.73	1.76	19.59
安 徽	Anhui	82.25	23.79	6.65	5.58	36.07	2.10	8.06
福 建	Fujian	64.18	24.63	6.49	9.57	10.11	0.96	12.42
江 西	Jiangxi	60.03	14.82	9.53	4.72	20.45	1.23	9.29
山 东	Shandong	127.75	45.77	15.71	19.65	24.88	3.58	18.15
河 南	Henan	91.16	30.78	13.64	6.05	31.58	1.28	7.82
湖 北	Hubei	76.65	31.26	8.93	8.62	14.44	2.26	11.14
湖 南	Hunan	80.01	28.45	13.55	9.09	11.46	1.57	15.90
广 东	Guangdong	168.16	65.54	10.57	48.58	15.80	3.09	24.58
广 西	Guangxi	68.52	24.18	4.44	10.53	13.06	1.58	14.73
海 南	Hainan	23.51	8.65	2.23	2.67	4.60	0.61	4.74
重 庆	Chongqing	36.02	14.90	4.57	4.57	4.02	1.59	6.37
四 川	Sichuan	135.65	49.45	15.57	11.51	39.99	3.14	15.98
贵 州	Guizhou	54.69	15.80	6.71	7.12	11.51	1.43	12.12
云 南	Yunnan	56.21	22.78	7.14	6.09	10.84	2.45	6.90
西 藏	Tibet	34.10	9.31	12.98	1.39	8.74	1.19	0.49
陕 西	Shaanxi	93.23	32.51	19.39	7.39	17.40	2.08	14.47
甘 肃	Gansu	49.60	15.22	9.74	6.99	9.10	1.26	7.28
青 海	Qinghai	34.16	13.08	3.36	2.67	10.46	1.23	3.36
宁 夏	Ningxia	16.02	6.38	2.03	2.17	2.83	0.72	1.89
新 疆	Xinjiang	74.32	22.12	5.22	10.71	25.45	5.45	5.37

2-5-2 地方一般公共预算文化体育与传媒支出
Expenditure for Culture, Sport and Media of Regional Government Revenue

单位：亿元 (100 million yuan)

地区	Region	2007	2008	2009	2010	2011	2012	2013	2014	2015
地方合计	**Regional Total**	**771.43**	**955.13**	**1238.32**	**1392.57**	**1704.64**	**2074.79**	**2339.94**	**2468.48**	**2804.65**
北京	Beijing	53.62	61.11	74.75	79.36	87.01	141.37	154.71	163.90	188.5
天津	Tianjin	15.96	18.01	19.81	24.28	29.76	35.85	44.53	47.87	51.73
河北	Hebei	20.75	29.00	38.02	37.09	50.45	59.29	72.71	82.66	88.34
山西	Shanxi	26.81	27.19	27.97	31.24	48.17	60.20	66.69	63.95	73.08
内蒙古	Inner Mongolia	27.71	31.62	47.33	52.96	68.78	87.21	88.05	91.90	95.81
辽宁	Liaoning	24.80	29.94	76.25	56.76	68.60	79.25	95.34	92.60	88.59
吉林	Jilin	22.33	28.21	29.36	32.93	44.25	47.48	56.55	61.16	73.01
黑龙江	Heilongjiang	20.35	23.96	33.46	39.50	44.94	47.27	52.37	45.63	53.17
上海	Shanghai	43.41	49.52	53.12	54.95	68.80	72.51	89.17	86.38	108.22
江苏	Jiangsu	48.16	66.74	77.18	88.67	116.86	150.90	173.54	190.86	196.06
浙江	Zhejiang	49.34	63.76	64.09	77.15	85.09	94.18	106.00	115.36	165.38
安徽	Anhui	26.26	32.75	42.14	51.68	62.35	71.43	79.50	82.25	88.19
福建	Fujian	18.29	22.43	25.77	27.10	35.86	46.07	57.88	64.18	84.82
江西	Jiangxi	15.80	18.78	22.93	28.38	39.66	44.77	52.62	60.03	68.9
山东	Shandong	44.11	55.22	70.40	74.03	91.57	114.27	127.53	127.75	137.26
河南	Henan	33.38	41.46	58.67	54.99	57.54	69.63	80.78	91.16	105.38
湖北	Hubei	24.92	25.25	36.03	36.67	47.09	62.47	72.44	76.65	84.03
湖南	Hunan	20.15	25.35	33.08	39.66	44.87	54.50	68.95	80.01	111.74
广东	Guangdong	53.03	66.72	111.50	166.16	170.56	137.64	141.68	168.16	194.58
广西	Guangxi	21.41	29.25	29.27	32.77	37.48	45.52	49.85	68.52	79
海南	Hainan	4.57	6.82	9.75	11.61	16.60	19.85	21.90	23.51	25.48
重庆	Chongqing	10.58	16.54	19.04	24.04	31.16	33.08	34.94	36.02	47.01
四川	Sichuan	28.59	34.57	45.70	59.37	87.35	120.70	142.40	135.65	139.41
贵州	Guizhou	15.71	17.84	23.62	23.98	35.31	49.85	48.68	54.69	61.2
云南	Yunnan	19.84	27.98	32.38	35.53	45.34	62.06	61.35	56.21	61.66
西藏	Tibet	7.23	9.21	13.36	12.48	18.91	24.18	22.51	34.10	34.73
陕西	Shaanxi	21.73	31.81	40.89	47.86	61.27	91.81	100.44	93.23	103.09
甘肃	Gansu	15.23	19.45	24.50	29.78	33.07	49.87	59.76	49.60	62.76
青海	Qinghai	6.94	9.89	15.58	11.57	14.32	18.92	25.84	34.16	33.6
宁夏	Ningxia	7.06	7.09	9.03	16.09	13.94	14.44	16.60	16.02	20.97
新疆	Xinjiang	23.35	27.66	33.34	33.92	47.70	68.23	74.63	74.32	78.96

2-6-1 国内文化及相关产业专利授权情况
Basic Statistics on Granted Patent Applications on Culture and Related Industries

单位：项 (piece)

年份 地区	Year Region	文化及相关产业专利授权总数 Total Patent Applications Granted	发明专利 Inventions	实用新型专利 Utility Models	外观设计专利 Designs
	2005	17208	791	4472	11945
	2006	20785	866	5758	14161
	2007	29792	1050	8535	20207
	2008	32767	1983	10769	20015
	2009	46067	3898	10754	31415
	2010	64205	4378	16947	42880
	2011	62194	5588	20277	36329
	2012	82769	6491	24281	51997
	2013	90326	5746	30463	54117
	2014	71304	6652	23923	40729
	2015	94652	9324	32785	52543
北　京	Beijing	4722	1399	1549	1774
天　津	Tianjin	1975	169	1321	485
河　北	Hebei	1244	56	564	624
山　西	Shanxi	291	20	107	164
内蒙古	Inner Mongolia	233	10	109	114
辽　宁	Liaoning	748	129	362	257
吉　林	Jilin	327	58	172	97
黑龙江	Heilongjiang	873	83	537	253
上　海	Shanghai	3138	769	1138	1231
江　苏	Jiangsu	15452	1033	3340	11079
浙　江	Zhejiang	13653	810	4817	8026
安　徽	Anhui	1747	195	943	609
福　建	Fujian	4668	216	1415	3037
江　西	Jiangxi	1804	85	637	1082
山　东	Shandong	4333	476	2607	1250
河　南	Henan	2874	114	1007	1753
湖　北	Hubei	1639	199	759	681
湖　南	Hunan	1846	144	674	1028
广　东	Guangdong	24598	2680	7501	14417
广　西	Guangxi	500	65	194	241
海　南	Hainan	115	11	46	58
重　庆	Chongqing	1258	63	551	644
四　川	Sichuan	2480	242	1331	907
贵　州	Guizhou	1069	17	282	770
云　南	Yunnan	421	33	187	201
西　藏	Tibet	18	1	9	8
陕　西	Shaanxi	1755	216	423	1116
甘　肃	Gansu	199	11	75	113
青　海	Qinghai	19	2	9	8
宁　夏	Ningxia	37	4	29	4
新　疆	Xinjiang	616	14	90	512

2-6-2 按类别分文化及相关产业专利授权情况
Basic Statistics on Granted Patent Applications on Culture and Related Industries by Category

单位：项 (piece)

类别	Category	文化及相关产业专利授权总数 Total Patent Applications Granted	发明专利 Inventions	实用新型专利 Utility Models	外观设计专利 Designs
合　计	**National Total**	**125373**	**11791**	**41847**	**71735**
工艺美术品的制造	Manufacture of Arts and Crafts	23705	746	3258	19701
园林、陈设艺术及其他陶瓷制品的制造	Art of Garden, Furnishings and Manufacture of Other Ceramic Products	1791	562	63	1166
印刷复制服务	Printing and Duplicating Services	5729	977	1262	3490
办公用品的制造	Manufacture of Office Equipment	8994	317	3382	5295
乐器的制造	Manufacture of Musical Instruments	1686	155	914	617
玩具的制造	Manufacture of Toys	14643	291	2365	11987
游艺器材及娱乐用品的制造	Manufacture of Games and Entertainment	13357	268	1538	11551
视听设备的制造	Manufacture of Audio and Visual Equipment	11794	1039	5689	5066
焰火、鞭炮产品的制造	Manufacture of Fireworks and Firecrackers	330	65	238	27
文化用纸的制造	Manufacture of Cultural Paper	1432	336	481	615
文化用油墨颜料的制造	Manufacture of Cultural Printing Ink	426	407	19	
文化用化学品的制造	Manufacture of Cultural Chemicals	37	9	5	23
其他文化用品的制造	Manufacture of Other Cultural Products	6177	649	2908	2620
印刷专用设备的制造	Manufacture of Printing Equipment	7230	1795	5292	143
广播电视电影专用设备的制造	Manufacture of Radio, Film and Television Equipment	21429	3217	10552	7660
其他文化专用设备的制造	Manufacture of Other Cultural Equipment	6613	958	3881	1774

注：1.本表类别使用中类分组,具体类别参见附录三：《文化及相关产业分类(2012)》。
2.同一项专利可能含有多个技术方案，因而在产业统计时可能会在不同的产业中重复出现。

a)Data in the table above is divided by group.Details on more categories refer to Appendix 3: Classification of Culture and Related Industries (2012).

b)The same patent maybe include different technical scheme, so the same patent may appear in different industry category.

3

文化及相关产业法人单位发展情况

Condition on Legal Entities of Culture and Related Industries

3-1-1 规模以上文化制造业企业基本情况(2015年)
Basic Statistics on Cultural Industrial Enterprises above Designated Size(2015)

分　组	Group	企业单位数 (个) Number of Enterprises (unit)	年末从业人员 (人) Engaged Persons at Year-end (person)	资产总计 (万元) Total Assets (10 000 yuan)
合　计	**Total**	**20079**	**5212161**	**315342250**
按企业规模分	**Grouped by Size of Enterprises**			
大型	Large	464	1380400	121643789
中型	Medium-sized	3528	1974003	86302943
小型	Small	15442	1850550	102190343
微型	Micro-sized	645	7208	5205174
按登记注册类型分	**by Status of Registration**			
内资企业	Domestic Funded Enterprises	16346	3356005	204850683
国有企业	Stats-owned Enterprises	101	24215	2003823
集体企业	Collective-owned Enterprises	151	65868	1092005
股份合作企业	Cooperative Enterprises	56	8775	400249
联营企业	Joint Ownership Enterprises	7	2081	44293
有限责任公司	Limited Liability Corporations	4042	959458	75643439
股份有限公司	Share-holding Corporations Ltd.	430	243132	36113261
私营公司	Private Enterprises	11452	2032583	88719515
其他企业	Other Enterprises	107	19893	834098
港、澳、台商投资企业	Enterprises with Funds from Hong Kong, Macao and Taiwan	2085	1144555	53836190
外商投资企业	Foreign Funded Enterprises	1648	711601	56655377
按企业控股情况分	**by Status of Holding**			
国有控股	State-holding	511	294840	46392555
集体控股	Collective-holding	310	140390	7930563
私人控股	Private-holding	15292	2891389	144661698
港澳台商控股	Hong Kong, Macao and Taiwan-holding	1817	1039837	42655015
外商控股	Foreign-holding	1334	619753	52775932
其他	Others	815	225952	20926489

3-1-1 续表 1 continued

单位：万元 (10 000 yuan)

分 组	Group	营业收入 Total Revenue	#主营业务收入 Revenue from Principal Business	营业税金及附加 Total Tax and Extra Charges
合 计	**Total**	**459022679**	**452594140**	**2804954**
按企业规模分	**Grouped by Size of Enterprises**			
大型	Large	148391873	144844066	441414
中型	Medium-sized	132669581	131447745	860819
小型	Small	171680748	170976696	1470061
微型	Micro-sized	6280477	5325634	32660
按登记注册类型分	**by Status of Registration**			
内资企业	Domestic Funded Enterprises	300208889	296760574	2282083
国有企业	Stats-owned Enterprises	1122717	1074763	8734
集体企业	Collective-owned Enterprises	3387739	3372157	52471
股份合作企业	Cooperative Enterprises	547875	542889	4233
联营企业	Joint Ownership Enterprises	225252	225173	251
有限责任公司	Limited Liability Corporations	102066992	100487000	625021
股份有限公司	Share-holding Corporations Ltd.	22226022	21940574	111496
私营公司	Private Enterprises	168913917	167400070	1428325
其他企业	Other Enterprises	1718375	1717947	51552
港、澳、台商投资企业	Enterprises with Funds from Hong Kong, Macao and Taiwan	78843303	76971828	263017
外商投资企业	Foreign Funded Enterprises	79970487	78861738	259854
按企业控股情况分	**by Status of Holding**			
国有控股	State-holding	38962047	37697013	209718
集体控股	Collective-holding	11603515	11455535	83989
私人控股	Private-holding	242805319	240882745	1950818
港澳台商控股	Hong Kong, Macao and Taiwan-holding	68218212	66571042	210043
外商控股	Foreign-holding	71944448	70937429	213365
其他	Others	25489139	25050376	137021

3-1-1 续表 2 continued

单位：万元 (10 000 yuan)

分 组	Group	#主营业务税金及附加 Tax and Extra Charges from Principal Business	营业利润 Operating Profit	应交增值税 Value-added Tax Payable
合 计	**Total**	**2772288**	**25554052**	**10634883**
按企业规模分	**Grouped by Size of Enterprises**			
大型	Large	437066	6707747	2819650
中型	Medium-sized	850790	8088753	3306893
小型	Small	1452104	10635241	4430820
微型	Micro-sized	32329	122311	77521
按登记注册类型分	**by Status of Registration**			
内资企业	Domestic Funded Enterprises	2254477	18241143	7575730
国有企业	Stats-owned Enterprises	7750	32780	48636
集体企业	Collective-owned Enterprises	51461	182663	85573
股份合作企业	Cooperative Enterprises	4223	35813	14194
联营企业	Joint Ownership Enterprises	251	55517	2633
有限责任公司	Limited Liability Corporations	613970	5596758	2470377
股份有限公司	Share-holding Corporations Ltd.	107689	1025133	466366
私营公司	Private Enterprises	1417582	11207273	4429580
其他企业	Other Enterprises	51551	105207	58372
港、澳、台商投资企业	Enterprises with Funds from Hong Kong, Macao and Taiwan	259638	3464779	1731328
外商投资企业	Foreign Funded Enterprises	258173	3848130	1327826
按企业控股情况分	**by Status of Holding**			
国有控股	State-holding	200299	952541	985208
集体控股	Collective-holding	81457	674267	297936
私人控股	Private-holding	1934507	16432446	6346743
港澳台商控股	Hong Kong, Macao and Taiwan-holding	207930	2768616	1393425
外商控股	Foreign-holding	211833	3413248	1113325
其他	Others	136262	1312935	498247

3-1-1 续表 3 continued

单位：万元 (10 000 yuan)

分 组	Group	工业总产值（当年价格） Gross Industrial Output Value (current prices)	工业销售产值（当年价格） Industrial Sales Output Value (current prices)	#出口交货值 Export Delivery Value
合 计	**Total**	**465347181**	**454389772**	**107840514**
按企业规模分	**Grouped by Size of Enterprises**			
大型	Large	147793267	144458435	50077126
中型	Medium-sized	135565268	131664557	33673823
小型	Small	175386253	171724796	22751227
微型	Micro-sized	6602393	6541983	1338339
按登记注册类型分	**by Status of Registration**			
内资企业	Domestic Funded Enterprises	304824054	298391309	38544238
国有企业	Stats-owned Enterprises	995344	982327	92280
集体企业	Collective-owned Enterprises	3253338	3208269	754635
股份合作企业	Cooperative Enterprises	569736	558412	170381
联营企业	Joint Ownership Enterprises	228556	225173	
有限责任公司	Limited Liability Corporations	101254145	99082577	10471138
股份有限公司	Share-holding Corporations Ltd.	23152699	22587940	4065125
私营公司	Private Enterprises	173621908	170034038	22761562
其他企业	Other Enterprises	1748328	1712573	229118
港、澳、台商投资企业	Enterprises with Funds from Hong Kong, Macao and Taiwan	79899227	76987263	34281423
外商投资企业	Foreign Funded Enterprises	80623900	79011200	35014853
按企业控股情况分	**by Status of Holding**			
国有控股	State-holding	35636099	35322472	4146733
集体控股	Collective-holding	11663449	11461267	1425681
私人控股	Private-holding	250486111	244459694	34712969
港澳台商控股	Hong Kong, Macao and Taiwan-holding	68476994	66197035	31282491
外商控股	Foreign-holding	72619095	71103488	32850290
其他	Others	26465433	25845816	3422350

3-1-2 按类别分规模以上文化制造业企业基本情况(2015年)

Basic Statistics on Cultural Industrial Enterprises above Designated Size by Category(2015)

类 别	Category	企业单位数(个) Number of Enterprises (unit)	#亏损企业 Unprofitable Enterprise	年末从业人员(人) Engaged Persons at Year-end (person)	#女性 Female
合 计	**Total**	**20079**	**2337**	**5212161**	**2617981**
工艺美术品的制造	Manufacture of Arts and Crafts	5148	432	1080696	614788
园林、陈设艺术及其他陶瓷制品制造	Art of Garden, Furnishings and Manufacture of Other Ceramic Products	517	42	147560	73212
印刷复制服务	Printing and Duplicating Services	5422	710	950358	416849
办公用品的制造	Manufacture of Office Equipment	609	72	133423	75151
乐器的制造	Manufacture of Musical Instruments	227	25	60627	29930
玩具的制造	Manufacture of Toys	1509	157	621576	391256
游艺器材及娱乐用品的制造	Manufacture of Games and Entertainment	238	24	51978	21671
视听设备的制造	Manufacture of Audio and Visual Equipment	1001	213	628136	329198
焰火、鞭炮产品制造	Manufacture of Fireworks and Firecrackers	1107	25	289741	144515
文化用纸的制造	Manufacture of Cultural Paper	1300	193	390708	131661
文化用油墨颜料的制造	Manufacture of Cultural Printing Ink	567	52	75723	21792
文化用化学品的制造	Manufacture of Cultural Chemicals	162	35	58225	22614
其他文化用品的制造	Manufacture of Other Cultural Products	1061	142	308638	133810
印刷专用设备的制造	Manufacture of Printing Equipment	307	50	46257	11946
广播电视电影专用设备的制造	Manufacture of Radio, Film and Television Equipment	622	104	224514	123157
其他文化专用设备的制造	Manufacture of Other Cultural Equipment	282	61	144001	76431

3-1-2 续表 continued

单位：万元 (10 000 yuan)

类　别	Category	资产总计 Total Assets	营业收入 Total Revenue	营业成本 Total Cost	营业税金及附加 Total Tax and Extra Charges	利润总额 Total Profit
合　计	**Total**	**315342250**	**459022679**	**397747698**	**2804954**	**26397666**
工艺美术品的制造	Manufacture of Arts and Crafts	52405678	105136135	92846759	528443	6043211
园林、陈设艺术及其他陶瓷制品制造	Art of Garden, Furnishings and Manufacture of Other Ceramic Products	3602137	8441331	7072558	74108	606118
印刷复制服务	Printing and Duplicating Services	55116119	74273522	62076446	549027.9	5758604.1
办公用品的制造	Manufacture of Office Equipment	4705719	7914248	6744014	44867	468630
乐器的制造	Manufacture of Musical Instruments	2271095	3641037	3097455	23644	256568
玩具的制造	Manufacture of Toys	11020804	21514140	18642207	124726	1086458
游艺器材及娱乐用品的制造	Manufacture of Games and Entertainment	3060170	4574582	3832691	27808	363728
视听设备的制造	Manufacture of Audio and Visual Equipment	48936032	79553661	71646289	238473	2158132
焰火、鞭炮产品制造	Manufacture of Fireworks and Firecrackers	5236938	15217383	12112448	627185	1276550
文化用纸的制造	Manufacture of Cultural Paper	68480347	52558442	45884577	198220	2604766
文化用油墨颜料的制造	Manufacture of Cultural Printing Ink	7184599	9251562	7651325	54405	659814
文化用化学品的制造	Manufacture of Cultural Chemicals	9175182	8863614	7608030	36411	606480
其他文化用品的制造	Manufacture of Other Cultural Products	18898050	34641552	30144424	121876	2271245
印刷专用设备的制造	Manufacture of Printing Equipment	3630381	4518295	3765091	29255	330489
广播电视电影专用设备的制造	Manufacture of Radio, Film and Television Equipment	14324636	17350257	14382213	79890	1276435
其他文化专用设备的制造	Manufacture of Other Cultural Equipment	7294364	11572919	10241175	46616	630438

3-1-3 分地区规模以上文化制造业企业基本情况(2015年)
Basic Statistics on Cultural Industrial Enterprises above Designated Size by Region(2015)

地区	Region	企业单位数(个) Number of Enterprises (unit)	#亏损企业 Unprofitable Enterprise	年末从业人员(人) Engaged Persons at Year-end (person)	#女性 Female
全国	**National Total**	**20079**	**2337**	**5212161**	**2617981**
北京	Beijing	179	52	38612	14036
天津	Tianjin	320	63	83298	38726
河北	Hebei	632	52	103564	40002
山西	Shanxi	60	18	14264	6866
内蒙古	Inner Mongolia	36	3	5002	2116
辽宁	Liaoning	226	30	47216	20220
吉林	Jilin	87	10	10979	4667
黑龙江	Heilongjiang	84	12	11598	5565
上海	Shanghai	416	111	93591	43865
江苏	Jiangsu	2788	363	748267	415502
浙江	Zhejiang	2284	349	364200	185015
安徽	Anhui	996	78	154780	83565
福建	Fujian	1387	97	317570	151255
江西	Jiangxi	621	29	163609	93597
山东	Shandong	2132	137	491600	234961
河南	Henan	1006	50	313558	149683
湖北	Hubei	540	66	99744	48890
湖南	Hunan	1417	41	389626	163867
广东	Guangdong	3459	604	1387237	724885
广西	Guangxi	268	32	94155	60163
海南	Hainan	8	3	3802	1030
重庆	Chongqing	215	21	55024	26935
四川	Sichuan	485	46	140822	66387
贵州	Guizhou	105	12	10414	4458
云南	Yunnan	107	18	21476	9861
西藏	Tibet	6	1	861	435
陕西	Shaanxi	121	12	25200	10889
甘肃	Gansu	33	9	7060	3183
青海	Qinghai	16	5	7177	4138
宁夏	Ningxia	22	4	4737	2283
新疆	Xinjiang	23	9	3118	936

3-1-3 续表 continued

单位：万元 (10 000 yuan)

地区	Region	资产总计 Total Assets	营业收入 Total Revenue	营业成本 Total Cost	营业税金及附加 Total Tax and Extra Charges	利润总额 Total Profit
全国	**National Total**	**315342250**	**459022679**	**397747698**	**2804954**	**26397666**
北京	Beijing	4322587	3603809	3020059	18026	154741
天津	Tianjin	6957917	12966509	11191951	46079	875708
河北	Hebei	5948797	9589978	8261063	44275	761216
山西	Shanxi	618362	432959	362168	2843	19604
内蒙古	Inner Mongolia	508481	1033708	860923	2874	114730
辽宁	Liaoning	4748148	4261158	3690258	21993	216493
吉林	Jilin	1099361	1322282	1059517	31870	160076
黑龙江	Heilongjiang	547600	991265	884606	2358	63699
上海	Shanghai	8354610	12526616	10829225	29114	723143
江苏	Jiangsu	52398308	79070880	69009355	308673	4855893
浙江	Zhejiang	27783298	26115723	22379464	141072	1376588
安徽	Anhui	10237752	14541762	12568377	65454	903375
福建	Fujian	12045118	23333051	19930046	126625	1482635
江西	Jiangxi	7811981	15180248	13099367	198507	1274062
山东	Shandong	44754707	68099320	59764569	397560	3965626
河南	Henan	16008380	24311212	20895073	133505	1936114
湖北	Hubei	7588280	11587526	10011443	77268	568001
湖南	Hunan	11779617	27829230	23037816	563583	1754159
广东	Guangdong	63032380	88474254	78480743	290165	3312527
广西	Guangxi	2967292	5043082	4412542	62262	273351
海南	Hainan	3234498	963978	754835	5384	63359
重庆	Chongqing	3853568	5104459	4256219	50379	457591
四川	Sichuan	12558161	15623637	13273887	127430	529091
贵州	Guizhou	641455	1278414	1008764	18215	127759
云南	Yunnan	1495233	1815052	1280235	16030	252067
西藏	Tibet	91982	39019	35137	176	2202
陕西	Shaanxi	1749213	2483778	2110953	19680	141759
甘肃	Gansu	276122	178858	138540	1329	9420
青海	Qinghai	1247859	755856	732097	1147	-13641
宁夏	Ningxia	496843	309153	282750	423	25542
新疆	Xinjiang	184341	155907	125718	656	10777

3-1-4 按类别分规模以上文化制造业企业主要财务指标(2015年)

Main Economic Indicators of Cultural Industrial Enterprises above Designated Size by Category(2015)

单位：万元 (10 000 yuan)

类 别	Category	企业单位数(个) Number of Enterprises (unit)	固定资产原价 Original Value of Fixed Assets	本年折旧 Depreciation This Year	主营业务收入 Revenue of Principal Business
合 计	**Total**	**20079**	**159053144**	**12250951**	**452594140**
工艺美术品的制造	Manufacture of Arts and Crafts	5148	20514465	1542088	103692500
园林、陈设艺术及其他陶瓷制品制造	Art of Garden, Furnishings and Manufacture of Other Ceramic Products	517	2318944	175170	8424927
印刷复制服务	Printing and Duplicating Services	5422	33823351	2367466	73707140
办公用品的制造	Manufacture of Office Equipment	609	2256850	154884	7886499
乐器的制造	Manufacture of Musical Instruments	227	1291681	79389	3614608
玩具的制造	Manufacture of Toys	1509	5444890	393671	21426513
游艺器材及娱乐用品的制造	Manufacture of Games and Entertainment	238	1117034	69097	4552552
视听设备的制造	Manufacture of Audio and Visual Equipment	1001	13107297	1244197	76939517
焰火、鞭炮产品制造	Manufacture of Fireworks and Firecrackers	1107	3216913	151578	15213372
文化用纸的制造	Manufacture of Cultural Paper	1300	44133529	2906731	51676229
文化用油墨颜料的制造	Manufacture of Cultural Printing Ink	567	3726734	272963	9184134
文化用化学品的制造	Manufacture of Cultural Chemicals	162	5948412	485788	8785238
其他文化用品的制造	Manufacture of Other Cultural Products	1061	11357959	1497339	34373933
印刷专用设备的制造	Manufacture of Printing Equipment	307	1794116	143487	4502953
广播电视电影专用设备的制造	Manufacture of Radio, Film and Television Equipment	622	5294655	462985	17130337
其他文化专用设备的制造	Manufacture of Other Cultural Equipment	282	3706314	304119	11483691

类 别	Category	主营业务成本 Cost of Principal Business	主营业务税金及附加 Tax and Extra Charges from Principal Business	营业利润 Operating Profit	营业外收入 Non-operating Revenue
合 计	**Total**	**392221187**	**2772288**	**25554052**	**1736179**
工艺美术品的制造	Manufacture of Arts and Crafts	91569779	523677	6110642	166783
园林、陈设艺术及其他陶瓷制品制造	Art of Garden, Furnishings and Manufacture of Other Ceramic Products	7047789	73893	605140	8844
印刷复制服务	Printing and Duplicating Services	61706947	538376	5588157	279060
办公用品的制造	Manufacture of Office Equipment	6724688	44303	457443	19466
乐器的制造	Manufacture of Musical Instruments	3084769	22622	256133	6321
玩具的制造	Manufacture of Toys	18574841	123434	1080117	32442
游艺器材及娱乐用品的制造	Manufacture of Games and Entertainment	3814444	27137	358430	10525
视听设备的制造	Manufacture of Audio and Visual Equipment	69231105	231707	1893981	460974
焰火、鞭炮产品制造	Manufacture of Fireworks and Firecrackers	12107749	625178	1299405	7377
文化用纸的制造	Manufacture of Cultural Paper	45167389	196505	2365493	362296
文化用油墨颜料的制造	Manufacture of Cultural Printing Ink	7599933	53635	645072	18462
文化用化学品的制造	Manufacture of Cultural Chemicals	7500942	36005	587652	30694
其他文化用品的制造	Manufacture of Other Cultural Products	30010771	120913	2220214	124172
印刷专用设备的制造	Manufacture of Printing Equipment	3752416	29117	275996	66863
广播电视电影专用设备的制造	Manufacture of Radio, Film and Television Equipment	14173315	79579	1225243	89239
其他文化专用设备的制造	Manufacture of Other Cultural Equipment	10154311	46206	584935	52663

3-1-4 续表 continued

单位：万元 (10 000 yuan)

类 别	Category	#补贴收入 Subsidize Revenue	营业外支出 Non-operating Cost	应付职工薪酬 Employee Benefits Payable	应交增值税 Value-added Tax Payable
合 计	**Total**	**601676**	**968691**	**28642625**	**10634883**
工艺美术品的制造	Manufacture of Arts and Crafts	44808	240158	5162086	2192470
园林、陈设艺术及其他陶瓷制品制造	Art of Garden, Furnishings and Manufacture of Other Ceramic Products	2479	8824	645980	261139
印刷复制服务	Printing and Duplicating Services	79112	151788	5245248	2215426
办公用品的制造	Manufacture of Office Equipment	7483	8408	657849	204222
乐器的制造	Manufacture of Musical Instruments	2688	7425	316433	85870
玩具的制造	Manufacture of Toys	10500	31585	2802917	492173
游艺器材及娱乐用品的制造	Manufacture of Games and Entertainment	2960	5251	322886	135773
视听设备的制造	Manufacture of Audio and Visual Equipment	245317	192748	4669791	1204080
焰火、鞭炮产品制造	Manufacture of Fireworks and Firecrackers	3591	30231	1237410	602750
文化用纸的制造	Manufacture of Cultural Paper	89501	114803	2062690	1250119
文化用油墨颜料的制造	Manufacture of Cultural Printing Ink	11414	5780	475386	272391
文化用化学品的制造	Manufacture of Cultural Chemicals	11254	12658	518298	197382
其他文化用品的制造	Manufacture of Other Cultural Products	34730	72541	1929967	902492
印刷专用设备的制造	Manufacture of Printing Equipment	10030	12394	287743	95297
广播电视电影专用设备的制造	Manufacture of Radio, Film and Television Equipment	38097	42530	1339342	339902
其他文化专用设备的制造	Manufacture of Other Cultural Equipment	7715	31567	968600	183399

类 别	Category	工业总产值(当年价格) Gross Industrial Output Value (current prices)	工业销售产值(当年价格) Industrial Sales Output Value (current prices)	#出口交货值 Export Delivery Value
合 计	**Total**	**465347181**	**454389772**	**107840514**
工艺美术品的制造	Manufacture of Arts and Crafts	105943728	103205633	24779096
园林、陈设艺术及其他陶瓷制品制造	Art of Garden, Furnishings and Manufacture of Other Ceramic Products	8777329	8506580	1605326
印刷复制服务	Printing and Duplicating Services	76365422	74660150	4476324
办公用品的制造	Manufacture of Office Equipment	8122006	7966000	1757111
乐器的制造	Manufacture of Musical Instruments	3736406	3661781	1178057
玩具的制造	Manufacture of Toys	21926815	21496758	9248027
游艺器材及娱乐用品的制造	Manufacture of Games and Entertainment	4663126	4397606	1551789
视听设备的制造	Manufacture of Audio and Visual Equipment	78320284	75875447	34029636
焰火、鞭炮产品制造	Manufacture of Fireworks and Firecrackers	15838291	15579595	3548891
文化用纸的制造	Manufacture of Cultural Paper	53943024	53093870	2147297
文化用油墨颜料的制造	Manufacture of Cultural Printing Ink	9638287	9308283	649010
文化用化学品的制造	Manufacture of Cultural Chemicals	9303106	9125284	1526257
其他文化用品的制造	Manufacture of Other Cultural Products	34837369	34373823	7669631
印刷专用设备的制造	Manufacture of Printing Equipment	4654517	4450911	459175
广播电视电影专用设备的制造	Manufacture of Radio, Film and Television Equipment	17598753	17195182	5556336
其他文化专用设备的制造	Manufacture of Other Cultural Equipment	11678720	11492868	7658553

3-1-5 分地区规模以上文化制造业企业主要财务指标(2015年)

Main Economic Indicators of Cultural Industrial Enterprises above Designated Size by Region(2015)

单位：万元 (10 000 yuan)

地 区	Region	企业单位数(个) Number of Enterprises (unit)	固定资产原价 Original Value of Fixed Assets	本年折旧 Depreciation This Year	主营业务收入 Revenue of Principal Business	主营业务成本 Cost of Principal Business
全 国	**National Total**	**20079**	**159053144**	**12250951**	**452594140**	**392221187**
北 京	Beijing	179	1855850	101798	3515369	2978591
天 津	Tianjin	320	3505405	244370	12859992	11130565
河 北	Hebei	632	3789111	249236	9548378	8229418
山 西	Shanxi	60	299098	15026	426941	356877
内蒙古	Inner Mongolia	36	144936	7811	1011143	841239
辽 宁	Liaoning	226	2004818	149538	4233311	3666518
吉 林	Jilin	87	654551	60893	1320376	1058918
黑龙江	Heilongjiang	84	459639	37814	989248	883165
上 海	Shanghai	416	3700710	205130	12269294	10643930
江 苏	Jiangsu	2788	33072947	2500982	78171829	68323081
浙 江	Zhejiang	2284	9932639	651871	25814923	22140693
安 徽	Anhui	996	4854187	374062	14479768	12514177
福 建	Fujian	1387	5092906	351720	23222590	19852805
江 西	Jiangxi	621	5190630	434104	15160558	13075581
山 东	Shandong	2132	26395352	2576660	67127438	58829935
河 南	Henan	1006	8721093	466620	24274593	20872225
湖 北	Hubei	540	5787958	487937	10599136	9033187
湖 南	Hunan	1417	7460531	470185	27791839	23019874
广 东	Guangdong	3459	19950005	1467189	86219685	76516383
广 西	Guangxi	268	1578477	113187	5023546	4395093
海 南	Hainan	8	2340122	88175	902459	714785
重 庆	Chongqing	215	2820904	281389	5085313	4241377
四 川	Sichuan	485	4854436	526623	15585419	13234533
贵 州	Guizhou	105	252997	16233	1271517	1001235
云 南	Yunnan	107	790020	48295	1796802	1266215
西 藏	Tibet	6	23775	1055	38649	34996
陕 西	Shaanxi	121	1175751	87183	2469252	2097569
甘 肃	Gansu	33	145386	8557	172624	133255
青 海	Qinghai	16	1829933	210762	755855	732096
宁 夏	Ningxia	22	237583	9270	303180	278334
新 疆	Xinjiang	23	131395	7274	153115	124536

3-1-5 续表 1 continued

单位: 万元 (10 000 yuan)

地 区	Region	主营业务税金及附加 Tax and Extra Charges from Principal Business	营业利润 Operating Profit	营业外收入 Non-operating Revenue	#补贴收入 Subsidize Revenue	营业外支出 Non-operating Cost
全 国	**National Total**	**2772288**	**25554052**	**1736179**	**601676**	**968691**
北 京	Beijing	16330	127943	37415	13473	13068
天 津	Tianjin	45151	934083	50346	4884	110206
河 北	Hebei	44089	751776	22742	6761	12307
山 西	Shanxi	2843	16243	4788	2702	1427
内蒙古	Inner Mongolia	2858	119259	914	270	5442
辽 宁	Liaoning	19681	182168	42496	10258	8171
吉 林	Jilin	31338	188820	2249	779	30993
黑龙江	Heilongjiang	2358	62530	1339	697	170
上 海	Shanghai	28605	645284	105737	19735	28670
江 苏	Jiangsu	306980	4715482	175461	71241	119966
浙 江	Zhejiang	136620	1259274	178012	60230	69908
安 徽	Anhui	64755	870666	55966	16649	23273
福 建	Fujian	124371	1503036	42128	15045	63488
江 西	Jiangxi	198246	1269205	20146	11732	15288
山 东	Shandong	392854	3858473	157311	95945	40974
河 南	Henan	132513	1880805	63263	9222	7955
湖 北	Hubei	76139	553191	28525	15985	13752
湖 南	Hunan	562212	1754192	133899	25996	133929
广 东	Guangdong	285628	3082191	397197	113507	152915
广 西	Guangxi	60295	274604	3739	1899	4991
海 南	Hainan	5376	60620	2980	1959	241
重 庆	Chongqing	49822	450159	10401	4721	2970
四 川	Sichuan	126685	491043	127580	84651	89840
贵 州	Guizhou	17706	122324	6064	3751	631
云 南	Yunnan	15581	246919	6918	3958	1821
西 藏	Tibet	176	1365	862	387	25
陕 西	Shaanxi	19525	139341	3765	1346	1347
甘 肃	Gansu	1329	5616	4119	1742	315
青 海	Qinghai	1147	-16102	3344	103	883
宁 夏	Ningxia	422	-4444	43409	1017	13452
新 疆	Xinjiang	656	7988	3065	1032	277

3-1-5 续表 2 continued

单位：万元 (10 000 yuan)

地 区	Region	应付职工薪酬 Employee Benefits Payable	应交增值税 Value-added Tax Payable	工业总产值（当年价格） Gross Industrial Output Value (current prices)	工业销售产值（当年价格） Industrial Sales Output Value (current prices)	#出口交货值 Export Delivery Value
全 国	**National Total**	**28642625**	**10634883**	**465347181**	**454389772**	**107840514**
北 京	Beijing	428503	104791	3072900	3104625	122127
天 津	Tianjin	649390	230184	13096507	12905185	3923907
河 北	Hebei	485686	240362	9738647	9651038	475000
山 西	Shanxi	54111	12051	453994	427917	5069
内蒙古	Inner Mongolia	20691	10160	1047829	1013049	
辽 宁	Liaoning	262844	54564	3946883	3817341	977613
吉 林	Jilin	39138	23579	1414841	1354287	19811
黑龙江	Heilongjiang	36467	21570	991313	957937	5740
上 海	Shanghai	802117	193650	11089758	11005238	3173314
江 苏	Jiangsu	4703637	1971219	79579241	78239918	25624346
浙 江	Zhejiang	1881353	694219	27587948	26479387	8412610
安 徽	Anhui	770462	321469	15103599	14695191	2365953
福 建	Fujian	1732330	544691	24151820	23484086	7293031
江 西	Jiangxi	642046	405844	14994166	14769872	3624324
山 东	Shandong	2391166	1577910	67401683	66608080	8923721
河 南	Henan	1266417	552795	25477849	25076290	2362323
湖 北	Hubei	467146	257829	12585894	12121856	651935
湖 南	Hunan	1868506	1060243	28829445	28441219	3072691
广 东	Guangdong	7735995	1445899	89369948	85982230	34213983
广 西	Guangxi	429288	103573	5403246	5181127	559518
海 南	Hainan	68137	40169	860892	950092	56400
重 庆	Chongqing	319320	228470	5219321	5099233	375104
四 川	Sichuan	1098012	348557	16226180	15779419	855997
贵 州	Guizhou	54999	34142	1394161	1346665	25
云 南	Yunnan	120823	78100	1997274	1692719	1499
西 藏	Tibet	3301	529	41003	42506	31
陕 西	Shaanxi	150160	68941	2781437	2725536	618944
甘 肃	Gansu	24602	3430	214699	188738	
青 海	Qinghai	89347	-735	790067	779012	
宁 夏	Ningxia	29236	2865	320270	312322	114478
新 疆	Xinjiang	17397	3816	164366	157657	11022

3-1-6 规模以上文化制造业企业科技活动情况(2015年)

Basic Statistics on Science and Technology Activities of Cultural Industrial Enterprises above Designated Size(2015)

分 组	Group	有R&D活动的企业(个) Number of R&D Enterprises (unit)	R&D人员折合全时当量(人年) Full-time Equivalent of R&D Personnel (man-year)
合 计	**Total**	**3650**	**122568**
按企业规模分	**Grouped by Size of Enterprises**		
大型	Large	264	59089
中型	Medium-sized	1043	34016
小型	Small	2327	29333
微型	Micro-sized	16	130
按登记注册类型分	**by Status of Registration**		
内资企业	Domestic Funded Enterprises	2767	79429
国有企业	Stats-owned Enterprises	11	294
集体企业	Collective-owned Enterprises	16	175
股份合作企业	Cooperative Enterprises	5	70
联营企业	Joint Ownership Enterprises	2	11
有限责任公司	Limited Liability Corporations	674	32113
股份有限公司	Share-holding Corporations Ltd.	188	15622
私营公司	Private Enterprises	1863	30777
其他企业	Other Enterprises	8	368
港、澳、台商投资企业	Enterprises with Funds from Hong Kong, Macao and Taiwan	457	25716
外商投资企业	Foreign Funded Enterprises	426	17423
按企业控股情况分	**by Status of Holding**		
国有控股	State-holding	146	21367
集体控股	Collective-holding	67	2713
私人控股	Private-holding	2573	52443
港澳台商控股	Hong Kong, Macao and Taiwan-holding	355	20526
外商控股	Foreign-holding	337	16710
其他	Others	172	8809

3-1-6 续表 1 continued

分 组	Group	R&D经费内部支出(万元) Internal Expenditure on R&D (10 000 yuan)	R&D项目数(个) R&D Projects (item)
合 计	**Total**	**4254034**	**13423**
按企业规模分	**Grouped by Size of Enterprises**		
大型	Large	2306114	3567
中型	Medium-sized	1078681	4156
小型	Small	865888	5679
微型	Micro-sized	3350	21
按登记注册类型分	**by Status of Registration**		
内资企业	Domestic Funded Enterprises	2762209	9745
国有企业	Stats-owned Enterprises	8433	46
集体企业	Collective-owned Enterprises	9115	36
股份合作企业	Cooperative Enterprises	989	17
联营企业	Joint Ownership Enterprises	182	2
有限责任公司	Limited Liability Corporations	1317214	3482
股份有限公司	Share-holding Corporations Ltd.	462985	1210
私营公司	Private Enterprises	953682	4924
其他企业	Other Enterprises	9609	28
港、澳、台商投资企业	Enterprises with Funds from Hong Kong, Macao and Taiwan	870382	1997
外商投资企业	Foreign Funded Enterprises	621443	1681
按企业控股情况分	**by Status of Holding**		
国有控股	State-holding	905837	1771
集体控股	Collective-holding	132876	422
私人控股	Private-holding	1643700	7449
港澳台商控股	Hong Kong, Macao and Taiwan-holding	697476	1498
外商控股	Foreign-holding	601868	1301
其他	Others	272278	982

3-1-6 续表 2 continued

分 组	Group	新产品开发项目数（个） Number of New Products (unit)	新产品开发经费支出（万元） Expenditure on New Products Development (10 000 yuan)
合 计	**Total**	**14930**	**4555148**
按企业规模分	**Grouped by Size of Enterprises**		
大型	Large	3611	2379464
中型	Medium-sized	4556	1191600
小型	Small	6739	979975
微型	Micro-sized	24	4109
按登记注册类型分	**by Status of Registration**		
内资企业	Domestic Funded Enterprises	10699	2827636
国有企业	Stats-owned Enterprises	50	9272
集体企业	Collective-owned Enterprises	39	11886
股份合作企业	Cooperative Enterprises	18	1034
联营企业	Joint Ownership Enterprises	2	182
有限责任公司	Limited Liability Corporations	3530	1261275
股份有限公司	Share-holding Corporations Ltd.	1394	503390
私营公司	Private Enterprises	5633	1031893
其他企业	Other Enterprises	33	8705
港、澳、台商投资企业	Enterprises with Funds from Hong Kong, Macao and Taiwan	2260	964215
外商投资企业	Foreign Funded Enterprises	1971	763297
按企业控股情况分	**by Status of Holding**		
国有控股	State-holding	1808	920634
集体控股	Collective-holding	364	93548
私人控股	Private-holding	8458	1762571
港澳台商控股	Hong Kong, Macao and Taiwan-holding	1732	799529
外商控股	Foreign-holding	1545	718628
其他	Others	1023	260238

3-1-6 续表 3 continued

分 组	Group	新产品销售收入（万元） Sales Revenue of New Products (10 000 yuan)	#出口 Export
合 计	**Total**	**74692054**	**19560994**
按企业规模分	**Grouped by Size of Enterprises**		
大型	Large	48220860	13724105
中型	Medium-sized	16107876	4051863
小型	Small	10328979	1777788
微型	Micro-sized	34338	7238
按登记注册类型分	**by Status of Registration**		
内资企业	Domestic Funded Enterprises	42143207	7462279
国有企业	Stats-owned Enterprises	86108	
集体企业	Collective-owned Enterprises	235895	45
股份合作企业	Cooperative Enterprises	17075	4190
联营企业	Joint Ownership Enterprises		
有限责任公司	Limited Liability Corporations	20698144	3475295
股份有限公司	Share-holding Corporations Ltd.	8037940	1479519
私营公司	Private Enterprises	12946463	2446805
其他企业	Other Enterprises	121582	56426
港、澳、台商投资企业	Enterprises with Funds from Hong Kong, Macao and Taiwan	19530361	6304563
外商投资企业	Foreign Funded Enterprises	13018486	5794151
按企业控股情况分	**by Status of Holding**		
国有控股	State-holding	17580890	2547006
集体控股	Collective-holding	1972345	423817
私人控股	Private-holding	22787702	4472996
港澳台商控股	Hong Kong, Macao and Taiwan-holding	15181413	5431097
外商控股	Foreign-holding	12660452	5906944
其他	Others	4509252	779134

3-1-6 续表 4 continued

分 组	Group	专利申请数(件) Patent Applications (piece)	#发明专利 Inventions	有效发明专利数(件) Number of Patents in Force (piece)
合 计	**Total**	**35181**	**10712**	**22107**
按企业规模分	**Grouped by Size of Enterprises**			
大型	Large	9908	4564	8237
中型	Medium-sized	11249	2589	7180
小型	Small	13996	3556	6684
微型	Micro-sized	28	3	6
按登记注册类型分	**by Status of Registration**			
内资企业	Domestic Funded Enterprises	26480	8142	14687
国有企业	Stats-owned Enterprises	58	7	53
集体企业	Collective-owned Enterprises	54	1	24
股份合作企业	Cooperative Enterprises	23	12	4
联营企业	Joint Ownership Enterprises			
有限责任公司	Limited Liability Corporations	8635	3702	6376
股份有限公司	Share-holding Corporations Ltd.	3595	1474	3053
私营公司	Private Enterprises	14103	2934	5152
其他企业	Other Enterprises	12	12	25
港、澳、台商投资企业	Enterprises with Funds from Hong Kong, Macao and Taiwan	5427	1453	3734
外商投资企业	Foreign Funded Enterprises	3274	1117	3686
按企业控股情况分	**by Status of Holding**			
国有控股	State-holding	4751	2575	4753
集体控股	Collective-holding	329	81	228
私人控股	Private-holding	21479	5224	9180
港澳台商控股	Hong Kong, Macao and Taiwan-holding	4091	1143	3212
外商控股	Foreign-holding	2645	1070	3350
其他	Others	1886	619	1384

3-1-7 按类别分规模以上文化制造业企业科技活动情况(2015年)

Basic Statistics on Science and Technology Activities of Cultural Industrial Enterprises above Designated Size by Category(2015)

类 别	Category	有R&D活动的企业(个) Number of R&D Enterprises (unit)	R&D人员折合全时当量(人年) Full-time Equivalent of R&D Personnel (man-year)	R&D经费内部支出(万元) Internal Expenditure on R&D (10 000 yuan)
合 计	**Total**	**3650**	**122568**	**4254034**
工艺美术品的制造	Manufacture of Arts and Crafts	652	12441	354536
园林、陈设艺术及其他陶瓷制品制造	Art of Garden, Furnishings and Manufacture of Other Ceramic Products	106	1870	67746
印刷复制服务	Printing and Duplicating Services	653	13234	368812
办公用品的制造	Manufacture of Office Equipment	122	2593	53143
乐器的制造	Manufacture of Musical Instruments	57	1434	29684
玩具的制造	Manufacture of Toys	243	4018	101046
游艺器材及娱乐用品的制造	Manufacture of Games and Entertainment	73	2096	50630
视听设备的制造	Manufacture of Audio and Visual Equipment	333	31372	1270839
焰火、鞭炮产品制造	Manufacture of Fireworks and Firecrackers	78	447	17242
文化用纸的制造	Manufacture of Cultural Paper	235	12353	641791
文化用油墨颜料的制造	Manufacture of Cultural Printing Ink	177	3480	102741
文化用化学品的制造	Manufacture of Cultural Chemicals	64	3354	134166
其他文化用品的制造	Manufacture of Other Cultural Products	376	14573	475356
印刷专用设备的制造	Manufacture of Printing Equipment	123	2429	72596
广播电视电影专用设备的制造	Manufacture of Radio, Film and Television Equipment	260	12211	388884
其他文化专用设备的制造	Manufacture of Other Cultural Equipment	98	4663	124823

类 别	Category	R&D项目数(个) R&D Projects (item)	新产品开发项目数(个) Number of New Products (unit)	新产品开发经费支出(万元) Expenditure on New Products Development (10 000 yuan)
合 计	**Total**	**13423**	**14930**	**4555148**
工艺美术品的制造	Manufacture of Arts and Crafts	1468	1595	372585
园林、陈设艺术及其他陶瓷制品制造	Art of Garden, Furnishings and Manufacture of Other Ceramic Products	193	162	60707
印刷复制服务	Printing and Duplicating Services	2086	2094	372402
办公用品的制造	Manufacture of Office Equipment	419	492	58401
乐器的制造	Manufacture of Musical Instruments	149	173	35004
玩具的制造	Manufacture of Toys	594	798	139829
游艺器材及娱乐用品的制造	Manufacture of Games and Entertainment	305	401	70971
视听设备的制造	Manufacture of Audio and Visual Equipment	2369	2860	1401698
焰火、鞭炮产品制造	Manufacture of Fireworks and Firecrackers	78	74	17839
文化用纸的制造	Manufacture of Cultural Paper	1068	876	466076
文化用油墨颜料的制造	Manufacture of Cultural Printing Ink	745	772	98331
文化用化学品的制造	Manufacture of Cultural Chemicals	361	360	153149
其他文化用品的制造	Manufacture of Other Cultural Products	1390	1557	597811
印刷专用设备的制造	Manufacture of Printing Equipment	478	563	90390
广播电视电影专用设备的制造	Manufacture of Radio, Film and Television Equipment	1307	1625	480328
其他文化专用设备的制造	Manufacture of Other Cultural Equipment	413	528	139624

3-1-7 续表 continued

类 别	Category	新产品销售收入(万元) Sales Revenue of New Products (10 000 yuan)	#出口 Export
合 计	**Total**	**74692054**	**19560994**
工艺美术品的制造	Manufacture of Arts and Crafts	6085269	1541290
园林、陈设艺术及其他陶瓷制品制造	Art of Garden, Furnishings and Manufacture of Other Ceramic Products	554059	140869
印刷复制服务	Printing and Duplicating Services	5618172	575443
办公用品的制造	Manufacture of Office Equipment	813447	299691
乐器的制造	Manufacture of Musical Instruments	311107	48496
玩具的制造	Manufacture of Toys	1253194	673648
游艺器材及娱乐用品的制造	Manufacture of Games and Entertainment	1210676	332977
视听设备的制造	Manufacture of Audio and Visual Equipment	29850049	9639195
焰火、鞭炮产品制造	Manufacture of Fireworks and Firecrackers	410018	71090
文化用纸的制造	Manufacture of Cultural Paper	10031765	751702
文化用油墨颜料的制造	Manufacture of Cultural Printing Ink	1520119	171821
文化用化学品的制造	Manufacture of Cultural Chemicals	3181544	666680
其他文化用品的制造	Manufacture of Other Cultural Products	7436243	2568956
印刷专用设备的制造	Manufacture of Printing Equipment	583180	50521
广播电视电影专用设备的制造	Manufacture of Radio, Film and Television Equipment	3833487	733110
其他文化专用设备的制造	Manufacture of Other Cultural Equipment	1999727	1295506

类 别	Category	专利申请数(件) Patent Applications (piece)	#发明专利 Inventions	有效发明专利数(件) Number of Patents in Force (piece)
合 计	**Total**	**35181**	**10712**	**22107**
工艺美术品的制造	Manufacture of Arts and Crafts	7431	889	2071
园林、陈设艺术及其他陶瓷制品制造	Art of Garden, Furnishings and Manufacture of Other Ceramic Products	572	127	267
印刷复制服务	Printing and Duplicating Services	3289	987	2044
办公用品的制造	Manufacture of Office Equipment	1691	172	325
乐器的制造	Manufacture of Musical Instruments	297	70	138
玩具的制造	Manufacture of Toys	2776	377	895
游艺器材及娱乐用品的制造	Manufacture of Games and Entertainment	744	188	395
视听设备的制造	Manufacture of Audio and Visual Equipment	6887	3144	6207
焰火、鞭炮产品制造	Manufacture of Fireworks and Firecrackers	55	31	29
文化用纸的制造	Manufacture of Cultural Paper	1053	486	956
文化用油墨颜料的制造	Manufacture of Cultural Printing Ink	727	407	880
文化用化学品的制造	Manufacture of Cultural Chemicals	639	439	738
其他文化用品的制造	Manufacture of Other Cultural Products	3638	1175	2550
印刷专用设备的制造	Manufacture of Printing Equipment	909	427	1152
广播电视电影专用设备的制造	Manufacture of Radio, Film and Television Equipment	3938	1602	2819
其他文化专用设备的制造	Manufacture of Other Cultural Equipment	535	191	641

3-1-8 分地区规模以上文化制造业企业科技活动情况(2015年)
Basic Statistics on Science and Technology Activities of Cultural Industrial Enterprises above Designated Size by Region(2015)

地 区	Region	有R&D活动的企业(个) Enterprises (unit)	R&D人员折合全时当量(人年) Equivalent of R&D Personnel (man-year)	R&D经费内部支出(万元) Expenditure on R&D (10 000 yuan)	R&D项目数(个) (item)	新产品开发项目数(个) New Products (unit)
全 国	**National Total**	**3650**	**122568**	**4254034**	**13423**	**14930**
北 京	Beijing	35	974	28584	172	299
天 津	Tianjin	108	5149	183908	683	648
河 北	Hebei	50	1330	36013	215	185
山 西	Shanxi	4	88	804	20	23
内蒙古	Inner Mongolia	3	55	677	5	1
辽 宁	Liaoning	17	2234	56859	155	156
吉 林	Jilin	1	0	108	1	3
黑龙江	Heilongjiang	6	51	690	11	11
上 海	Shanghai	70	2760	127049	413	498
江 苏	Jiangsu	936	25007	796801	2680	3005
浙 江	Zhejiang	719	14710	378904	2314	2541
安 徽	Anhui	139	4478	119474	545	853
福 建	Fujian	199	5455	222765	522	455
江 西	Jiangxi	55	1369	26647	150	206
山 东	Shandong	213	11970	755572	1458	1254
河 南	Henan	87	4389	89268	299	267
湖 北	Hubei	80	1720	73255	243	244
湖 南	Hunan	190	7550	240276	303	342
广 东	Guangdong	592	24462	764408	2742	3381
广 西	Guangxi	10	120	2538	27	31
海 南	Hainan	1	51	2983	3	3
重 庆	Chongqing	36	729	28965	106	94
四 川	Sichuan	39	6910	287576	176	242
贵 州	Guizhou	4	33	3483	15	10
云 南	Yunnan	32	508	13930	109	97
西 藏	Tibet					
陕 西	Shaanxi	17	334	10316	46	62
甘 肃	Gansu					2
青 海	Qinghai	3	29	950	3	7
宁 夏	Ningxia	4	102	1232	7	8
新 疆	Xinjiang					2

3-1-8 续表 continued

地 区	Region	新产品开发经费支出(万元) New Products Development (10 000 yuan)	新产品销售收入(万元) Sales of New Products (10 000 yuan)	#出口 Export	专利申请数(件) Patent Applications (piece)	#发明专利 Inventions	有效发明专利数(件) Number of Patents in Force (piece)
全 国	**National Total**	**4555148**	**74692054**	**19560994**	**35181**	**10712**	**22107**
北 京	Beijing	58891	660439	30427	403	257	636
天 津	Tianjin	162386	4390252	1779527	1125	345	1225
河 北	Hebei	31370	535499	12206	181	99	268
山 西	Shanxi	2924	25659	607	24	4	40
内蒙古	Inner Mongolia	60	121185		2	1	20
辽 宁	Liaoning	57497	181528	90491	167	84	252
吉 林	Jilin	617	20649		2	1	2
黑龙江	Heilongjiang	970	2077		5	2	2
上 海	Shanghai	156551	3637366	1595422	860	434	1049
江 苏	Jiangsu	955280	11450167	3397068	8706	2079	3657
浙 江	Zhejiang	390184	9644357	2497476	5893	654	1021
安 徽	Anhui	150616	3034868	416369	1668	797	1400
福 建	Fujian	199271	3282472	1677806	2169	390	592
江 西	Jiangxi	44815	579731	133323	385	70	231
山 东	Shandong	628843	9357406	1847466	3507	1934	2126
河 南	Henan	70470	960505	313224	337	78	378
湖 北	Hubei	71875	1053804	87038	350	145	437
湖 南	Hunan	251478	5077421	1263645	534	198	354
广 东	Guangdong	909689	12984447	4271795	6356	2015	6369
广 西	Guangxi	2357	36288	166	48	8	51
海 南	Hainan	2983					
重 庆	Chongqing	32087	1419680	12031	234	84	71
四 川	Sichuan	316186	5939126	118291	1996	937	1488
贵 州	Guizhou	2734	30589		33	8	59
云 南	Yunnan	22668	193218	24	91	42	206
西 藏	Tibet						
陕 西	Shaanxi	13756	49050	13506	70	22	101
甘 肃	Gansu	641	567		2	1	22
青 海	Qinghai	15987			12	6	8
宁 夏	Ningxia	1766	22119	1500	8	6	40
新 疆	Xinjiang	198	1587	1587	13	11	2

3-1-9 按类别分规模以下文化制造业企业主要财务指标(2015年)

Main Economic Indicators of Cultural Industrial Enterprises under Designated Size by Category(2015)

类 别	Category	企业单位数(个) Number of Enterprises (unit)	年末从业人员(人) Engaged Persons at Year-end (person)	营业收入(万元) Total Revenue (10 000 yuan)	#主营业务收入 Revenue from Principal Business
合 计	**Total**	**171490**	**3374707**	**82356364**	**81350931**
工艺美术品的制造	Manufacture of Arts and Crafts	50937	972616	23394405	23247025
园林、陈设艺术及其他陶瓷制品制造	Art of Garden, Furnishings and Manufacture of Other Ceramic Products	3874	85373	1703954	1685228
印刷复制服务	Printing and Duplicating Services	69166	1094730	29868028	29463105
办公用品的制造	Manufacture of Office Equipment	5816	112204	2791100	2771836
乐器的制造	Manufacture of Musical Instruments	1804	38578	854124	832412
玩具的制造	Manufacture of Toys	9120	277223	4519238	4475223
游艺器材及娱乐用品的制造	Manufacture of Games and Entertainment	1690	29029	672391	663584
视听设备的制造	Manufacture of Audio and Visual Equipment	4044	95516	2528750	2468538
焰火、鞭炮产品制造	Manufacture of Fireworks and Firecrackers	4603	301362	5458801	5341332
文化用纸的制造	Manufacture of Cultural Paper	4924	86196	2654738	2617815
文化用油墨颜料的制造	Manufacture of Cultural Printing Ink	1933	28570	1020020	1008457
文化用化学品的制造	Manufacture of Cultural Chemicals	340	6293	206566	203068
其他文化用品的制造	Manufacture of Other Cultural Products	7041	124212	3540159	3502746
印刷专用设备的制造	Manufacture of Printing Equipment	2565	38882	1262273	1237285
广播电视电影专用设备的制造	Manufacture of Radio, Film and Television Equipment	2532	63099	1335291	1297357
其他文化专用设备的制造	Manufacture of Other Cultural Equipment	1101	20824	546526	535920

3-1-9 续表 continued

单位：万元 (10 000 yuan)

类 别	Category	营业税金及附加 Total Tax and Extra Charges	#主营业务税金及附加 Tax and Extra Charges from Principal Business	资产总计 Total Assets	实收资本 Paid-in Capital
合 计	**Total**	**1742415**	**1738243**	**91750632**	**34399378**
工艺美术品的制造	Manufacture of Arts and Crafts	436628	437710	29520347	8875309
园林、陈设艺术及其他陶瓷制品制造	Art of Garden, Furnishings and Manufacture of Other Ceramic Products	45736	46665	1873794	745913
印刷复制服务	Printing and Duplicating Services	607921	599851	31438364	12909716
办公用品的制造	Manufacture of Office Equipment	61398	60655	2439716	894899
乐器的制造	Manufacture of Musical Instruments	18940	20304	1215542	455564
玩具的制造	Manufacture of Toys	87171	85177	3658927	1573482
游艺器材及娱乐用品的制造	Manufacture of Games and Entertainment	12116	12469	864302	382774
视听设备的制造	Manufacture of Audio and Visual Equipment	28665	27253	3247640	1262429
焰火、鞭炮产品制造	Manufacture of Fireworks and Firecrackers	271238	275940	4045757	1755804
文化用纸的制造	Manufacture of Cultural Paper	45716	45515	3594058	1191282
文化用油墨颜料的制造	Manufacture of Cultural Printing Ink	16295	16349	1120899	501227
文化用化学品的制造	Manufacture of Cultural Chemicals	4156	4180	452389	187494
其他文化用品的制造	Manufacture of Other Cultural Products	54721	54770	4607367	1720732
印刷专用设备的制造	Manufacture of Printing Equipment	24672	25603	1421049	655652
广播电视电影专用设备的制造	Manufacture of Radio, Film and Television Equipment	18725	17608	1507099	845969
其他文化专用设备的制造	Manufacture of Other Cultural Equipment	8316	8198	743383	441134

3-1-10 分地区规模以下文化制造业企业主要财务指标(2015年)
Main Economic Indicators of Cultural Industrial Enterprises under Designated Size by Region(2015)

单位：万元 (10 000 yuan)

地 区	Region	企业单位数（个）Number of Enterprises (unit)	年末从业人员（人）Engaged Persons at Year-end (person)	营业收入 Total Revenue	#主营业务收入 Revenue from Principal Business	营业税金及附加 Total Tax and Extra Charges	#主营业务税金及附加 Tax and Extra Charges from Principal Business	资产总计 Total Assets	实收资本 Paid-in Capital
全 国	**National Total**	**171490**	**3374707**	**82356364**	**81350931**	**1742415**	**1738243**	**91750632**	**34399378**
北 京	Beijing	2348	29379	810113	783753	5040	4392	1799743	715262
天 津	Tianjin	3078	47276	1529554	1526859	28666	26992	1456795	926257
河 北	Hebei	5586	125711	3098576	2955552	53789	52492	3045684	2114692
山 西	Shanxi	1128	18569	171109	158498	2645	2462	604814	179662
内蒙古	Inner Mongolia	631	6497	142778	140091	5893	5889	319414	107657
辽 宁	Liaoning	3639	25756	648342	643871	8355	8640	1207510	450206
吉 林	Jilin	1181	13350	269260	266191	7483	7239	470284	73513
黑龙江	Heilongjiang	1124	21695	498379	490170	17425	16385	564684	181247
上 海	Shanghai	4072	53087	1572535	1526583	15390	15110	2107770	773331
江 苏	Jiangsu	23323	373343	12622451	12537910	185397	178542	11072413	4903076
浙 江	Zhejiang	32821	462637	13240036	13202019	282807	290647	13537941	4455800
安 徽	Anhui	4607	96533	2699672	2684867	35264	33861	2552071	1103315
福 建	Fujian	10293	173589	4384406	4258376	84388	82537	4298995	2278706
江 西	Jiangxi	5223	209901	3791316	3776139	99891	99155	3464737	1692440
山 东	Shandong	11920	324240	8421190	8395881	169134	187154	8336166	2826187
河 南	Henan	6404	121692	2170219	2133811	67452	66146	2502533	1027566
湖 北	Hubei	3357	48023	1193777	1066453	37534	36394	1796592	626249
湖 南	Hunan	5192	199222	4205877	4072394	220309	220634	3087456	1265065
广 东	Guangdong	30566	711620	12086677	12073976	227234	207598	20680338	5654163
广 西	Guangxi	1770	33007	400387	399168	13297	18407	519683	257582
海 南	Hainan	272	2254	56339	55183	1600	1402	146772	55487
重 庆	Chongqing	2347	48483	1845442	1829597	31601	30816	1454445	297050
四 川	Sichuan	2692	61465	1697092	1656856	31108	28365	2075869	864193
贵 州	Guizhou	2213	37361	950892	943235	11564	22915	1404610	306162
云 南	Yunnan	1143	21958	622107	607246	10387	10062	786784	307752
西 藏	Tibet	120	2245	27176	25746	185	137	60220	22699
陕 西	Shaanxi	1821	33646	2501383	2463336	76102	73341	956508	418727
甘 肃	Gansu	1260	47957	277506	262521	7290	5539	709853	304080
青 海	Qinghai	324	7329	180067	177529	2021	1969	245170	38232
宁 夏	Ningxia	230	4317	119175	117095	669	641	239681	76646
新 疆	Xinjiang	805	12565	122533	120027	2494	2383	245097	96376

3-2-1 限额以上文化批发和零售业企业基本情况(2015年)
Basic Statistics on Cultural Wholesale and Retail Trades Enterprises above Designated Size(2015)

单位：万元 (10 000 yuan)

分组	Group	企业单位数（个） Number of Enterprises (unit)	年末从业人员（人） Engaged Persons at Year-end (person)	资产总计 Total Assets	营业收入 Total Revenue	#主营业务收入 Revenue from Principal Business
合 计	**Total**	**8620**	**535180**	**99752141**	**177073776**	**175582651**
按登记注册类型分	**Grouped by Status of Registration**					
内资企业	Domestic Funded Enterprises	8294	452456	81392277	128399561	127062350
国有企业	Stats-owned Enterprises	494	33032	8148791	7023052	6942491
集体企业	Collective-owned Enterprises	71	6311	446308	784230	782544
股份合作企业	Cooperative Enterprises	9	651	29510	36930	36930
联营企业	Joint Ownership Enterprises	3	1389	11388	21263	21263
有限责任公司	Limited Liability Corporations	2831	195983	35335486	61111581	60452599
股份有限公司	Share-holding Corporations Ltd.	236	38383	17276912	17374694	17235886
私营公司	Private Enterprises	4607	175094	20073863	41871355	41414581
其他企业	Other Enterprises	43	1613	70020	176456	176055
港、澳、台商投资企业	Enterprises with Funds from Hong Kong, Macao and Taiwan	176	35261	4546789	7091425	7040371
外商投资企业	Foreign Funded Enterprises	150	47463	13813076	41582789	41479931
按企业控股情况分	**by Status of Holding**					
国有控股	State-holding	1476	146779	31784055	36117173	35651422
集体控股	Collective-holding	167	13780	2522279	6321975	6287224
私人控股	Private-holding	6090	253277	32887267	60504291	59931678
港澳台商控股	Hong Kong, Macao and Taiwan-holding	164	34596	4327082	6825102	6793685
外商控股	Foreign-holding	136	43699	13370736	40917062	40821050
其他	Others	587	43049	14860723	26388173	26097594

3-2-1 续表 continued

单位：万元 (10 000 yuan)

分 组	Group	营业税金及附加 Total Tax and Extra Charges	#主营业务税金及附加 Tax and Extra Charges from Principal Business	营业利润 Operating Profit	应交增值税 Value-added Tax Payable
合 计	**Total**	**620472**	**594800**	**3597437**	**1618482**
按登记注册类型分	**Grouped by Status of Registration**				
内资企业	Domestic Funded Enterprises	508352	484191	3293359	1093406
国有企业	Stats-owned Enterprises	22110	18547	341251	52583
集体企业	Collective-owned Enterprises	7150	7134	22009	7824
股份合作企业	Cooperative Enterprises	492	492	1474	435
联营企业	Joint Ownership Enterprises	797	797	929	115
有限责任公司	Limited Liability Corporations	226767	214722	1588732	465511
股份有限公司	Share-holding Corporations Ltd.	28285	27360	292983	93563
私营公司	Private Enterprises	220791	213186	1039739	471156
其他企业	Other Enterprises	1961	1953	6244	2219
港、澳、台商投资企业	Enterprises with Funds from Hong Kong, Macao and Taiwan	48116	47388	148883	183662
外商投资企业	Foreign Funded Enterprises	64003	63221	155195	341414
按企业控股情况分	**by Status of Holding**				
国有控股	State-holding	91288	77144	1435651	195171
集体控股	Collective-holding	14609	14483	111789	30002
私人控股	Private-holding	334139	325325	1581262	727886
港澳台商控股	Hong Kong, Macao and Taiwan-holding	47491	46644	150624	154695
外商控股	Foreign-holding	60888	60112	135918	308024
其他	Others	72057.6	71090.6	182193.1	202703.8

3-2-2 按类别分限额以上文化批发和零售业企业基本情况(2015年)
Basic Statistics on Cultural Wholesale and Retail Trades Enterprises above Designated Size by Category(2015)

单位：万元 (10 000 yuan)

类别	Category	企业单位数(个) Number of Enterprises (unit)	#亏损企业 Unprofitable Enterprise	年末从业人员(人) Engaged Persons at Year-end (person)	#女性 Female
合计	**Total**	**8620**	**1630**	**535180**	**303548**
发行服务	Distribution Service	1676	246	157853	81920
工艺美术品的销售	Retail Sale of Arts and Crafts	2463	569	146114	101413
文化贸易代理与拍卖服务	Culture Trade Agency and Auction Service	106	20	5110	2566
文具乐器照相器材的销售	Retail Sale of Stationery, Musical Instruments and Photographic Equipment	1513	267	47904	22934
文化用家电的销售	Retail Sale of Cultural Household Electric Appliances	1854	355	129707	69787
其他文化用品的销售	Retail Sale of Other Cultural Products	694	112	29731	15662
广播电视电影专用设备的批发	Wholesale of Radio, Film and Television Equipment	229	47	14605	7282
舞台照明设备的批发	Wholesale of Stage Lighting Equipment	85	14	4156	1984

3-2-2 续表 continued

单位：万元 (10 000 yuan)

类别	Category	资产总计 Total Assets	营业收入 Total Revenue	营业成本 Total Cost	营业税金及附加 Total Tax and Extra Charges	利润总额 Total Profit
合计	**Total**	**99752141**	**177073776**	**160933277**	**620472**	**3843378**
发行服务	Distribution Service	24028280	20377065	16529461	46814	1297309
工艺美术品的销售	Retail Sale of Arts and Crafts	27156969	44577480	40254618	273881	1274130
文化贸易代理与拍卖服务	Culture Trade Agency and Auction Service	2277466	4682272	4193711	11295	78541
文具乐器照相器材的销售	Retail Sale of Stationery, Musical Instruments and Photographic Equipment	9070296	18095351	16970984	48422	181896
文化用家电的销售	Retail Sale of Cultural Household Electric Appliances	21872516	42617579	38693501	148133	465349
其他文化用品的销售	Retail Sale of Other Cultural Products	5664641	8184410	7273995	35569	231577
广播电视电影专用设备的批发	Wholesale of Radio, Film and Television Equipment	8786279	37006621	35709233	50514	228389
舞台照明设备的批发	Wholesale of Stage Lighting Equipment	895694	1532999	1307775	5845	86188

3-2-3　分地区限额以上文化批发和零售业企业基本情况(2015年)

Basic Statistics on Cultural Wholesale and Retail Trades Enterprises above Designated Size by Region(2015)

地区	Region	企业单位数(个) Number of Enterprises (unit)	#亏损企业 Unprofitable Enterprise	年末从业人员(人) Engaged Persons at Year-end (person)	#女性 Female
全　国	**National Total**	**8620**	**1630**	**535180**	**303548**
北　京	Beijing	358	83	49809	27203
天　津	Tianjin	196	58	8851	4714
河　北	Hebei	226	47	12725	7925
山　西	Shanxi	128	21	5926	3315
内蒙古	Inner Mongolia	62	13	2578	1458
辽　宁	Liaoning	227	60	10671	6562
吉　林	Jilin	76	10	3451	1760
黑龙江	Heilongjiang	83	13	3236	1750
上　海	Shanghai	274	95	29544	16751
江　苏	Jiangsu	1056	161	70578	42909
浙　江	Zhejiang	820	218	44747	27153
安　徽	Anhui	343	54	13007	6434
福　建	Fujian	437	58	11955	6156
江　西	Jiangxi	64	14	9392	4734
山　东	Shandong	583	82	41488	23006
河　南	Henan	640	62	29632	14954
湖　北	Hubei	445	57	23512	14921
湖　南	Hunan	349	37	16669	9636
广　东	Guangdong	1073	256	72705	39566
广　西	Guangxi	161	44	6509	3391
海　南	Hainan	17	1	1167	581
重　庆	Chongqing	171	24	15072	10645
四　川	Sichuan	273	60	19852	11162
贵　州	Guizhou	98	17	3341	1584
云　南	Yunnan	126	31	10497	6058
西　藏	Tibet	5	2	184	121
陕　西	Shaanxi	165	15	9142	4241
甘　肃	Gansu	92	19	4250	2180
青　海	Qinghai	11	4	798	460
宁　夏	Ningxia	22	5	674	386
新　疆	Xinjiang	39	9	3218	1832

3-2-3 续表 continued

单位：万元 (10 000 yuan)

地 区	Region	资产总计 Total Assets	营业收入 Total Revenue	营业成本 Total Cost	营业税金及附加 Total Tax and Extra Charges	利润总额 Total Profit
全 国	**National Total**	**99752141**	**177073776**	**160933277**	**620472**	**3843378**
北 京	Beijing	15970632	19608562	17243714	45790	558720
天 津	Tianjin	2847408	2479548	2244620	10206	40723
河 北	Hebei	1288953	1483438	1283167	8617	54843
山 西	Shanxi	692948	984221	881620	4861	24856
内蒙古	Inner Mongolia	262506	320293	268490	2456	13289
辽 宁	Liaoning	1013505	1516055	1312566	16151	40044
吉 林	Jilin	218016	283503	229093	2111	8459
黑龙江	Heilongjiang	301282	277642	240737	1397	5561
上 海	Shanghai	12497958	42030236	39612093	97260	314922
江 苏	Jiangsu	15546975	25906704	23480885	89675	625430
浙 江	Zhejiang	6701744	12851942	11808203	29553	182781
安 徽	Anhui	2651234	3638891	3320040	7992	91555
福 建	Fujian	2341046	4772026	4341676	23066	128612
江 西	Jiangxi	1386210	1161029	938472	8784	95768
山 东	Shandong	6890943	12184025	11288618	49914	305009
河 南	Henan	2206637	3972320	3351227	34791	203146
湖 北	Hubei	2090419	4107613	3553012	25678	150195
湖 南	Hunan	2282143	3294335	2776510	34261	160076
广 东	Guangdong	12399981	23818659	21983771	59158	391885
广 西	Guangxi	645403	642929	538251	1796	22905
海 南	Hainan	140327	77051	57802	964	3316
重 庆	Chongqing	1714349	2811516	2536260	9370	106725
四 川	Sichuan	2853592	2950537	2546797	10288	51500
贵 州	Guizhou	828226	521301	458364	1751	16729
云 南	Yunnan	1482962	2163453	1875197	8368	92632
西 藏	Tibet	18849	21564	17971	11	2134
陕 西	Shaanxi	747581	1794732	1527967	29922	75576
甘 肃	Gansu	936132	494629	423219	4796	51894
青 海	Qinghai	171822	415434	394831	300	4074
宁 夏	Ningxia	68283	47273	36934	163	1778
新 疆	Xinjiang	554077	442316	361169	1024	18242

3-2-4 按类别分限额以上文化批发和零售业企业主要财务指标(2015年)

Main Economic Indicators of Cultural Wholesale and Retail Trades Enterprises above Designated Size by Category(2015)

单位：万元 (10 000 yuan)

类别	Category	企业单位数(个) Number of Enterprises (unit)	固定资产原价 Original Value of Fixed Assets	本年折旧 Depreciation This Year
合 计	**Total**	**8620**	**8302915**	**442690**
发行服务	Distribution Service	1676	3797052	174927
工艺美术品的销售	Retail Sale of Arts and Crafts	2463	1976361	128343
文化贸易代理与拍卖服务	Culture Trade Agency and Auction Service	106	99385	5933
文具乐器照相器材的销售	Retail Sale of Stationery, Musical Instruments and Photographic Equipment	1513	585851	33627
文化用家电的销售	Retail Sale of Cultural Household Electric Appliances	1854	1090379	53596
其他文化用品的销售	Retail Sale of Other Cultural Products	694	528529	28028
广播电视电影专用设备的批发	Wholesale of Radio, Film and Television Equipment	229	157051	13341
舞台照明设备的批发	Wholesale of Stage Lighting Equipment	85	68307	4895

类别	Category	主营业务收入 Revenue of Principal Business	主营业务成本 Cost of Principal Business	主营业务税金及附加 Tax and Extra Charges from rincipal PBusiness
合 计	**Total**	**175582651**	**159981569**	**594800**
发行服务	Distribution Service	19936312	16287979	38491
工艺美术品的销售	Retail Sale of Arts and Crafts	43980389	39843709	269692
文化贸易代理与拍卖服务	Culture Trade Agency and Auction Service	4595910	4175241	9470
文具乐器照相器材的销售	Retail Sale of Stationery, Musical Instruments and Photographic Equipment	18018736	16931454	44086
文化用家电的销售	Retail Sale of Cultural Household Electric Appliances	42480273	38605786	142325
其他文化用品的销售	Retail Sale of Other Cultural Products	8069309	7137933	34978
广播电视电影专用设备的批发	Wholesale of Radio, Film and Television Equipment	36973287	35692415	49927
舞台照明设备的批发	Wholesale of Stage Lighting Equipment	1528436	1307052	5830

3-2-4 续表 continued

单位：万元 (10 000 yuan)

类别	Category	营业利润 Operating Profit	营业外收入 Non-operating Revenue	#补贴收入 Subsidize Revenue
合 计	**Total**	**3597437**	**473181**	**135566**
发行服务	Distribution Service	1198206	144310	62504
工艺美术品的销售	Retail Sale of Arts and Crafts	1182336	177828	46786
文化贸易代理与拍卖服务	Culture Trade Agency and Auction Service	76508	7801	2223
文具乐器照相器材的销售	Retail Sale of Stationery, Musical Instruments and Photographic Equipment	186520	22454	4342
文化用家电的销售	Retail Sale of Cultural Household Electric Appliances	463155	41604	11994
其他文化用品的销售	Retail Sale of Other Cultural Products	222425	27325	2304
广播电视电影专用设备的批发	Wholesale of Radio, Film and Television Equipment	190229	43707	2348
舞台照明设备的批发	Wholesale of Stage Lighting Equipment	78059	8154	3065

类别	Category	应付职工薪酬 Employee Benefits Payable	应交增值税 Value-added Tax Payable
合 计	**Total**	**3958762**	**1618482**
发行服务	Distribution Service	1368925	88588
工艺美术品的销售	Retail Sale of Arts and Crafts	980463	534597
文化贸易代理与拍卖服务	Culture Trade Agency and Auction Service	109548	32180
文具乐器照相器材的销售	Retail Sale of Stationery, Musical Instruments and Photographic Equipment	272576	129827
文化用家电的销售	Retail Sale of Cultural Household Electric Appliances	786501	576878
其他文化用品的销售	Retail Sale of Other Cultural Products	207615	88940
广播电视电影专用设备的批发	Wholesale of Radio, Film and Television Equipment	189554	151119
舞台照明设备的批发	Wholesale of Stage Lighting Equipment	43581	16352

3-2-5 分地区限额以上文化批发和零售业企业主要财务指标(2015年)
Main Economic Indicators of Cultural Wholesale and Retail Trades Enterprises above Designated Size by Region(2015)

单位：万元 (10 000 yuan)

地 区	Region	企业单位数(个) Number of Enterprises (unit)	固定资产原价 Original Value of Fixed Assets	本年折旧 Depreciation This Year	主营业务收入 Revenue of Principal Business	主营业务成本 Cost of Principal Business
全 国	**National Total**	**8620**	**8302915**	**442690**	**175582651**	**159981569**
北 京	Beijing	358	637158	48025	19324415	17158956
天 津	Tianjin	196	298353	11945	2448562	2235499
河 北	Hebei	226	154630	6122	1469511	1279158
山 西	Shanxi	128	126781	10138	979555	879324
内蒙古	Inner Mongolia	62	59595	1969	314384	266813
辽 宁	Liaoning	227	213478	11271	1508080	1311039
吉 林	Jilin	76	57235	2649	279438	228680
黑龙江	Heilongjiang	83	116651	3685	275913	240387
上 海	Shanghai	274	427338	36018	41951458	39532873
江 苏	Jiangsu	1056	876067	54449	25559736	23182728
浙 江	Zhejiang	820	557256	26369	12794599	11786867
安 徽	Anhui	343	157848	8757	3622784	3315203
福 建	Fujian	437	270274	11742	4673927	4270782
江 西	Jiangxi	64	301947	16693	1153751	936352
山 东	Shandong	583	613221	28517	12123181	11256891
河 南	Henan	640	448319	14162	3841459	3341989
湖 北	Hubei	445	444322	23562	4089152	3547008
湖 南	Hunan	349	202499	14204	3265408	2752670
广 东	Guangdong	1073	951002	54703	23609604	21816198
广 西	Guangxi	161	85663	3914	633823	536477
海 南	Hainan	17	42924	1580	71111	56765
重 庆	Chongqing	171	225971	5361	2799798	2432763
四 川	Sichuan	273	354448	15830	2929082	2541684
贵 州	Guizhou	98	23428	1501	516561	455790
云 南	Yunnan	126	206140	11020	2151269	1861645
西 藏	Tibet	5	7770	107	20961	17938
陕 西	Shaanxi	165	168989	5477	1785174	1524767
甘 肃	Gansu	92	97042	5562	493954	423074
青 海	Qinghai	11	18228	708	412029	394754
宁 夏	Ningxia	22	18548	726	46689	36827
新 疆	Xinjiang	39	139790	5925	437286	359669

3-2-5 续表 continued

单位：万元 (10 000 yuan)

地 区	Region	主营业务税金及附加 Tax and Extra Charges from Principal Business	营业利润 Operating Profit	营业外收入 Non-operating Revenue	#补贴收入 Subsidize Revenue	应付职工薪酬 Employee Benefits Payable	应交增值税 Value-added Tax Payable
全 国	**National Total**	**594800**	**3597437**	**473181**	**135566**	**3958762**	**1618482**
北 京	Beijing	45101	460817	44815	26070	622465	258108
天 津	Tianjin	9886	24837	17232	2300	71692	27393
河 北	Hebei	8541	57745	7152	2717	62825	4869
山 西	Shanxi	3844	25193	1114	192	32148	10941
内蒙古	Inner Mongolia	2111	13294	795	543	12529	3828
辽 宁	Liaoning	15960	35112	4228	1940	45457	19482
吉 林	Jilin	2044	10234	2631	487	13263	1020
黑龙江	Heilongjiang	1388	7088	395	100	34583	647
上 海	Shanghai	96848	214125	107331	30865	472224	175843
江 苏	Jiangsu	84640	587930	46222	7623	431595	279028
浙 江	Zhejiang	28796	165563	22632	7418	319188	155439
安 徽	Anhui	7575	95293	5945	1902	63015	25517
福 建	Fujian	18513	132694	5968	3737	104433	31485
江 西	Jiangxi	8580	99139	4490	902	54982	18697
山 东	Shandong	49610	314300	15793	2404	236249	131762
河 南	Henan	34015	201265	11263	3613	124049	51097
湖 北	Hubei	24634	178715	6504	1830	115932	52136
湖 南	Hunan	33347	183315	12805	8472	113466	33468
广 东	Guangdong	54107	378730	91553	15929	572923	233134
广 西	Guangxi	1749	22235	1248	709	36833	3153
海 南	Hainan	945	2277	1132	892	6351	707
重 庆	Chongqing	7957	106917	7341	1058	82844	13651
四 川	Sichuan	9885	47813	12231	8610	126195	25806
贵 州	Guizhou	1669	14756	2787	64	17087	3948
云 南	Yunnan	7905	66522	29686	2376	68026	21943
西 藏	Tibet	11	1229	924	861	918	
陕 西	Shaanxi	29103	78947	2481	122	49551	27073
甘 肃	Gansu	4660	52084	1128	2	18658	3680
青 海	Qinghai	300	2923	1013	223	7730	1080
宁 夏	Ningxia	162	997	721	25	5319	120
新 疆	Xinjiang	915	15351	3621	1580	36234	3428

3-2-6 按类别分限额以下文化批发和零售业企业主要财务指标(2015年)

Main Economic Indicators of Cultural Wholesale and Retail Trades Enterprises under Designated Size by Category(2015)

单位：万元 (10 000 yuan)

类别	Category	企业单位数(个) Number of Enterprises	年末从业人员(人) Engaged Persons at Year-end	营业收入 Total Revenue	#主营业务收入 Revenue from Principal Business
合计	**Total**	**168680**	**1112569**	**77409725**	**76738565**
发行服务	Distribution Service	15739	117931	5653101	5554249
工艺美术品的销售	Retail Sale of Arts and Crafts	51288	341671	20697689	20545033
文化贸易代理与拍卖服务	Culture Trade Agency and Auction Service	6864	65363	7345222	7345512
文具乐器照相器材的销售	Retail Sale of Stationery, Musical Instruments and Photographic Equipment	48653	257373	17709144	17506033
文化用家电的销售	Retail Sale of Cultural Household Electric Appliances	17449	126573	9650889	9527332
其他文化用品的销售	Retail Sale of Other Cultural Products	21756	139212	9305986	9229077
广播电视电影专用设备的批发	Wholesale of Radio, Film and Television Equipment	4439	37629	3537190	3504878
舞台照明设备的批发	Wholesale of Stage Lighting Equipment	2492	26817	3510505	3526451

类别	Category	营业税金及附加 Total Tax and Extra Charges	#主营业务税金及附加 Tax and Extra Charges from Principal Business	资产总计 Total Assets	实收资本 Paid-in Capital
合计	**Total**	**1164910**	**1166241**	**68270669**	**23904254**
发行服务	Distribution Service	82527	80592	7122603	2765835
工艺美术品的销售	Retail Sale of Arts and Crafts	334309	339025	23510287	8977360
文化贸易代理与拍卖服务	Culture Trade Agency and Auction Service	120172	120543	5024691	1765376
文具乐器照相器材的销售	Retail Sale of Stationery, Musical Instruments and Photographic Equipment	229634	227309	14000660	4396104
文化用家电的销售	Retail Sale of Cultural Household Electric Appliances	154358	156879	6192657	1874933
其他文化用品的销售	Retail Sale of Other Cultural Products	135591	133685	8241911	2812389
广播电视电影专用设备的批发	Wholesale of Radio, Film and Television Equipment	44251	43994	2680227	887231
舞台照明设备的批发	Wholesale of Stage Lighting Equipment	64066	64214	1497635	425028

3-2-7 分地区限额以下文化批发和零售业企业主要财务指标(2015年)
Main Economic Indicators of Cultural Wholesale and Retail Trades Enterprises under Designated Size by Region(2015)

单位：万元 (10 000 yuan)

地区	Region	企业单位数(个) Number of Enterprises (unit)	年末从业人员(人) Engaged Persons at Year-end (person)	营业收入 Total Revenue	#主营业务收入 Revenue from Principal Business
全国	**National Total**	**168680**	**1112569**	**77409725**	**76738565**
北京	Beijing	17252	54866	2830032	2758993
天津	Tianjin	4251	19704	1774690	1738250
河北	Hebei	5806	38516	1844284	1705164
山西	Shanxi	2110	9092	342058	334595
内蒙古	Inner Mongolia	1483	14447	742688	711496
辽宁	Liaoning	4506	26962	1001559	1000974
吉林	Jilin	1062	5774	140388	138354
黑龙江	Heilongjiang	1252	8557	224770	218769
上海	Shanghai	7734	62622	5894693	5776857
江苏	Jiangsu	18881	140503	18669442	19003850
浙江	Zhejiang	17580	102297	7500571	7410868
安徽	Anhui	5208	27008	1864481	1856794
福建	Fujian	6922	36489	2841535	2764061
江西	Jiangxi	2524	14145	534870	528873
山东	Shandong	15236	160882	9143412	9088156
河南	Henan	8213	50829	2262344	2187952
湖北	Hubei	6482	42836	1947826	1896706
湖南	Hunan	3934	30997	1453899	1440824
广东	Guangdong	17981	125031	6413730	6350774
广西	Guangxi	2954	15950	414154	411074
海南	Hainan	578	3616	155652	150136
重庆	Chongqing	4511	28896	1188065	1172831
四川	Sichuan	1878	18231	2014064	1949570
贵州	Guizhou	1392	11440	872062	862018
云南	Yunnan	2606	17212	1180232	1168478
西藏	Tibet	146	1841	49866	48365
陕西	Shaanxi	2742	23666	3520607	3494107
甘肃	Gansu	1297	11622	311806	298472
青海	Qinghai	428	2348	15335	14857
宁夏	Ningxia	457	2121	70493	69744
新疆	Xinjiang	1274	4069	190120	186602

3-2-7 续表 continued

单位：万元 (10 000 yuan)

地 区	Region	营业税金及附加 Total Tax and Extra Charges	#主营业务税金及附加 Tax and Extra Charges from Principal Business	资产总计 Total Assets	实收资本 Paid-in Capital
全 国	**National Total**	**1164910**	**1166241**	**68270669**	**23904254**
北 京	Beijing	12134	10592	4777549	2222862
天 津	Tianjin	15275	15112	3266893	936744
河 北	Hebei	33035	32092	1774779	712538
山 西	Shanxi	4712	3476	483905	174694
内蒙古	Inner Mongolia	10941	11446	934741	325450
辽 宁	Liaoning	28691	28630	1018482	364598
吉 林	Jilin	2819	2712	123009	74784
黑龙江	Heilongjiang	13220	11792	286579	355825
上 海	Shanghai	57039	52087	4088300	1496614
江 苏	Jiangsu	208628	201354	11621940	2412453
浙 江	Zhejiang	71683	70780	6227586	1643916
安 徽	Anhui	18587	17554	1668421	760418
福 建	Fujian	23207	26972	2600122	1357633
江 西	Jiangxi	13069	11999	636299	268749
山 东	Shandong	228069	229439	5542248	2137242
河 南	Henan	39989	55799	2265847	1156784
湖 北	Hubei	26971	25861	1858211	247240
湖 南	Hunan	48611	48178	1336956	482806
广 东	Guangdong	98303	98786	7688898	3332397
广 西	Guangxi	12838	11640	524351	162093
海 南	Hainan	2666	2540	258019	90359
重 庆	Chongqing	5190	4384	1226180	446517
四 川	Sichuan	13578	14050	2136074	675999
贵 州	Guizhou	7473	7104	1090311	245606
云 南	Yunnan	13624	13500	1861468	529484
西 藏	Tibet	1490	1227	79521	32001
陕 西	Shaanxi	141920	147154	1389006	601713
甘 肃	Gansu	6994	6433	916846	406263
青 海	Qinghai	413	359	126498	69533
宁 夏	Ningxia	1417	1166	186496	69715
新 疆	Xinjiang	2329	2024	275135	111228

3-3-1 规模以上文化服务业企业基本情况(2015年)
Basic Statistics on Cultural Enterprises of Service Industry above Designated Size(2015)

分 组	Group	企业单位数(个) Number of Enterprises (unit)	年末从业人员(人) Engaged Persons at Year-end (person)	资产总计(万元) Total Assets (10 000 yuan)
合 计	**Total**	**20657**	**2641949**	**423926919**
按登记注册类型分	**Grouped by Status of Registration**			
内资企业	Domestic Funded Enterprises	19358	2313278	351768704
国有企业	Stats-owned Enterprises	1470	300646	43648938
集体企业	Collective-owned Enterprises	123	11261	1009875
股份合作企业	Cooperative Enterprises	32	2083	219121
联营企业	Joint Ownership Enterprises	8	997	55550
有限责任公司	Limited Liability Corporations	7874	1041739	180185238
股份有限公司	Share-holding Corporations Ltd.	861	256847	58243373
私营公司	Private Enterprises	8815	678860	67131797
其他企业	Other Enterprises	175	20845	1274814
港、澳、台商投资企业	Enterprises with Funds from Hong Kong, Macao and Taiwan	575	156760	53292798
外商投资企业	Foreign Funded Enterprises	724	171911	18865417
按企业控股情况分	**by Status of Holding**			
国有控股	State-holding	4593	934631	192397454
集体控股	Collective-holding	534	66059	16653352
私人控股	Private-holding	12763	1111143	123454313
港澳台商控股	Hong Kong, Macao and Taiwan-holding	534	148084	52452945
外商控股	Foreign-holding	637	150016	13885699
其他	Others	1596	232016	25083157

3-3-1 续表 1 continued

单位：万元 (10 000 yuan)

分 组	Group	营业收入 Total Revenue	#主营业务收入 Revenue from Principal Business
合 计	**Total**	**205530959**	**202802483**
按登记注册类型分	**Grouped by Status of Registration**		
内资企业	Domestic Funded Enterprises	159846189	157651602
国有企业	Stats-owned Enterprises	15997731	15525800
集体企业	Collective-owned Enterprises	347658	340343
股份合作企业	Cooperative Enterprises	89213	87033
联营企业	Joint Ownership Enterprises	24062	22861
有限责任公司	Limited Liability Corporations	78291535	77169756
股份有限公司	Share-holding Corporations Ltd.	16922907	16684527
私营公司	Private Enterprises	47529953	47197883
其他企业	Other Enterprises	643130	623400
港、澳、台商投资企业	Enterprises with Funds from Hong Kong, Macao and Taiwan	27073045	26647758
外商投资企业	Foreign Funded Enterprises	18611725	18503122
按企业控股情况分	**by Status of Holding**		
国有控股	State-holding	69364937	67948175
集体控股	Collective-holding	3519936	3413925
私人控股	Private-holding	73756414	73211561
港澳台商控股	Hong Kong, Macao and Taiwan-holding	26723967	26316509
外商控股	Foreign-holding	16991072	16906396
其他	Others	15174633	15005917

3-3-1 续表 2 continued

单位：万元 (10 000 yuan)

分 组	Group	营业税金及附加 Total Tax and Extra Charges	#主营业务税金及附加 Tax and Extra Charges from Principal Business
合 计	**Total**	**2341610**	**2238583**
按登记注册类型分	**Grouped by Status of Registration**		
内资企业	Domestic Funded Enterprises	1994649	1910310
国有企业	Stats-owned Enterprises	214077	194474
集体企业	Collective-owned Enterprises	7057	6004
股份合作企业	Cooperative Enterprises	1506	1489
联营企业	Joint Ownership Enterprises	705	610
有限责任公司	Limited Liability Corporations	923246	888645
股份有限公司	Share-holding Corporations Ltd.	174629	171425
私营公司	Private Enterprises	660392	635284
其他企业	Other Enterprises	13038	12380
港、澳、台商投资企业	Enterprises with Funds from Hong Kong, Macao and Taiwan	245210	233299
外商投资企业	Foreign Funded Enterprises	101751	94974
按企业控股情况分	**by Status of Holding**		
国有控股	State-holding	776216	729338
集体控股	Collective-holding	52512	49132
私人控股	Private-holding	1015131	983681
港澳台商控股	Hong Kong, Macao and Taiwan-holding	239571	227776
外商控股	Foreign-holding	81483	77649
其他	Others	176697	171007

3-3-1 续表 3 continued

单位：万元 (10 000 yuan)

分 组	Group	营业利润 Operating Profit	应交增值税 Value-added Tax Payable
合 计	**Total**	**25905277**	**4067300**
按登记注册类型分	**Grouped by Status of Registration**		
内资企业	Domestic Funded Enterprises	14766394	3159847
国有企业	Stats-owned Enterprises	1711107	494970
集体企业	Collective-owned Enterprises	24214	4522
股份合作企业	Cooperative Enterprises	7516	2211
联营企业	Joint Ownership Enterprises	4620	127
有限责任公司	Limited Liability Corporations	6988408	1608630
股份有限公司	Share-holding Corporations Ltd.	2728979	307364
私营公司	Private Enterprises	3226796	726269
其他企业	Other Enterprises	74755	15754
港、澳、台商投资企业	Enterprises with Funds from Hong Kong, Macao and Taiwan	9807960	632814
外商投资企业	Foreign Funded Enterprises	1330923	274639
按企业控股情况分	**by Status of Holding**		
国有控股	State-holding	6545996	1366717
集体控股	Collective-holding	407108	65648
私人控股	Private-holding	6157951	1313004
港澳台商控股	Hong Kong, Macao and Taiwan-holding	9797713	634408
外商控股	Foreign-holding	1162273	247849
其他	Others	1834236	439675

3-3-2 按类别分规模以上文化服务业企业基本情况(2015年)
Basic Statistics on Cultural Enterprises of Service Industry above Designated Size by Category(2015)

类 别	Category	企业单位数(个) Number of Enterprises (unit)	#亏损企业 Unprofitable Enterprise	年末从业人员(人) Engaged Persons at Year-end (person)	#女性 Female
合 计	**Total**	**20657**	**5587**	**2641949**	**1081588**
新闻服务	News Service	17	8	8571	4182
出版服务	Publishing Service	1187	470	209538	94812
广播电视服务	Radio and Television Service	208	77	55465	23570
电影和影视录音服务	Film and Video Recording Service	1689	516	97896	48411
文艺创作与表演服务	Art Creation and Performance Service	599	243	55411	24605
图书馆与档案馆服务	Library and Archive Service	4	1	225	123
文化遗产保护服务	Cultural Heritage Protection Service	94	28	8676	4126
群众文化服务	Mass Culture Service	57	13	3920	1726
文化研究和社团服务	Cultural Studies and Social Organization Service	2		75	44
文化艺术培训服务	Culture and Arts Training Service	72	14	11461	7282
其他文化艺术业服务	Other Culture and Art Industry Service	217	45	12183	5588
互联网信息服务	Internet Information Service	952	311	263812	117543
增值电信服务(文化部分)	Value-Added Telecommunication Service(Culture Part)	98	28	19614	9068
广播电视传输服务	Radio and Television Transmission Service	517	156	173372	57318
广告服务	Advertisement Service	4094	900	218423	106120
文化软件服务	Cultural Software Service	2088	606	427275	151226
建筑设计服务	Architectural Design Service	2804	484	442870	140100
专业设计服务	Professional Design Service	934	223	113019	39558
景区游览服务	Scenic Touring Service	1935	660	251895	116146
娱乐休闲服务	Entertainment and Recreation Service	1390	384	133043	64712
摄影扩印服务	Photography and Enlarge-Printing Service	167	40	15355	9357
版权服务	Copyright Service	126	13	15306	9503
文化经纪代理服务	Culture Broker and Agency Service	81	22	4190	2205
文化出租服务	Cultural Rental Service	21	6	1411	399
会展服务	Exhibition Service	870	224	55117	25231
其他文化辅助服务	Other Cultural Support Service	434	115	43826	18633

3-3-2 续表 continued

单位：万元 (10 000 yuan)

类 别	Category	资产总计 Total Assets	营业收入 Total Revenue	营业成本 Total Cost	营业税金及附加 Total Tax and Extra Charges	利润总额 Total Profit
合 计	**Total**	**423926919**	**205530959**	**135920509**	**2341610**	**29113627**
新闻服务	News Service	1333300	214824	121786	5189	29051
出版服务	Publishing Service	40302692	11776705	7759465	129416	1668253
广播电视服务	Radio and Television Service	15423997	4822836	3072051	58001	962895
电影和影视录音服务	Film and Video Recording Service	23961901	9636940	6942961	106151	1833190
文艺创作与表演服务	Art Creation and Performance Service	4317633	1137265	734545	31851	154367
图书馆与档案馆服务	Library and Archive Service	17846	5095	2156	156	816
文化遗产保护服务	Cultural Heritage Protection Service	2396048	224767	86438	9201	36877
群众文化服务	Mass Culture Service	672902	192677	126828	3663	24803
文化研究和社团服务	Cultural Studies and Social Organization Service	1810	1530	848	68	84
文化艺术培训服务	Culture and Arts Training Service	823194	286762	148485	6006	24600
其他文化艺术业服务	Other Culture and Art Industry Service	1575762	762277	516630	14787	75718
互联网信息服务	Internet Information Service	72970654	35756289	16250158	354854	9699363
增值电信服务(文化部分)	Value-Added Telecommunication Service(Culture Part)	4085595	1868237	1254244	17351	403216
广播电视传输服务	Radio and Television Transmission Service	26316589	7758155	5114204	45521	1123883
广告服务	Advertisement Service	31955494	37839934	30812073	353814	2664686
文化软件服务	Cultural Software Service	46212199	31525061	19202590	180932	4403362
建筑设计服务	Architectural Design Service	39228578	26067971	19649776	330695	2631935
专业设计服务	Professional Design Service	12324633	16263915	13942502	89778	698110
景区游览服务	Scenic Touring Service	54700033	7002508	3342872	271815	1049062
娱乐休闲服务	Entertainment and Recreation Service	17484015	3298914	1510697	186669	428150
摄影扩印服务	Photography and Enlarge-Printing Service	341056	313700	141277	13778	23255
版权服务	Copyright Service	1452966	990368	451373	5295	195466
文化经纪代理服务	Culture Broker and Agency Service	933516	328809	160815	8972	95752
文化出租服务	Cultural Rental Service	126960	85389	57309	2241	5557
会展服务	Exhibition Service	15620563	4958466	3024477	73436	739203
其他文化辅助服务	Other Cultural Support Service	9346987	2411567	1493951	41972	141976

3-3-3 分地区规模以上文化服务业企业基本情况(2015年)

Basic Statistics on Cultural Enterprises of Service Industry above Designated Size by Region(2015)

单位：万元 (10 000 yuan)

地 区	Region	企业单位数(个) Number of Enterprises (unit)	#亏损企业 Unprofitable Enterprise	年末从业人员(人) Engaged Persons at Year-end (person)	#女性 Female
全 国	**National Total**	**20657**	**5587**	**2641949**	**1081588**
北 京	Beijing	2881	835	385884	180831
天 津	Tianjin	531	135	70860	23685
河 北	Hebei	382	140	44124	18388
山 西	Shanxi	151	76	19514	8583
内蒙古	Inner Mongolia	131	46	10189	4115
辽 宁	Liaoning	432	150	81121	35993
吉 林	Jilin	113	44	18748	6872
黑龙江	Heilongjiang	67	29	10258	3704
上 海	Shanghai	1651	517	283938	107126
江 苏	Jiangsu	2976	572	341177	142713
浙 江	Zhejiang	1372	426	156965	63099
安 徽	Anhui	568	153	58090	24600
福 建	Fujian	762	221	78079	31341
江 西	Jiangxi	348	70	35905	14935
山 东	Shandong	1225	225	111400	46975
河 南	Henan	1072	170	115423	45920
湖 北	Hubei	667	144	121985	43725
湖 南	Hunan	736	194	79633	30842
广 东	Guangdong	2121	617	291983	111612
广 西	Guangxi	208	85	32300	13386
海 南	Hainan	83	33	15699	6597
重 庆	Chongqing	478	149	67534	27705
四 川	Sichuan	603	173	73064	31521
贵 州	Guizhou	187	46	27272	9098
云 南	Yunnan	231	86	34959	14479
西 藏	Tibet	11	4	759	335
陕 西	Shaanxi	390	161	42678	19733
甘 肃	Gansu	111	32	10213	4339
青 海	Qinghai	18	7	2944	1081
宁 夏	Ningxia	53	20	6197	2651
新 疆	Xinjiang	98	27	13054	5604

3-3-3 续表 continued

单位：万元 (10 000 yuan)

地 区	Region	资产总计 Total Assets	营业收入 Total Revenue	营业成本 Total Cost	营业税金及附加 Total Tax and Extra Charges	利润总额 Total Profit
全 国	**National Total**	**423926919**	**205530959**	**135920509**	**2341610**	**29113627**
北 京	Beijing	73902865	52268206	37121078	450959	4794627
天 津	Tianjin	12901281	7472360	5236311	82364	1078960
河 北	Hebei	4266298	1332822	893388	17025	98679
山 西	Shanxi	2095874	424099	277106	7663	-5945
内蒙古	Inner Mongolia	2555115	440518	244042	7859	55398
辽 宁	Liaoning	6369332	2720037	1877349	26315	177860
吉 林	Jilin	2994716	703302	473843	6014	80882
黑龙江	Heilongjiang	1161273	329188	205265	5808	21191
上 海	Shanghai	63997963	31194335	20566994	261514	5371924
江 苏	Jiangsu	45353205	19559611	14065884	269928	2079385
浙 江	Zhejiang	46207194	24142104	13197895	185673	6175233
安 徽	Anhui	6955963	2903935	2001059	33131	270573
福 建	Fujian	8006331	3378880	2038688	55576	234277
江 西	Jiangxi	3139956	1624865	1004479	33928	192344
山 东	Shandong	13095935	4556661	2833209	101789	762753
河 南	Henan	10460691	3513335	2304736	78898	387307
湖 北	Hubei	13473922	5713247	3930819	129686	711459
湖 南	Hunan	12784580	4984629	3385497	56911	515493
广 东	Guangdong	54042714	24791578	15407664	298495	4637755
广 西	Guangxi	2479118	1010580	630475	18331	100862
海 南	Hainan	1810300	812560	389661	23310	172512
重 庆	Chongqing	9191185	3491137	2397804	45808	271363
四 川	Sichuan	8981062	2964803	1863923	58752	383511
贵 州	Guizhou	2798692	1028817	780381	15498	104086
云 南	Yunnan	5072858	1171808	752856	20508	122535
西 藏	Tibet	110773	22787	17241	604	725
陕 西	Shaanxi	6673370	1585294	1061951	33381	150966
甘 肃	Gansu	884883	271160	162604	4258	50831
青 海	Qinghai	219104	84725	52741	790	18329
宁 夏	Ningxia	749324	197889	101909	4243	28093
新 疆	Xinjiang	1191042	835686	643660	6593	69661

3-3-4 按类别分规模以上文化服务业企业主要财务指标(2015年)
Main Economic Indicators of Cultural Enterprises of Service Industry above Designated Size by Category(2015)

单位：万元 (10 000 yuan)

类别	Category	企业单位数(个) Number of Enterprises (unit)	固定资产原价 Original Value of Fixed Assets	本年折旧 Depreciation This Year	主营业务收入 Revenue of Principal Business	主营业务成本 Cost of Principal Business
合计	**Total**	**20657**	**90070888**	**6981030**	**202802483**	**133090961**
新闻服务	News Service	17	236017	14399	198359	115656
出版服务	Publishing Service	1187	6861797	417130	11171067	7287517
广播电视服务	Radio and Television Service	208	2959564	191195	4699819	2975229
电影和影视录音服务	Film and Video Recording Service	1689	3362323	317281	9359253	6807956
文艺创作与表演服务	Art Creation and Performance Service	599	1231546	92464	1093837	694156
图书馆与档案馆服务	Library and Archive Service	4	11092	314	5087	2156
文化遗产保护服务	Cultural Heritage Protection Service	94	383144	22632	217101	82640
群众文化服务	Mass Culture Service	57	125951	8702	191991	126474
文化研究和社团服务	Cultural Studies and Social Organization Service	2	330	158	1530	848
文化艺术培训服务	Culture and Arts Training Service	72	74794	6116	285680	146461
其他文化艺术业服务	Other Culture and Art Industry Service	217	342743	24685	751547	507622
互联网信息服务	Internet Information Service	952	6776204	957557	35334698	15954976
增值电信服务(文化部分)	Value-Added Telecommunication Service(Culture Part)	98	1798384	108891	1840690	1216015
广播电视传输服务	Radio and Television Transmission Service	517	17294643	1356859	7595832	4923993
广告服务	Advertisement Service	4094	3471804	322868	37653419	30501989
文化软件服务	Cultural Software Service	2088	4804089	596119	31213724	18812127
建筑设计服务	Architectural Design Service	2804	4661775	364703	25918324	19484463
专业设计服务	Professional Design Service	934	2460977	209201	16218490	13517097
景区游览服务	Scenic Touring Service	1935	18478898	1073382	6829226	3232449
娱乐休闲服务	Entertainment and Recreation Service	1390	6847229	477535	3263242	1487393
摄影扩印服务	Photography and Enlarge-Printing Service	167	147817	13066	308353	130278
版权服务	Copyright Service	126	174797	16668	984364	450083
文化经纪代理服务	Culture Broker and Agency Service	81	86312	4808	322904	151535
文化出租服务	Cultural Rental Service	21	63602	6592	82755	57156
会展服务	Exhibition Service	870	6578635	321693	4892081	2961595
其他文化辅助服务	Other Cultural Support Service	434	836424	56016	2369111	1463098

3-3-4 续表 continued

单位：万元 (10 000 yuan)

类 别	Category	主营业务税金及附加 Tax and Extra Charges from Principal Business	营业利润 Operating Profit	应付职工薪酬 Employee Benefits Payable	应交增值税 Value-added Tax Payable
合 计	**Total**	**2238583**	**25905277**	**31845017**	**4067300**
新闻服务	News Service	5136	3043	44961	5116
出版服务	Publishing Service	110899	835994	2763474	428794
广播电视服务	Radio and Television Service	56614	997824	776741	132374
电影和影视录音服务	Film and Video Recording Service	96722	1598827	819313	201194
文艺创作与表演服务	Art Creation and Performance Service	30682	-16783	303245	12391
图书馆与档案馆服务	Library and Archive Service	156.2	816	978	77
文化遗产保护服务	Cultural Heritage Protection Service	8136	28801	44740	1134
群众文化服务	Mass Culture Service	3632	22469	20303	3291
文化研究和社团服务	Cultural Studies and Social Organization Service	56	85	362	15.4
文化艺术培训服务	Culture and Arts Training Service	5946	32591	61164	1531
其他文化艺术业服务	Other Culture and Art Industry Service	14404	62098	98355	14804
互联网信息服务	Internet Information Service	346281	9376349	5335294	615004
增值电信服务（文化部分）	Value-Added Telecommunication Service(Culture Part)	13721	375860	259772	60458
广播电视传输服务	Radio and Television Transmission Service	44375	956885	1775728	64561
广告服务	Advertisement Service	343527	2380736	2526425	513719
文化软件服务	Cultural Software Service	168173	3810485	6667393	900799
建筑设计服务	Architectural Design Service	324043	2519402	5626437	675514
专业设计服务	Professional Design Service	85773	612605	1540640	189854
景区游览服务	Scenic Touring Service	258661	907728	1241938	31587
娱乐休闲服务	Entertainment and Recreation Service	183209	345307	626674	21084
摄影扩印服务	Photography and Enlarge-Printing Service	13209	23432	78347	1804
版权服务	Copyright Service	5204	185051	245235	22248
文化经纪代理服务	Culture Broker and Agency Service	8742	82822	43546	5455
文化出租服务	Cultural Rental Service	2241	4861	10757	938
会展服务	Exhibition Service	68834	646114	557440	112664
其他文化辅助服务	Other Cultural Support Service	40209	111877	375758	50893

3-3-5 分地区规模以上文化服务业企业主要财务指标(2015年)
Main Economic Indicators of Cultural Enterprises of Service Industry above Designated Size by Region(2015)

单位：万元 (10 000 yuan)

地 区	Region	企业单位数(个) Number of Enterprises (unit)	固定资产原价 Original Value of Fixed Assets	本年折旧 Depreciation This Year	主营业务收入 Revenue of Principal Business	主营业务成本 Cost of Principal Business
全 国	**National Total**	**20657**	**90070888**	**6981030**	**202802483**	**133090961**
北 京	Beijing	2881	11071086	967666	51778512	36855558
天 津	Tianjin	531	2558222	276315	7434178	5160943
河 北	Hebei	382	1740469	151323	1301097	833987
山 西	Shanxi	151	1063877	60388	408715	268361
内蒙古	Inner Mongolia	131	885106	62883	433846	242171
辽 宁	Liaoning	432	2593680	225248	2670981	1850583
吉 林	Jilin	113	1011006	69648	694657	464472
黑龙江	Heilongjiang	67	508912	28340	325724	197568
上 海	Shanghai	1651	9449676	721985	30896798	19871899
江 苏	Jiangsu	2976	11120989	775499	19316144	13685246
浙 江	Zhejiang	1372	6710966	596129	23720342	13055487
安 徽	Anhui	568	1658121	159459	2846439	1955390
福 建	Fujian	762	2379895	150654	3299777	1999025
江 西	Jiangxi	348	1050849	88563	1580537	978664
山 东	Shandong	1225	4885068	309361	4459175	2766768
河 南	Henan	1072	3206716	235336	3443818	2239954
湖 北	Hubei	667	4138530	308786	5629406	3744886
湖 南	Hunan	736	4036178	201061	4889664	3347338
广 东	Guangdong	2121	7611175	601103	24568950	15139592
广 西	Guangxi	208	1052104	59096	978366	608382
海 南	Hainan	83	943615	88842	777609	383177
重 庆	Chongqing	478	2021751	150606	3394280	2335675
四 川	Sichuan	603	3562747	237180	2910520	1750527
贵 州	Guizhou	187	585753	45569	1011843	712884
云 南	Yunnan	231	1571169	198846	1089598	688337
西 藏	Tibet	11	23862	3557	22478	3291
陕 西	Shaanxi	390	1819907	133321	1567948	1018953
甘 肃	Gansu	111	215063	18010	250931	143550
青 海	Qinghai	18	83566	9183	81969	50682
宁 夏	Ningxia	53	267302	19238	191776	95916
新 疆	Xinjiang	98	243530	27835	826406	641695

3-3-5 续表 continued

单位：万元 (10 000 yuan)

地 区	Region	主营业务税金及附加 Tax and Extra Charges from Principal Business	营业利润 Operating Profit	应付职工薪酬 Employee Benefits Payable	应交增值税 Value-added Tax Payable
全 国	**National Total**	**2238583**	**25905277**	**31845017**	**4067300**
北 京	Beijing	446352	3885602	7176125	1007312
天 津	Tianjin	78220	977425	1144542	184531
河 北	Hebei	16735	56818	279464	36475
山 西	Shanxi	7040	-27870	95182	10370
内蒙古	Inner Mongolia	7768	40853	83849	5118
辽 宁	Liaoning	24313	111280	865900	48255
吉 林	Jilin	5667	61199	147505	10674
黑龙江	Heilongjiang	5568	24499	58841	12323
上 海	Shanghai	234604	4720090	5144137	770265
江 苏	Jiangsu	253804	1833549	2969618	318880
浙 江	Zhejiang	180262	5983245	3026375	446315
安 徽	Anhui	31476	223868	426778	50109
福 建	Fujian	52713	141560	628817	59166
江 西	Jiangxi	33289	186823	170882	18727
山 东	Shandong	99528	708759	728831	116822
河 南	Henan	72845	323728	625807	77429
湖 北	Hubei	119522	600335	1164526	141169
湖 南	Hunan	56040	594794	724064	102508
广 东	Guangdong	292135	4325577	3857287	401662
广 西	Guangxi	17011	80310	246691	29201
海 南	Hainan	22639	166064	124377	14730
重 庆	Chongqing	44443	146254	596013	73807
四 川	Sichuan	55585	300416	504466	33539
贵 州	Guizhou	14457	91354	228928	9201
云 南	Yunnan	18992	98967	241533	30957
西 藏	Tibet	582	-3203	4262	659
陕 西	Shaanxi	31742	107785	315667	26929
甘 肃	Gansu	4021	51524	57925	5378
青 海	Qinghai	725	14884	22032	2098
宁 夏	Ningxia	4197	24184	48472	4155
新 疆	Xinjiang	6309	54604	136123	18537

3-3-6 按类别分规模以下文化服务业企业主要财务指标(2015年)
Main Economic Indicators of Cultural Enterprises of Service Industry under Designated Size by Category(2015)

单位：万元 (10 000 yuan)

类 别	Category	企业单位数(个) Number of Enterprises (unit)	年末从业人员(人) Engaged Persons at Year-end (person)	营业收入 Total Revenue	#主营业务收入 Revenue from Principal Business
合 计	**Total**	**597180**	**5039423**	**127646862**	**124470089**
新闻服务	News Service	284	3875	91380	88966
出版服务	Publishing Service	3689	85725	2865604	2766385
广播电视服务	Radio and Television Service	1552	35866	1465351	1443242
电影和影视录音服务	Film and Video Recording Service	11646	166832	4644781	4491763
文艺创作与表演服务	Art Creation and Performance Service	9459	147560	1796100	1751084
图书馆与档案馆服务	Library and Archive Service	391	3320	55462	54254
文化遗产保护服务	Cultural Heritage Protection Service	1170	16814	333142	322821
群众文化服务	Mass Culture Service	5434	35318	619963	587018
文化研究和社团服务	Cultural Studies and Social Organization Service	1520	23684	828258	821213
文化艺术培训服务	Culture and Arts Training Service	8684	63383	829501	815513
其他文化艺术业服务	Other Culture and Art Industry Service	23033	109896	2386113	2324323
互联网信息服务	Internet Information Service	21613	185147	4588704	4526449
增值电信服务（文化部分）	Value-Added Telecommunication Service (Culture Part)	952	22717	888618	859837
广播电视传输服务	Radio and Television Transmission Service	2484	113779	3281046	3166826
广告服务	Advertisement Service	188185	1213048	37530901	36780689
文化软件服务	Cultural Software Service	31458	292119	8158950	8021712
建筑设计服务	Architectural Design Service	38668	474400	14642741	14318946
专业设计服务	Professional Design Service	44871	396104	10908007	10546571
景区游览服务	Scenic Touring Service	9649	221873	4306009	4113267
娱乐休闲服务	Entertainment and Recreation Service	102577	844856	13503879	13165209
摄影扩印服务	Photography and Enlarge-Printing Service	9595	79000	1313289	1264838
版权服务	Copyright Service	3159	18623	427985	421232
文化经纪代理服务	Culture Broker and Agency Service	4885	25547	581497	569215
文化出租服务	Cultural Rental Service	1004	34622	995151	975793
会展服务	Exhibition Service	30131	211068	5814901	5556743
其他文化辅助服务	Other Cultural Support Service	41087	214247	4789530	4716179

3-3-6 续表 continued

单位：万元 (10 000 yuan)

类 别	Category	营业税金及附加 Total Tax and Extra Charges	#主营业务税金及附加 Tax and Extra Charges from Principal Business	资产总计 Total Assets	实收资本 Paid-in Capital
合 计	**Total**	**3315828**	**3079163**	**362691715**	**131572794**
新闻服务	News Service	2260	1948	241051	68294
出版服务	Publishing Service	58835	59478	12767780	3099691
广播电视服务	Radio and Television Service	24608	22897	3769902	1338346
电影和影视录音服务	Film and Video Recording Service	122602	118077	17195803	5838267
文艺创作与表演服务	Art Creation and Performance Service	48229	46952	5690117	2502051
图书馆与档案馆服务	Library and Archive Service	1956	1759	115891	31607
文化遗产保护服务	Cultural Heritage Protection Service	12336	11499	3369700	936226
群众文化服务	Mass Culture Service	13755	13686	2747925	1441463
文化研究和社团服务	Cultural Studies and Social Organization Service	19790	20440	7136586	5545293
文化艺术培训服务	Culture and Arts Training Service	24408	24440	1699000	706608
其他文化艺术业服务	Other Culture and Art Industry Service	56831	55786	10782145	4787545
互联网信息服务	Internet Information Service	101928	99084	11012993	4993418
增值电信服务（文化部分）	Value-Added Telecommunication Service (Culture Part)	16260	15977	1257665	802692
广播电视传输服务	Radio and Television Transmission Service	72404	71449	18004802	3022292
广告服务	Advertisement Service	994585	873491	89231446	24816983
文化软件服务	Cultural Software Service	137447	132112	19443253	8630309
建筑设计服务	Architectural Design Service	422952	385792	25030460	10090473
专业设计服务	Professional Design Service	223341	213476	19260331	9459646
景区游览服务	Scenic Touring Service	127270	120879	52662182	13604640
娱乐休闲服务	Entertainment and Recreation Service	514917	479442	19084825	9973150
摄影扩印服务	Photography and Enlarge-Printing Service	36706	36109	1519600	731030
版权服务	Copyright Service	8916	8792	1978568	1509579
文化经纪代理服务	Culture Broker and Agency Service	15197	14975	2311502	1223200
文化出租服务	Cultural Rental Service	19043	19464	1534416	709798
会展服务	Exhibition Service	126413	119967	15702441	8294928
其他文化辅助服务	Other Cultural Support Service	112840	111193	19141333	7415265

3-3-7 分地区规模以下文化服务业企业主要财务指标(2015年)
Main Economic Indicators of Cultural Enterprises of Service Industry under Designated Size by Region(2015)

单位：万元 (10 000 yuan)

地 区	Region	企业单位数(个) Number of Enterprises (unit)	年末从业人员(人) Engaged Persons at Year-end (person)	营业收入 Total Revenue	#主营业务收入 Revenue from Principal Business
全 国	**National Total**	**597180**	**5039423**	**127646862**	**124470089**
北 京	Beijing	79035	328684	11287457	11074305
天 津	Tianjin	12372	107275	3809545	3855900
河 北	Hebei	15891	146781	2504539	2229733
山 西	Shanxi	8803	68521	722988	654697
内蒙古	Inner Mongolia	5892	115542	3560331	3422798
辽 宁	Liaoning	20477	84222	1518718	1503167
吉 林	Jilin	5737	44776	1031971	995532
黑龙江	Heilongjiang	5558	38929	693272	676485
上 海	Shanghai	24992	311145	10437917	9797148
江 苏	Jiangsu	62210	412641	15875079	15560495
浙 江	Zhejiang	48271	323976	9413290	9331591
安 徽	Anhui	27100	242341	5207302	5465724
福 建	Fujian	23109	214993	4451668	4363057
江 西	Jiangxi	10652	89640	2309280	2284026
山 东	Shandong	34164	360681	10029025	9699949
河 南	Henan	21239	218967	3945033	3852407
湖 北	Hubei	26348	234381	4172979	3988690
湖 南	Hunan	19211	273678	5911372	5849887
广 东	Guangdong	59910	511732	11846198	11617116
广 西	Guangxi	11331	65489	703463	670722
海 南	Hainan	2998	29298	303023	298550
重 庆	Chongqing	16350	164044	4056004	4041077
四 川	Sichuan	15589	205720	3367117	3284427
贵 州	Guizhou	5709	114575	2611164	2492224
云 南	Yunnan	9057	82400	1567386	1489579
西 藏	Tibet	361	3067	102811	94410
陕 西	Shaanxi	12413	124480	4658070	4551854
甘 肃	Gansu	4887	74673	915374	780364
青 海	Qinghai	1227	9922	131536	120207
宁 夏	Ningxia	1466	19667	240959	201453
新 疆	Xinjiang	4821	17183	261994	222518

3-3-7 续表 continued

单位：万元 (10 000 yuan)

地区	Region	营业税金及附加 Total Tax and Extra Charges	#主营业务税金及附加 Tax and Extra Charges from Principal Business	资产总计 Total Assets	实收资本 Paid-in Capital
全国	**National Total**	**3315828**	**3079163**	**362691715**	**131572794**
北京	Beijing	115882	110971	38260388	20953769
天津	Tianjin	77120	83934	18310926	9845393
河北	Hebei	50414	48566	13904656	4516113
山西	Shanxi	15242	13569	3101677	1015364
内蒙古	Inner Mongolia	60103	60170	9249523	3224729
辽宁	Liaoning	49965	50666	6343695	2420261
吉林	Jilin	20730	25196	3124202	668850
黑龙江	Heilongjiang	22288	21301	3234589	810092
上海	Shanghai	362590	252622	26096655	8488103
江苏	Jiangsu	353860	338812	34337601	14016748
浙江	Zhejiang	159646	161249	24273330	9391116
安徽	Anhui	106194	101790	8817543	4706281
福建	Fujian	104081	100580	7913442	4208410
江西	Jiangxi	88069	84696	4493228	1907882
山东	Shandong	309697	303850	47183257	4916382
河南	Henan	143474	142861	11498657	4373624
湖北	Hubei	114568	110160	19743185	3653023
湖南	Hunan	106436	104318	9560737	4025783
广东	Guangdong	305887	294965	26579834	12775615
广西	Guangxi	29221	28209	2472609	890044
海南	Hainan	16065	14597	3282160	565211
重庆	Chongqing	146369	145691	6301773	1760055
四川	Sichuan	106335	100465	9719261	2921862
贵州	Guizhou	79199	67378	8552563	2098303
云南	Yunnan	60258	53659	5532941	1996753
西藏	Tibet	2047	2073	87749	106908
陕西	Shaanxi	194792	192988	6093806	3449899
甘肃	Gansu	71644	42106	2412252	1072566
青海	Qinghai	4058	3296	412660	182416
宁夏	Ningxia	11075	9476	1149556	425499
新疆	Xinjiang	28522	8950	647261	185738

3-3-8 按类别分文化服务业事业和其他单位主要财务指标(2015年)

Main Economic Indicators of Public and Other Cultural Institutions of Service Industry by Category(2015)

单位：万元 (10 000 yuan)

类 别	Category	单位数(个) Number of Institutions (unit)	年末从业人员(人) Engaged Persons at Year-end (person)	非企业单位支出(费用) Non-enterprise Units Spending (Cost)	年末资产 Assets at the Year-end
合 计	**Total**	**153584**	**2493378**	**40530006**	**101449431**
新闻服务	News Service	1258	32170	832866	1600985
出版服务	Publishing Service	2506	89893	1980453	7929191
广播电视服务	Radio and Television Service	5159	311227	9718575	23410987
电影和影视录音服务	Film and Video Recording Service	2034	47696	1107163	3137653
文艺创作与表演服务	Art Creation and Performance Service	6421	175665	2102459	3810249
图书馆与档案馆服务	Library and Archive Service	6031	110881	2368398	6581982
文化遗产保护服务	Cultural Heritage Protection Service	7858	155868	3976526	14148041
群众文化服务	Mass Culture Service	17281	221308	2357885	4655323
文化研究和社团服务	Cultural Studies and Social Organization Service	39732	588586	4033424	6233516
文化艺术培训服务	Culture and Arts Training Service	12997	176381	2381761	3313938
其他文化艺术业服务	Other Culture and Art Industry Service	3551	32394	422861	895903
互联网信息服务	Internet Information Service	2030	12613	221183	699953
增值电信服务(文化部分)	Value-Added Telecommunication Service (Culture Part)	65	585	38988	157602
广播电视传输服务	Radio and Television Transmission Service	3842	90634	1638007	5815292
广告服务	Advertisement Service	7336	36588	180907	336786
文化软件服务	Cultural Software Service	787	3167	19482	28694
建筑设计服务	Architectural Design Service	2027	34095	756965	1321851
专业设计服务	Professional Design Service	1583	15620	250124	429115
景区游览服务	Scenic Touring Service	4938	207242	5014501	14947874
娱乐休闲服务	Entertainment and Recreation Service	21427	111102	200975	409048
摄影扩印服务	Photography and Enlarge-Printing Service	966	8097	9652	9546
版权服务	Copyright Service	206	1135	23303	58679
文化经纪代理服务	Culture Broker and Agency Service	284	1796	25123	70826
文化出租服务	Cultural Rental Service	731	2721	14058	35286
会展服务	Exhibition Service	1050	11937	671511	1061604
其他文化辅助服务	Other Cultural Support Service	1484	13977	182859	349508

3-3-9 分地区文化服务业事业和其他单位主要财务指标(2015年)
Main Economic Indicators of Public and Other Cultural Institutions of Service Industry by Region(2015)

单位：万元 (10 000 yuan)

地 区	Region	单位数(个) Number of Institutions (unit)	年末从业人员(人) Engaged Persons at Year-end (person)	非企业单位支出(费用) Non-enterprise Units Spending (Cost)	年末资产 Assets at the Year-end
全 国	**National Total**	**153584**	**2493378**	**40530006**	**101449431**
北 京	Beijing	2817	102747	6377982	16048197
天 津	Tianjin	1551	35812	823111	1497630
河 北	Hebei	5360	97188	1086573	2668869
山 西	Shanxi	4248	76754	529118	1013274
内蒙古	Inner Mongolia	2917	62193	1616033	2843086
辽 宁	Liaoning	5082	55469	838454	2416007
吉 林	Jilin	2821	47060	531193	1478056
黑龙江	Heilongjiang	3071	51782	643830	1114531
上 海	Shanghai	3735	41562	971700	4157801
江 苏	Jiangsu	10216	128683	3115983	14110530
浙 江	Zhejiang	9836	122155	3094878	7146019
安 徽	Anhui	4582	86517	1453713	2394384
福 建	Fujian	6081	92791	989866	1990679
江 西	Jiangxi	5458	53827	647197	1202609
山 东	Shandong	6554	149181	2674053	5575603
河 南	Henan	13529	235702	2293086	5015454
湖 北	Hubei	8424	116842	1224003	2982202
湖 南	Hunan	8819	175545	1628261	2586173
广 东	Guangdong	7287	133444	2532048	8057528
广 西	Guangxi	5324	50159	511424	1229597
海 南	Hainan	925	11775	161390	382816
重 庆	Chongqing	5654	53918	647844	884359
四 川	Sichuan	9846	162401	1850339	4940171
贵 州	Guizhou	2576	60359	473195	1526909
云 南	Yunnan	5481	70974	884816	2030514
西 藏	Tibet	423	8940	146297	301937
陕 西	Shaanxi	3562	77127	1495457	2690593
甘 肃	Gansu	2934	57312	337334	1273508
青 海	Qinghai	985	17985	150691	299838
宁 夏	Ningxia	730	20193	187525	612242
新 疆	Xinjiang	2756	36981	612613	978315

4

主要文化行业发展情况

Development of Main Cultural Industries

4-1-1 出版物基本情况
Basic Statistics on Publications

年 份 地 区	Year Region	图书 Books Published		期刊 Magazines Published	
		种数（种）Number of Publications (kind)	总印数（万册、万张）Printed Copies (10 000 copies)	种数（种）Number of Publications (kind)	总印数（万册）Printed Copies (10 000 copies)
	2005	222473	647000	9468	276000
	2006	233971	641000	9468	285000
	2007	248283	629331	9468	304106
	2008	274123	706000	9549	310490
	2009	301719	703675	9851	315250
	2010	328387	717051	9884	321535
	2011	369523	770500	9849	328522
	2012	414005	792464	9867	335000
	2013	444427	831000	9877	327243
	2014	448431	818465	9966	309452
	2015	475768	866233	10014	287833
中 央	Central Level	194085	222043	2996	89547
北 京	Beijing	11907	22446	172	3673
天 津	Tianjin	6421	5520	254	3143
河 北	Hebei	6817	21617	227	4715
山 西	Shanxi	3812	12441	201	2573
内蒙古	Inner Mongolia	3125	6544	147	2081
辽 宁	Liaoning	10964	12557	320	8847
吉 林	Jilin	23823	24792	242	8433
黑龙江	Heilongjiang	6087	7170	314	4467
上 海	Shanghai	24492	32875	637	12855
江 苏	Jiangsu	26503	62397	468	11431
浙 江	Zhejiang	13701	36756	226	7744
安 徽	Anhui	8902	27329	186	5351
福 建	Fujian	3395	8800	176	3970
江 西	Jiangxi	6729	19175	165	7476
山 东	Shandong	14760	53169	270	11083
河 南	Henan	7410	23224	248	8602
湖 北	Hubei	15543	26300	425	25125
湖 南	Hunan	11815	48545	254	14099
广 东	Guangdong	10088	31287	389	14458
广 西	Guangxi	7532	29978	184	4754
海 南	Hainan	3198	5551	44	754
重 庆	Chongqing	6156	14587	138	4972
四 川	Sichuan	10038	24806	354	5662
贵 州	Guizhou	738	9636	90	1756
云 南	Yunnan	8465	19020	127	3792
西 藏	Tibet	648	1441	35	238
陕 西	Shaanxi	10459	20625	287	3693
甘 肃	Gansu	3412	6562	134	9672
青 海	Qinghai	779	1115	54	299
宁 夏	Ningxia	2686	4861	37	840
新 疆	Xinjiang	11278	23064	213	1728

4-1-1 续表 continued

年份 地区	Year Region	报纸 Newspapers Published		音像制品 Audio-Vedio Products		电子出版物 Electronic Products	
		种数（种） Number of Publications (kind)	总印数（万份） Printed Copies (10 000 copies)	种数（种） Number of Publications (kind)	出版数量（万盒、万张） Volume of Publication (10 000 cassettes, 10 000 discs)	种数（种） Number of Publications (kind)	数量（万张） Volume of Publication (10 000 discs)
	2005	1931	4126000	34961	61543.1	6152	14009.0
	2006	1938	4245000	33706	58306.7	7207	16035.7
	2007	1938	4379882	31955	49098.0	8652	13584.0
	2008	1943	4429222	23493	43268.0	9668	15770.6
	2009	1937	4391132	25384	39146.5	10708	22914.0
	2010	1939	4521391	21552	42383.9	11175	25911.9
	2011	1928	4674000	19408	46431.0	11154	21322.2
	2012	1918	4822568	18485	39365.8	11822	26344.9
	2013	1915	4824000	16972	40604.6	11708	35220.2
	2014	1912	4638987	15355	32839.0	11823	35048.8
	2015	1906	4300869	15372	29418.2	10091	21438.4
中央	Central Level	218	794422	6034	19274.8	6626	14790.1
北京	Beijing	35	79060	190	129.5	54	29.3
天津	Tianjin	24	61758	55	53.4	42	13.6
河北	Hebei	65	145933	95	415.2		
山西	Shanxi	60	203549	139	155.9	156	11.5
内蒙古	Inner Mongolia	58	32815	65	19.1	4	0.4
辽宁	Liaoning	70	132935	329	145.4	222	311.9
吉林	Jilin	52	81153	227	197.3	104	43.3
黑龙江	Heilongjiang	68	66308	48	3.8		
上海	Shanghai	70	107528	4639	3926.8	754	1404.0
江苏	Jiangsu	81	263924	330	1067.4	472	2727.7
浙江	Zhejiang	68	311449	213	432.3	282	141.0
安徽	Anhui	51	104553	120	43.1	18	3.5
福建	Fujian	42	106072	58	23.5	41	24.6
江西	Jiangxi	41	114169	133	61.7	10	8.1
山东	Shandong	87	292442	373	430.6	246	233.3
河南	Henan	78	204286	140	44.3	180	553.0
湖北	Hubei	73	153920	115	57.3	224	248.7
湖南	Hunan	48	133554	393	727.7	91	329.5
广东	Guangdong	100	327660	673	1674.2	82	93.9
广西	Guangxi	54	68974	128	54.9	26	2.7
海南	Hainan	14	23513	26	4.2	3	1.4
重庆	Chongqing	27	58362	109	40.9	154	200.4
四川	Sichuan	88	162781	61	76.1	185	42.5
贵州	Guizhou	30	33244				
云南	Yunnan	42	46062	208	40.6	29	52.4
西藏	Tibet	25	7803	74	44.3		
陕西	Shaanxi	43	60132	144	88.1	33	44.3
甘肃	Gansu	50	50767	31	7.7	11	17.7
青海	Qinghai	26	10546	30	13.6	1	0.6
宁夏	Ningxia	14	10806	9	2.6		
新疆	Xinjiang	104	50389	183	162.3	41	109.1

4-1-2 分地区少年儿童读物和课本出版情况(2015年)
Number of Books Published for Children and Textbooks by Region(2015)

地区	Region	种数(种) Number of Publications (kind)		总印数（万册） Printed Copies (10 000 copies)		总印张(千印张) Printed Sheets (1000 sheets)	
		少儿读物 Books for Children	课本 Textbooks	少儿读物 Books for Children	课本 Textbooks	少儿读物 Books for Children	课本 Textbooks
全国	**National Total**	**36633**	**90718**	**55564**	**331931**	**3387086**	**26308698**
中央	Central Level	8179	52471	11887	91814	675942	9427027
北京	Beijing	2271	730	4393	1801	362922	140680
天津	Tianjin	993	763	1263	883	71499	82065
河北	Hebei	587	445	785	9978	37625	696420
山西	Shanxi	189	78	157	5199	11245	397805
内蒙古	Inner Mongolia	318	842	125	4483	5546	319505
辽宁	Liaoning	1048	2984	1444	3910	106778	279861
吉林	Jilin	3996	1116	4442	4515	253933	290271
黑龙江	Heilongjiang	985	814	224	3489	19197	244173
上海	Shanghai	1188	6066	3441	13103	161730	1130951
江苏	Jiangsu	2277	3325	3382	20050	169505	1347422
浙江	Zhejiang	2671	1591	6641	12841	479614	850636
安徽	Anhui	1244	1091	1927	11826	153008	853486
福建	Fujian	319	458	341	4207	29883	302187
江西	Jiangxi	2040	332	3222	7195	219648	551568
山东	Shandong	2011	1630	3164	18346	144911	1093421
河南	Henan	572	1060	691	14044	23609	932030
湖北	Hubei	707	2583	746	8841	76228	714090
湖南	Hunan	879	1039	1176	14678	78248	899968
广东	Guangdong	410	1588	465	17692	20557	1229907
广西	Guangxi	1070	479	2364	10174	158120	679485
海南	Hainan	63	28	188	1489	5999	84298
重庆	Chongqing	35	2176	46	6610	882	440024
四川	Sichuan	1118	2066	1452	10074	46919	811901
贵州	Guizhou	41	101	155	7397	4559	519019
云南	Yunnan	23	157	154	6985	4636	485692
西藏	Tibet	16	171	8	1038	172	72960
陕西	Shaanxi	682	2289	939	7981	44524	600005
甘肃	Gansu	125	69	107	3153	7122	244891
青海	Qinghai	25	215	6	910	325	69986
宁夏	Ningxia	45	21	30	1834	1573	132473
新疆	Xinjiang	506	1940	199	5391	10627	384491

4-1-3 全国出版机构及人员情况
Institutions and Engaged Persons of Publication Industry

年份 地区	Year Region	图书出版社 Press Publishing Books 机构数（个） Number of Institutions (unit)	图书出版社 Press Publishing Books 职工人数（人） Number of Personnel (person)	音像出版单位 Units Publishing Audio-Vedio Products 机构数（个） Number of Institutions (unit)	音像出版单位 Units Publishing Audio-Vedio Products 职工人数（人） Number of Personnel (person)
	2005	573	54605	328	6171
	2006	573	58405	339	6060
	2007	578	58849	363	6327
	2008	579	60906	378	5696
	2009	580	62890	380	5993
	2010	581	63903	374	5010
	2011	580	67173	369	5130
	2012	580	67125	369	4563
	2013	582	64757	370	4171
	2014	583	66074	371	4926
	2015	584	67103	368	4159
中　央	Central Level	219	29298	138	897
北　京	Beijing	19	911	10	85
天　津	Tianjin	12	882	7	60
河　北	Hebei	8	915	5	44
山　西	Shanxi	8	672	3	82
内蒙古	Inner Mongolia	7	546	1	14
辽　宁	Liaoning	18	1583	17	85
吉　林	Jilin	15	1920	9	63
黑龙江	Heilongjiang	13	834	6	21
上　海	Shanghai	40	3558	27	484
江　苏	Jiangsu	18	3090	7	134
浙　江	Zhejiang	14	1154	7	71
安　徽	Anhui	11	1091	7	175
福　建	Fujian	11	730	5	233
江　西	Jiangxi	7	1138	5	122
山　东	Shandong	17	1638	14	110
河　南	Henan	12	2248	5	312
湖　北	Hubei	14	1907	6	123
湖　南	Hunan	13	1379	12	121
广　东	Guangdong	19	1406	22	278
广　西	Guangxi	8	1098	5	48
海　南	Hainan	4	366	2	
重　庆	Chongqing	3	1850	6	36
四　川	Sichuan	16	1472	10	232
贵　州	Guizhou	6	304	2	2
云　南	Yunnan	8	788	8	53
西　藏	Tibet	2	125	2	17
陕　西	Shaanxi	17	1764	11	43
甘　肃	Gansu	9	324	3	60
青　海	Qinghai	2	165	2	14
宁　夏	Ningxia	3	925	1	10
新　疆	Xinjiang	11	1022	3	130

4-1-4　出版物发行购、销、存情况
Basic Statistics on Purchase,Sales and Stock of Publications

单位：万册(张、份、盒)，万元　　(10 000 copies,10 000 cassettes,10 000 yuan)

年份 地区	Year Region	购进 Purchase 数量 Number	购进 Purchase 金额 Value	销售 Sales 数量 Number	销售 Sales 金额 Value	库存 Stock 数量 Number	库存 Stock 金额 Value
	2005	1601918	12760018	1579753	12298056	424758	4829178
	2006	1605144	13360474	1565333	12909439	445924	5249714
	2007	1615739	14060746	1611944	13666742	447828	5659045
	2008	1701945	15438415	1664305	14563927	511036	6727773
	2009	1620914	16005755	1594152	15569553	506247	6582141
	2010	1725342	17753997	1697036	17541569	529995	7377979
	2011	1840642	20248910	1781734	19534916	558558	8040534
	2012	1890434	21609143	1900761	21598845	559953	8418751
	2013	2053467	24182149	1993343	23461488	651911	9643972
	2014	1998604	24478617	1990456	24155210	663851	10101107
	2015	2030884	26693829	1994465	25637427	678329	10824358
中　央	Central Level	246105	5795403	234921	5387497	150233	4280135
北　京	Beijing	13684	377704	13274	350715	7923	254464
天　津	Tianjin	12231	174817	12231	173352	4542	97800
河　北	Hebei	92373	1085232	88085	1080093	59153	168454
山　西	Shanxi	50655	672081	46525	606278	16839	220086
内蒙古	Inner Mongolia	15395	192011	15995	190283	3825	32884
辽　宁	Liaoning	24511	303949	23767	296244	10693	234543
吉　林	Jilin	20760	298424	21426	308944	6318	112274
黑龙江	Heilongjiang	23013	302813	22517	294692	6051	88398
上　海	Shanghai	45790	919378	50392	912633	19760	536201
江　苏	Jiangsu	185162	1940447	181156	1819529	59607	794081
浙　江	Zhejiang	116109	1651847	112101	1608716	60946	887712
安　徽	Anhui	102592	1206060	113692	1181938	19794	247675
福　建	Fujian	35555	379989	35782	381172	7636	82061
江　西	Jiangxi	76160	910192	77536	895639	9110	130546
山　东	Shandong	156019	1540030	153095	1492763	64830	526816
河　南	Henan	147068	1195294	143758	1173325	15145	184029
湖　北	Hubei	70815	856061	75572	850365	8434	194505
湖　南	Hunan	145320	1839950	133260	1734327	42034	444916
广　东	Guangdong	68463	778006	66055	725294	29173	289303
广　西	Guangxi	55853	450870	54992	446431	5519	62026
海　南	Hainan	13900	161399	13774	152991	1639	22171
重　庆	Chongqing	29915	452210	30791	446617	10849	182707
四　川	Sichuan	67344	839150	64959	806323	13828	260075
贵　州	Guizhou	36675	320979	35881	315926	3263	27512
云　南	Yunnan	42341	520609	41653	512590	6775	105882
西　藏	Tibet	2647	31204	2814	32693	2231	7478
陕　西	Shaanxi	64129	641089	60303	614213	18747	197355
甘　肃	Gansu	34964	341619	34905	344113	3402	41907
青　海	Qinghai	3356	36101	2755	32878	1415	12700
宁　夏	Ningxia	4377	92946	4448	93761	610	12855
新　疆	Xinjiang	27605	385964	26052	375092	8004	84806

注：本表数据为全国新华书店系统和出版社自办发行单位的数据(以下相关表同)。

a)Data in the table above refer to data of issuing units owned by Xinhua bookstores and presses. The same applies to the relevant tables following.

4-1-5 出版物纯销售情况
Basic Statistics on Sales of Publications

单位：万元 (10 000 yuan)

年份 地区	Year Region	总额 Total Sales	零售 Retails	批发给县以下单位或个人 Wholesale for Units or Individuals Under County Level	出口 Export	其他 Others
	2005	4932215	4039509	589874	21350	281482
	2006	5043320	4159807	651421	25580	206512
	2007	5126213	4293952	618122	23274	190865
	2008	5396638	4639733	495855	22468	238582
	2009	5809916	4989994	540550	28208	251165
	2010	5998777	5332174	196320	25290	444993
	2011	6535864	5823950	271063	19902	420949
	2012	7125801	6480018	315181	21617	308985
	2013	7356363	6879350	240630	29439	206944
	2014	7779914	7178775	232693	23986	344459
	2015	7798865	7515938	261064	21863	
中　央	Central Level	443168	405700	20726	16743	
北　京	Beijing	125100	124465		635	
天　津	Tianjin	48131	48084		47	
河　北	Hebei	354708	354283	426		
山　西	Shanxi	273830	264129	9701		
内蒙古	Inner Mongolia	16028	15952	76		
辽　宁	Liaoning	105935	105828	48	59	
吉　林	Jilin	96241	94169	2072		
黑龙江	Heilongjiang	166651	166651			
上　海	Shanghai	212184	189665	20387	2131	
江　苏	Jiangsu	584753	541919	42816	17	
浙　江	Zhejiang	592286	588814	3426	47	
安　徽	Anhui	460951	459769	318	864	
福　建	Fujian	169550	161340	7401	809	
江　西	Jiangxi	304395	292605	11719	70	
山　东	Shandong	533484	533484			
河　南	Henan	432027	429784	2243		
湖　北	Hubei	87247	86522	505	220	
湖　南	Hunan	691400	691075	325		
广　东	Guangdong	248551	207305	41025	221	
广　西	Guangxi	163454	93317	70137		
海　南	Hainan	17412	17412			
重　庆	Chongqing	164947	164947			
四　川	Sichuan	515604	514757	846		
贵　州	Guizhou	151134	141991	9143		
云　南	Yunnan	231006	231006			
西　藏	Tibet	10595	10595			
陕　西	Shaanxi	245028	227305	17723		
甘　肃	Gansu	146251	146251			
青　海	Qinghai	9700	9700			
宁　夏	Ningxia	4573	4573			
新　疆	Xinjiang	192539	192539			

4-1-6 出版物发行网点数
Basic Statistics on Issuing Institutions of Publications

单位：个 (unit)

年 份 地 区	Year Region	发行网点合计 Total Number of Issuing Institutions	新华书店及其发行网点 Xinhua Bookstore and Its Issuing Spots	供销社 Supply and Marketing Cooperatives	出版社 Press	邮政系统 Postal System	其他批发网点 Other Wholesale Spots	其他零售网点 Other Retail Spots
	2005	159508	11897	3200	585	30529	5103	108194
	2006	159706	11041	2431	561	29883	5137	110653
	2007	167254	10726	2103	562	32016	5946	115901
	2008	161256	10302	1868	534	37516	5454	105582
	2009	160407	9953	1636	508	38215	5800	104295
	2010	167882	9985	1520	462	39264	6483	110168
	2011	168586	9513	997	447	36455	7141	114033
	2012	172633	9403	748	446	37821	7505	116710
	2013	172447	9255	839	447	38062	7984	115860
	2014	169619	8922	700	444	37785	8462	113306
	2015	163650	8918	537	425	37586	8368	107816
中 央	Central Level	83	3		80			
北 京	Beijing	8953	124		18	2347	1960	4504
天 津	Tianjin	2383	68		13		189	2113
河 北	Hebei	7002	462		9	1455	194	4882
山 西	Shanxi	3053	408		7	329	133	2176
内蒙古	Inner Mongolia	1242	96		7		59	1080
辽 宁	Liaoning	5885	136		33	1003	403	4310
吉 林	Jilin	2226	103		14	960	162	987
黑龙江	Heilongjiang	2186	173	53	5	350	129	1476
上 海	Shanghai	5486	104		76	1723	341	3242
江 苏	Jiangsu	14018	875		18	2180	303	10642
浙 江	Zhejiang	11444	697		10	2481	302	7954
安 徽	Anhui	7975	607		11	3457	302	3598
福 建	Fujian	4038	110		18	1168	148	2594
江 西	Jiangxi	3820	538		7	21	192	3062
山 东	Shandong	8838	485		4	690	244	7415
河 南	Henan	10430	1089		12	3167	319	5843
湖 北	Hubei	4858	109		14	600	520	3615
湖 南	Hunan	9533	353		13	4742	186	4239
广 东	Guangdong	8583	410	484	2		639	7048
广 西	Guangxi	3595	250		3	1670	142	1530
海 南	Hainan	763	27		5	426	49	256
重 庆	Chongqing	4888	267		3	612	178	3828
四 川	Sichuan	9532	151			3148	233	6000
贵 州	Guizhou	3430	220		3	869	126	2212
云 南	Yunnan	7280	234		8	1828	115	5095
西 藏	Tibet	178	93		2	12		71
陕 西	Shaanxi	4353	204		24	1577	268	2280
甘 肃	Gansu	2339	272		1	82	194	1790
青 海	Qinghai	967	58			189	30	690
宁 夏	Ningxia	1151	31		1	390	47	682
新 疆	Xinjiang	3138	161		4	110	261	2602

4-1-7 按类别分出版物销售情况
Basic Statistics on Sales of Publications by Category

项　　目	Item	2006	2007	2008	2009	2010
销售数量合计	**Total Number of Sales**	**1565333**	**1611944**	**1664305**	**1594152**	**1697036**
图书（万册、万张）	Books (10 000 copies)	1499395	1539318	1587776	1537842	567493
期刊（万册）	Magazines (10 000 copies)	26889	30476	30523	18477	1901
报纸（万份）	Newspapers (10 000 copies)	15239	12049	16366	12427	1423
音像制品（万盒、万张）	Audio-Vedio Products (10 000 copies,10 000 discs)	20981	26970	26509	22996	8854
电子出版物（万盒、万张）	Electronic Publications (10 000 copies,10 000 discs)	2829	3131	3131	2410	3604
销售金额合计（万元）	**Total Value of Sales (10 000 yuan)**	**12909439**	**13666742**	**14563927**	**15569553**	**17541569**
图书	Books	12360997	13053394	13923157	14969728	5058276
期刊	Magazines	211888	229252	258927	217375	103729
报纸	Newspapers	23322	23890	33272	28296	10877
音像制品	Audio-Vedio Products	254187	300679	292963	277927	103376
电子出版物	Electronic Publications	59045	59527	55608	76227	75916
数字出版物	Digital Publications					

项　　目	Item	2011	2012	2013	2014	2015
销售数量合计	**Total Number of Sales**	**1781734**	**1900761**	**1993343**	**1990456**	**1994465**
图书（万册、万张）	Books (10 000 copies)	582630	615454	634671	634671	637124
期刊（万册）	Magazines (10 000 copies)	1684	2029	1939	1939	2842
报纸（万份）	Newspapers (10 000 copies)	846	1881	1345	1345	1165
音像制品（万盒、万张）	Audio-Vedio Products (10 000 copies,10 000 discs)	6901	6525	4387	4387	4813
电子出版物（万盒、万张）	Electronic Publications (10 000 copies,10 000 discs)	3310	1888	1111	1111	1557
销售金额合计（万元）	**Total Value of Sales (10 000 yuan)**	**19534916**	**21598845**	**23461488**	**24155210**	**25637427**
图书	Books	5588107	6171319	6591508	6844800	7144584
期刊	Magazines	44398	117485	104275	100658	119955
报纸	Newspapers	5748	18836	14944	21515	12590
音像制品	Audio-Vedio Products	92733	84221	78563	91510	94416
电子出版物	Electronic Publications	92964	86793	57313	83595	95176
数字出版物	Digital Publications		1363	32746	36697	49216

注：自2010年起，出版物分类别的销售数量和金额只包括零售部分，因此分项之和不等于合计。

a)Since 2010,total number and value of publication sales by category only refers to publication retails, so the sum of all categories do not equal to the total.

4-1-8 出版物印刷机构情况
Basic Statistics on Printing Institutions

年份 地区	Year Region	印刷单位数(个) Number of Printing Institutions (unit)	职工人数(万人) Number of Engaged Persons (10 000 persons)	印刷产量 Output of Printing 黑白(万令) Black and White (10 000 ream)	印刷产量 Output of Printing 彩色(万对开色令) Color (10 000 bisect color ream)	装订产量(万令) Output of Bookbinding (10 000 ream)
	2005	8279	69.44	19951	102905	21985
	2006	7995	62.46	20891	100488	20842
	2007	6427	59.55	20182	129157	23062
	2008	6290	58.34	29047	93251	25129
	2009	8189	63.14	27034	129520	35498
	2010	8484	61.28	28272	141917	29007
	2011	8309	57.62	30091	152913	28985
	2012	8714	55.09	32654	164713	29740
	2013	8963	51.68	32608	255672	36316
	2014	9079	48.85	31936	252659	31965
	2015	8910	48.29	30945	219634	31630
北京	Beijing	817	3.70	2100	15393	3159
天津	Tianjin	120	0.59	2703	65372	240
河北	Hebei	731	3.18	1464	2720	2746
山西	Shanxi	166	1.05	298	2076	315
内蒙古	Inner Mongolia	134	0.31	124	530	117
辽宁	Liaoning	220	0.82	1928	2910	1072
吉林	Jilin	210	0.76	996	2710	445
黑龙江	Heilongjiang	169	0.53	333	2174	378
上海	Shanghai	244	1.92	493	11537	522
江苏	Jiangsu	408	2.51	1250	5822	1282
浙江	Zhejiang	683	3.26	1690	22002	1921
安徽	Anhui	293	1.25	859	3877	999
福建	Fujian	320	1.67	572	1613	447
江西	Jiangxi	140	0.97	981	1384	803
山东	Shandong	512	4.15	3334	28607	4206
河南	Henan	433	2.51	905	3964	1183
湖北	Hubei	379	1.83	1318	3206	1592
湖南	Hunan	404	1.95	1048	5506	1295
广东	Guangdong	874	7.37	3422	19987	4320
广西	Guangxi	175	1.06	1608	5377	1103
海南	Hainan	26	0.14	71	493	55
重庆	Chongqing	186	1.42	462	1133	413
四川	Sichuan	235	0.86	1352	3528	1137
贵州	Guizhou	186	0.44	158	1592	145
云南	Yunnan	152	0.85	367	1380	371
西藏	Tibet	27	0.10	35	78	29
陕西	Shaanxi	232	1.69	661	3079	775
甘肃	Gansu	104	0.54	209	439	215
青海	Qinghai	63	0.20	30	161	30
宁夏	Ningxia	70	0.12	55	138	55
新疆	Xinjiang	197	0.53	119	845	259

4-1-8 续表 continued

年 份 地 区	Year Region	资产合计（万元） Total Assets (10 000 yuan)	负债合计（万元） Total Liabilities (10 000 yuan)	所有者权益合计（万元） Owner's Equity (10 000 yuan)	主营业务收入（万元） Revenue from Principal Business (10 000 yuan)	营业利润（万元） Business Profits (10 000 yuan)	利润总额（万元） Total Profits (10 000 yuan)
	2005	11817682	6189459	5628222	8056432	264622	304697
	2006	12397946	6539663	5858283	8792937	317715	357130
	2007	12798625	6543101	6255524	9690887	386249	405097
	2008	13261258	6904193	6357065	9387940	417901	502048
	2009	15891848	7538831	8353017	10508176	641043	767465
	2010	17497609	8955184	8542424	12005220	675096	801680
	2011	17819901	9153789	8666112	13124096	655189	783728
	2012	19972151	9799736	10172415	13977021	967888	1068202
	2013	21237311	10928496	10308815	14943024	1127035	1249956
	2014	21160520	11129290	10031230	15142897	1184337	1305678
	2015	24016537	12028850	11969093	15079215	1103604	1297668
北 京	Beijing	2787365	1418383	1368983	1395765	69405	88232
天 津	Tianjin	322708	189891	132816	147200	-3612	6557
河 北	Hebei	1338965	533010	805955	752543	101624	115877
山 西	Shanxi	323992	158688	164966	165050	2593	2767
内蒙古	Inner Mongolia	97230	52450	44781	63551	-813	2473
辽 宁	Liaoning	325475	194798	130398	192060	4515	9063
吉 林	Jilin	847326	334160	513793	210800	107062	79288
黑龙江	Heilongjiang	183678	105318	78158	108276	-587	366
上 海	Shanghai	1858064	903899	954166	1115676	11880	88730
江 苏	Jiangsu	1310740	671672	638943	838205	44880	49820
浙 江	Zhejiang	2000102	1138461	860173	1330450	59204	66440
安 徽	Anhui	702981	297795	405186	487845	50384	52982
福 建	Fujian	690543	309108	381435	620101	45270	51507
江 西	Jiangxi	519375	237214	282161	339242	20341	21751
山 东	Shandong	1941424	865831	1062344	1688414	236140	240755
河 南	Henan	871665	501267	370397	527230	23903	37183
湖 北	Hubei	710261	406327	303847	431374	10921	14578
湖 南	Hunan	1081247	474821	604522	875448	120894	125628
广 东	Guangdong	2784539	1471498	1312740	1868385	85593	95691
广 西	Guangxi	545320	277439	267591	322484	22198	23837
海 南	Hainan	51952	25260	26692	38528	2023	2124
重 庆	Chongqing	588968	312080	276888	362656	30418	33708
四 川	Sichuan	442657	288149	154508	223196	13657	20579
贵 州	Guizhou	144399	76815	66608	84150	6153	6345
云 南	Yunnan	410291	197196	213096	230265	14939	21410
西 藏	Tibet	48353	18511	29842	20722	736	1613
陕 西	Shaanxi	573751	296268	277483	374179	28464	28885
甘 肃	Gansu	160493	87923	72570	97925	2751	3297
青 海	Qinghai	48094	23632	24462	31074	139	1231
宁 夏	Ningxia	51205	29670	21535	24697	730	1289
新 疆	Xinjiang	253374	131319	122055	111720	-8200	3661

4-1-9 全国图书、期刊、报纸进出口情况
Basic Statistics on Imports and Exports of Books, Magazines and Newspapers

年 份 Year	进口 Imports		出口 Exports	
	数量（万册、份） Number (10 000 copies)	金额（万美元） Value (10 000 USD)	数量（万册、份） Number (10 000 copies)	金额（万美元） Value (10 000 USD)
2005	1429.25	16418.35	732.41	3287.19
2006	2395.34	18093.51	1007.78	3631.44
2007	2385.99	21105.44	1027.83	3787.46
2008	3452.54	24061.4	801.82	3487.25
2009	2794.53	24505.27	885.16	3437.72
2010	2881.87	26008.58	945.64	3711
2011	2979.88	28373.26	1144.18	3905.51
2012	3138.07	30121.65	1639.27	4863.15
2013	2361.54	28048.63	1992.86	6012.40
2014	2538.85	28381.57	1689.42	5649.66
2015	2811.75	30557.53	1552.63	5726.74

注：本表仅包括有出版物进口经营许可证的出版物进出口经营单位数据(下表同)。
a)Data in the table above only source from those units with the quanlification of publication imports and exports. The same applies to the table following.

4-1-10 全国音像制品、电子出版物与数字出版物进出口情况
Basic Statistics on Audio-Vedio Product, Electronic Publications and Digital Publications

年 份 Year	进口 Imports		出口 Exports	
	数量（盒、张） Number (cassette, disc)	金额（万美元） Value (10 000 USD)	数量（盒、张） Number (cassette, disc)	金额（万美元） Value (10 000 USD)
2005	148631	1933	751796	211
2006	177965	3079.31	1053294	284.99
2007	150906	4340.26	637396	180.51
2008	163822	4556.81	271204	101.32
2009	167428	6527.06	100053	61.11
2010	629542	11382.7	1018687	47.16
2011	396287	14134.78	77091	35.17
2012	185646	16685.95	93448	33.54
2013	285070	20022.34	34136	122.43
2014	134380	21000.13	20692	156.46
2015	116213	24207.67	9409	136.76

4-1-11 版权合同登记情况
Basic Statistics on Registration of Copyright Contracts

单位：份 (unit)

年份 地区	Year Region	合计 Total	图书 Books	期刊 Magazines	音像制品 Audio-vedio Products
	2005	10787	9176	746	140
	2006	13004	10795	432	476
	2007	11164	9515	305	431
	2008	12002	10414	322	451
	2009	14223	12449	292	257
	2010	15160	13303	234	306
	2011	20797	14401	288	245
	2012	18645	16554	199	319
	2013	19521	17205	226	150
	2014	17376	16214		130
	2015	19030	15964	121	1688
中国版权保护中心	Copyright Protection Center of China	1718			1590
北　京	Beijing	8945	8686	120	
天　津	Tianjin	300	278		4
河　北	Hebei	130	130		
山　西	Shanxi	43	43		
内蒙古	Inner Mongolia				
辽　宁	Liaoning	185	181		
吉　林	Jilin	182	182		
黑龙江	Heilongjiang	64	64		
上　海	Shanghai	1277	1083		92
江　苏	Jiangsu	1087	658		
浙　江	Zhejiang	551	368		
安　徽	Anhui	318	318		
福　建	Fujian	75	74	1	
江　西	Jiangxi	334	334		
山　东	Shandong	403	403		
河　南	Henan	529	529		
湖　北	Hubei	389	389		
湖　南	Hunan	209	205		2
广　东	Guangdong	442	205		
广　西	Guangxi	282	282		
海　南	Hainan	110	110		
重　庆	Chongqing	360	360		
四　川	Sichuan	306	306		
贵　州	Guizhou	17	17		
云　南	Yunnan	109	109		
西　藏	Tibet				
陕　西	Shaanxi	634	619		
甘　肃	Gansu				
青　海	Qinghai				
宁　夏	Ningxia	5	5		
新　疆	Xinjiang	26	26		

4-1-11 续表 continued

单位：份 (unit)

年 份 地 区	Year Region	电子出版物 Electronic Publications	软件 Software	电影 Films	电视节目 TV Programs	其他 Others
	2005	168	557			
	2006	620	609	29	5	38
	2007	389	515	1		8
	2008	311	499		1	4
	2009	473	393			359
	2010	418	453	2	1	443
	2011	485	955		3	4420
	2012	417	1085	24	14	33
	2013	183	1161	44	9	543
	2014	194	276		10	552
	2015	190	762	2	4	299
中国版权保护中心	Copyright Protection Center of China	19	109			
北 京	Beijing	111	28			
天 津	Tianjin	18				
河 北	Hebei					
山 西	Shanxi					
内蒙古	Inner Mongolia					
辽 宁	Liaoning		4			
吉 林	Jilin					
黑龙江	Heilongjiang					
上 海	Shanghai	35				67
江 苏	Jiangsu	7	422			
浙 江	Zhejiang		183			
安 徽	Anhui					
福 建	Fujian					
江 西	Jiangxi					
山 东	Shandong					
河 南	Henan					
湖 北	Hubei					
湖 南	Hunan			2		
广 东	Guangdong		1		4	232
广 西	Guangxi					
海 南	Hainan					
重 庆	Chongqing					
四 川	Sichuan					
贵 州	Guizhou					
云 南	Yunnan					
西 藏	Tibet					
陕 西	Shaanxi		15			
甘 肃	Gansu					
青 海	Qinghai					
宁 夏	Ningxia					
新 疆	Xinjiang					

4-1-12 全国作品自愿登记情况
Basic Statistics on Registration of Original Products

单位：件 (piece)

年份 地区	Year Region	合计 Total	#文字 Literature	#音乐 Music	#曲艺 Recitation and Ballad
	2005	58523	1878	855	12
	2006	149900	2206	1589	6
	2007	133789	2390	2193	29
	2008	1040454	2823	2084	56
	2009	336086	3509	1360	94
	2010	359871	6294	1425	112
	2011	442983	80424	2004	46
	2012	560583	179471	3901	58
	2013	834569	124948	62119	118
	2014	997350	349885	6094	73
	2015	1349552	485539	2839	90
北京	Beijing	601014	228199	265	
天津	Tianjin	137	71	1	
河北	Hebei	259	128	8	
山西	Shanxi	124	36	16	
内蒙古	Inner Mongolia	199	31	19	
辽宁	Liaoning	10337	5983	92	
吉林	Jilin	1186	278	368	
黑龙江	Heilongjiang	1396	986	99	
上海	Shanghai	199148	181001	142	
江苏	Jiangsu	109377	15367	203	1
浙江	Zhejiang	15354	391	130	2
安徽	Anhui	1440	939	12	
福建	Fujian	38447	439	92	6
江西	Jiangxi	3372	221	282	
山东	Shandong	50200	23525	32	18
河南	Henan	643	222	40	5
湖北	Hubei	10129	1853	30	1
湖南	Hunan	2698	540	26	
广东	Guangdong	20347	942	138	
广西	Guangxi	241	93	66	2
海南	Hainan	113	31	15	
重庆	Chongqing	40667	1258	74	
四川	Sichuan	3002	1575	47	
贵州	Guizhou	220	7		
云南	Yunnan	299	65	42	
西藏	Tibet				
陕西	Shaanxi	1808	1158	24	8
甘肃	Gansu	156	35	3	4
青海	Qinghai	54	15		
宁夏	Ningxia	178	64	53	
新疆	Xinjiang	927	95	128	

注：全国作品自愿登记中包含中国版权保护中心数据，故各地区合计与全国合计不等。

a)The total data of registration of original products include those registered in Copyright Protection Center of China, so the sum of regional data do not equal to the total.

4-1-12 续表 continued

单位：件 (piece)

年 份 地 区	Year Region	#舞蹈 Dance	#美术 Arts	#摄影 Photograph	#影视 Films and TV
	2005	13	51327	3681	52
	2006	27	15989	113012	102
	2007	18	17681	110030	457
	2008	22	19903	1014365	267
	2009	47	30501	299218	291
	2010	18	37607	311897	1243
	2011	34	53326	297028	7544
	2012	40	85873	239801	30335
	2013	21	171059	429903	11943
	2014	19	187408	424449	11222
	2015	119	279884	540722	13820
北 京	Beijing	5	4605	357914	79
天 津	Tianjin		59	2	3
河 北	Hebei		120		
山 西	Shanxi		31	1	5
内蒙古	Inner Mongolia	2	103	8	
辽 宁	Liaoning		1012	1	1
吉 林	Jilin		367	4	
黑龙江	Heilongjiang	1	230	73	4
上 海	Shanghai		9607	3193	4581
江 苏	Jiangsu	20	49057	39463	2125
浙 江	Zhejiang		14179	478	57
安 徽	Anhui		399	47	41
福 建	Fujian		37482	21	100
江 西	Jiangxi		2148	54	657
山 东	Shandong	1	15665	10360	51
河 南	Henan	1	344	1	16
湖 北	Hubei	2	7171	868	83
湖 南	Hunan		1544	206	293
广 东	Guangdong	1	14017	2964	128
广 西	Guangxi	1	70		1
海 南	Hainan		53		13
重 庆	Chongqing		34986	3138	979
四 川	Sichuan	9	1281	37	23
贵 州	Guizhou		204	4	4
云 南	Yunnan		89	103	
西 藏	Tibet				
陕 西	Shaanxi		508		103
甘 肃	Gansu		103	3	
青 海	Qinghai		30		
宁 夏	Ningxia		58		2
新 疆	Xinjiang	1	583	45	

4-1-13 版权引进和输出情况
Basic Statistics on Copyright Import and Export

单位：项 (item)

项　目	Item	2006	2007	2008	2009	2010
引进合计	**Total Number of Copyright Import**	**12386**	**11101**	**16969**	**13793**	**16602**
图书	Books	10950	10255	15776	12914	13724
录音制品	Audio Products	150	270	251	262	439
录像制品	Vedio Products	108	106	153	124	356
电子出版物	Electronic Publications	174	130	117	86	49
软件	Software	434	337	362	249	304
电影	Films	29	1		2	284
电视节目	TV Programs	1		2	155	1446
其他	Others	540	2	308	1	
输出合计	**Total Number of Copyright Export**	**2057**	**2593**	**2455**	**4205**	**5691**
图书	Books	2050	2571	2440	3103	3880
录音制品	Audio Products			8	77	36
录像制品	Vedio Products		19	3		8
电子出版物	Electronic Publications	5	1	1	34	187
软件	Software			3		
电影	Films				1	
电视节目	TV Programs		2		988	1561
其他	Others	2			2	19

项　目	Item	2011	2012	2013	2014	2015
引进合计	**Total Number of Copyright Import**	**16639**	**17589**	**18167**	**16695**	**16467**
图书	Books	14708	16115	16625	15542	15458
录音制品	Audio Products	278	475	378	208	133
录像制品	Vedio Products	421	503	538	451	90
电子出版物	Electronic Publications	185	100	72	120	292
软件	Software	273	189	169	46	34
电影	Films	37	12		8	324
电视节目	TV Programs	734	190	381	316	136
其他	Others	3	5	4	4	
输出合计	**Total Number of Copyright Export**	**7783**	**9365**	**10401**	**10293**	**10471**
图书	Books	5922	7568	7305	8088	7998
录音制品	Audio Products	130	97	300	139	217
录像制品	Vedio Products	20	51	193	73	
电子出版物	Electronic Publications	125	115	646	433	650
软件	Software	5	2	20	5	2
电影	Films	2				
电视节目	TV Programs	1559	1531	1937	1555	1511
其他	Others	20	1			93

4-2-1 全国广播和电视综合人口覆盖情况
Population Coverage Rate of Radio and TV Programs

单位：% (%)

年份 地区	Year Region	广播节目综合人口覆盖率 Population Covertage Rate of Radio Programs	#农村 Rural	电视节目综合人口覆盖率 Population Covertage Rate of TV Programs	#农村 Rural
	2005	94.48		95.81	
	2006	95.04	94.11	96.23	95.56
	2007	95.43	94.12	96.58	95.60
	2008	95.96	94.74	96.95	91.60
	2009	96.31	95.10	97.23	91.90
	2010	96.78	95.64	97.62	96.78
	2011	97.06	96.09	97.82	97.10
	2012	97.51	96.60	98.20	97.55
	2013	97.79	97.00	98.42	97.86
	2014	97.99	97.29	98.60	98.11
	2015	98.17	97.53	98.77	98.32
北　京	Beijing	100.00	100.00	100.00	100.00
天　津	Tianjin	100.00	100.00	100.00	100.00
河　北	Hebei	99.35	99.10	99.27	98.99
山　西	Shanxi	98.47	97.39	99.31	98.81
内蒙古	Inner Mongolia	99.05	98.39	99.10	98.42
辽　宁	Liaoning	99.00	98.20	99.07	98.30
吉　林	Jilin	98.64	97.97	98.76	98.17
黑龙江	Heilongjiang	98.64	98.43	98.84	98.68
上　海	Shanghai	100.00	100.00	100.00	100.00
江　苏	Jiangsu	100.00	100.00	100.00	100.00
浙　江	Zhejiang	99.60	99.54	99.69	99.64
安　徽	Anhui	98.77	98.43	98.93	98.63
福　建	Fujian	98.68	98.33	98.94	98.72
江　西	Jiangxi	97.62	97.05	98.64	98.24
山　东	Shandong	98.78	98.52	98.55	98.27
河　南	Henan	98.28	97.93	98.43	98.19
湖　北	Hubei	99.08	98.84	98.98	98.67
湖　南	Hunan	94.06	90.70	97.98	96.90
广　东	Guangdong	99.90	99.82	99.90	99.87
广　西	Guangxi	96.74	96.17	98.31	97.95
海　南	Hainan	96.51	95.39	95.48	93.93
重　庆	Chongqing	98.62	98.10	99.07	98.76
四　川	Sichuan	97.14	96.40	98.24	97.84
贵　州	Guizhou	92.30	91.47	95.97	95.50
云　南	Yunnan	96.70	95.95	97.68	97.15
西　藏	Tibet	94.83	93.80	95.96	95.08
陕　西	Shaanxi	98.06	97.55	98.71	98.25
甘　肃	Gansu	98.01	97.63	98.47	98.14
青　海	Qinghai	98.01	97.20	98.00	97.28
宁　夏	Ningxia	96.62	94.25	99.24	98.67
新　疆	Xinjiang	96.60	96.39	97.04	96.66

4-2-2 全国有线广播电视实际用户情况
Users of Cable Radios and TVs

年 份 地 区	Year Region	有线广播电视实际用户数（万户） Users of Cable Radios and TVs (10 000 households)	#农村 Rural	#数字电视 Digital TV	有线广播电视实际用户数占家庭总户数的比重(%) Popularization Rate of Cable Radios and TVs (%)
	2005	12842.1	4262.0		35.40
	2006	14043.5	5526.2	1266.0	37.00
	2007	15331.4	6135.3	2686.0	39.90
	2008	16397.9	6567.7	4528.0	41.60
	2009	17522.7	6863.1	6322.0	44.00
	2010	18872.2	7293.0	8870.0	46.40
	2011	20264.4	8123.2	11489.0	49.40
	2012	21509.0	8432.3	14303.0	51.50
	2013	22893.8	8911.3	17159.7	54.14
	2014	23458.2	7986.4	19143.2	54.82
	2015	23566.8	8250.5	19775.6	54.63
北 京	Beijing	569.1	79.1	506.7	108.88
天 津	Tianjin	344.4	25.9	318.6	97.99
河 北	Hebei	922.5	260.7	822.0	39.19
山 西	Shanxi	519.8	173.2	382.4	39.55
内蒙古	Inner Mongolia	347.3	46.1	306.5	41.61
辽 宁	Liaoning	934.6	230.4	782.6	61.69
吉 林	Jilin	595.4	208.1	543.4	59.06
黑龙江	Heilongjiang	685.7	162.2	619.7	45.71
上 海	Shanghai	745.5	62.0	670.7	139.98
江 苏	Jiangsu	2225.9	1204.4	1761.1	91.40
浙 江	Zhejiang	1562.6	974.5	1519.9	95.83
安 徽	Anhui	830.0	403.5	507.4	39.10
福 建	Fujian	730.7	356.4	689.2	69.07
江 西	Jiangxi	669.8	326.1	573.1	52.82
山 东	Shandong	1806.8	837.4	1700.6	58.53
河 南	Henan	1013.3	398.9	586.7	31.89
湖 北	Hubei	1067.8	463.7	984.2	52.05
湖 南	Hunan	1133.6	328.5	1013.1	55.47
广 东	Guangdong	1972.8	204.5	1487.4	90.38
广 西	Guangxi	670.0	305.2	479.9	42.77
海 南	Hainan	115.3	40.4	98.7	43.45
重 庆	Chongqing	478.0	130.9	386.5	38.28
四 川	Sichuan	1367.4	497.0	1085.4	43.02
贵 州	Guizhou	421.9	120.1	421.9	33.10
云 南	Yunnan	442.4	146.5	427.2	30.95
西 藏	Tibet	23.5	2.8	16.9	31.75
陕 西	Shaanxi	694.9	188.6	543.3	54.90
甘 肃	Gansu	233.6	28.5	191.8	28.19
青 海	Qinghai	69.2	2.5	68.9	39.31
宁 夏	Ningxia	102.4		72.0	48.77
新 疆	Xinjiang	270.8	42.2	208.0	34.47

4-2-3 全国广播电视节目制作和播出情况
Production and Broadcasting of Radio and TV Programs

单位：小时 (hour)

年 份 Year	广播节目制作时间 Radio Programs Produced	公共广播节目播出时间 Broadcasting Hours of Public Radio Programs	电视节目制作时间 TV Programs Produced	公共电视节目播出时间 Broadcasting Hours of Public TV Programs
2005	6139227	10304214	2553861	12591570
2006	6192339	10780486	2618034	13604469
2007	6386696	11314370	2567065	14560513
2008	6443045	11530860	2628524	14823185
2009	6716500	12265513	2653552	15776767
2010	6814226	12660314	2742949	16355043
2011	6936960	13057496	2950490	16753029
2012	7188245	13383651	3436301	16985291
2013	7391245	13795461	3397834	17057212
2014	7647267	14058328	3277394	17476126
2015	7718163	14218253	3520190	17796010

4-2-4 分地区广播节目制作情况(2015年)
Production of Radio Program by Region(2015)

单位：小时 (hour)

地 区	Region	全年制作广播节目时间 Radio Programs Produced	新闻资讯类 News	专题服务类 Special Subject	综艺类 General Entertainment	广播剧类 Radio Plays	广告类 Advertising	其他类 Others
全 国	**National Total**	**7718163**	**1436129**	**2072348**	**2078791**	**183124**	**752705**	**1195065**
总局直属	Directly under the State Administration	265231	77621	138604	33019	3070	4664	8253
北 京	Beijing	178853	19489	24800	41382	6011	17260	69911
天 津	Tianjin	81689	11807	21806	30074	198	14794	3009
河 北	Hebei	355714	54090	101192	125464	4758	35687	34522
山 西	Shanxi	196004	36811	59239	53309	5593	20355	20697
内蒙古	Inner Mongolia	244138	39687	86054	76252	5986	24465	11694
辽 宁	Liaoning	384688	53296	123634	119365	6231	43600	38562
吉 林	Jilin	265548	33198	67926	106586	6397	33233	18208
黑龙江	Heilongjiang	219863	30021	61903	38195	9891	23027	56827
上 海	Shanghai	85966	24854	20726	31810	678	7057	841
江 苏	Jiangsu	589282	101840	136748	158768	19185	76548	96192
浙 江	Zhejiang	513856	98929	145054	121509	15539	51393	81432
安 徽	Anhui	169776	36991	41848	38166	1550	16913	34309
福 建	Fujian	253719	52818	66807	76749	2890	17001	37454
江 西	Jiangxi	195887	43059	46749	49300	5070	21909	29800
山 东	Shandong	533480	88948	134122	160906	14069	54017	81419
河 南	Henan	317586	57268	83470	93982	1875	34230	46761
湖 北	Hubei	246270	46938	70772	78058	4734	34263	11506
湖 南	Hunan	191771	43879	29935	44527	2950	20487	49994
广 东	Guangdong	678389	113427	146575	131042	20949	53418	212977
广 西	Guangxi	220838	41919	34445	61424	1036	17851	64163
海 南	Hainan	57383	12040	10031	13168	1896	4474	15775
重 庆	Chongqing	81073	20336	34264	11971	1917	5706	6879
四 川	Sichuan	249803	63923	79122	64567	3971	15641	22580
贵 州	Guizhou	138116	21839	33979	35074	3774	16816	26635
云 南	Yunnan	171846	43627	36700	36832	5169	13555	35964
西 藏	Tibet	36552	5762	12346	14274	755	2795	620
陕 西	Shanxi	245921	43085	60596	66413	11862	27769	36196
甘 肃	Gansu	133739	29186	32979	39346	2824	12250	17153
青 海	Qinghai	46490	10499	13287	14412	1863	519	5910
宁 夏	Ningxia	58454	11313	18014	18898	1486	6376	2367
新 疆	Xinjiang	310239	67629	98623	93952	8948	24632	16455

4-2-5 分地区电视节目制作交易情况(2015年)
Production and Transaction of TV Program by Region(2015)

地 区	Region	全年制作电视节目时间(小时) TV Programs Produced (hour)	新闻资讯类 News	专题服务类 Special Subject	综艺益智类 General Entertainment	影视剧类 TV Plays	广告类 Advertising	其他类 Others
全 国	**National Total**	**3520190**	**978801**	**930283**	**511398**	**120604**	**481973**	**497131**
总局直属	Directly under the State Administration	155052	38279	61055	40277	373	27	15041
北 京	Beijing	179737	13801	56646	33947	17358	7669	50316
天 津	Tianjin	33208	7989	15818	5696	50	2378	1278
河 北	Hebei	180765	36953	45019	45575	1903	33079	18236
山 西	Shanxi	84463	25980	16893	13108	2168	14716	11598
内蒙古	Inner Mongolia	73302	24908	19120	9533	20	14690	5031
辽 宁	Liaoning	173285	29944	39549	49113	1505	30170	23004
吉 林	Jilin	107843	20732	30870	33663	627	13208	8743
黑龙江	Heilongjiang	97437	26206	19719	16786	7046	12640	15039
上 海	Shanghai	73454	17100	12333	16531	4939	1994	20557
江 苏	Jiangsu	189430	58367	44822	20611	8773	32668	24188
浙 江	Zhejiang	162061	48093	37622	19155	4960	37596	14635
安 徽	Anhui	77470	28861	21532	7842	2902	10106	6226
福 建	Fujian	73986	25814	18265	5519	495	5914	17979
江 西	Jiangxi	99849	31543	21910	10070	6398	16123	13805
山 东	Shandong	221502	52631	59953	35275	14696	35963	22984
河 南	Henan	140658	37870	31878	26091		20398	24421
湖 北	Hubei	107747	32971	26516	12905	6008	20752	8595
湖 南	Hunan	136246	44588	27642	14313	251	25071	24382
广 东	Guangdong	334712	97849	104039	13460	6714	31767	80882
广 西	Guangxi	97532	33830	25481	9042	104	20665	8411
海 南	Hainan	31371	11627	5316	1264	3501	2918	6745
重 庆	Chongqing	61086	15688	27938	6092	437	3661	7270
四 川	Sichuan	161620	53092	38756	17464	18815	17034	16458
贵 州	Guizhou	42579	16074	10292	2283	2938	3388	7603
云 南	Yunnan	90818	32119	24725	7896	711	13019	12349
西 藏	Tibet	13918	5126	4531	793	1446	964	1059
陕 西	Shaanxi	117762	36806	26420	15938	461	21555	16582
甘 肃	Gansu	67384	23136	20341	7279	181	10966	5482
青 海	Qinghai	12044	4622	4226	473	1148	354	1220
宁 夏	Ningxia	28428	8188	7032	3540	33	7781	1853
新 疆	Xinjiang	93441	38012	24022	9864	3644	12741	5158

4-2-5 续表 continued

地区	Region	全年制作电视剧(集) TV plays Produced (part)	全年电视节目制作投资额(万元) Investment in Production of TV Programs (10 000 yuan)	#电视剧 TV Plays	#动画电视 Cartoon	全年电视节目国内销售额(万元) Domestic Sales of TV Programs (10 000 yuan)	#电视剧 TV Plays	#动画电视 Cartoon
全 国	**National Total**	**17834**	**3271287**	**1203629**	**129417**	**2283104**	**1544760**	**146258**
总局直属	Directly under the State Administration	175	1339432	24840	9504	120506	46166	11679
北 京	Beijing	2878	727555	425615	16320	662575	344796	15368
天 津	Tianjin	66	7678	458		5387	5270	
河 北	Hebei	410	11838	3750	3161	14900	1073	1188
山 西	Shanxi	176	32926	31720	9	5125	5000	25
内蒙古	Inner Mongolia		786		5	28		
辽 宁	Liaoning	202	11726	10400	1206	3804	302	1644
吉 林	Jilin	713	540			377	377	
黑龙江	Heilongjiang	2190	723			146	43	
上 海	Shanghai	2102	174285	127502	5299	184422	130068	847
江 苏	Jiangsu	175	69353	61220	3379	105401	102640	2194
浙 江	Zhejiang	2906	393719	353456	23941	831501	764231	25038
安 徽	Anhui	207	41479	12410	3470	41549	9212	6364
福 建	Fujian	108	18938	7044	4403	19388	6590	7411
江 西	Jiangxi	124	7677	5200	2062	6403	2175	4227
山 东	Shandong	508	54763	27532	1016	55446	53581	876
河 南	Henan		28405			23		
湖 北	Hubei	835	67498	19162	7273	33465	5495	18064
湖 南	Hunan	89	46942	1131	6618	40959	6285	3540
广 东	Guangdong	2149	147087	47085	32287	108115	31601	40357
广 西	Guangxi	60	11303	5295	1743	1057	75	382
海 南	Hainan	147	22019	3000		236	236	
重 庆	Chongqing	419	14381	4779	7252	13457	3028	6625
四 川	Sichuan	400	10295	9553		4231	4160	
贵 州	Guizhou		1351			199	199	
云 南	Yunnan		868	220				
西 藏	Tibet		199		100			
陕 西	Shaanxi	607	22913	22134		22155	22155	
甘 肃	Gansu	104	4165	34	264	2250		427
青 海	Qinghai		69		19			
宁 夏	Ningxia	40	284		84			
新 疆	Xinjiang	44	92	92				

4-2-6 分地区广播节目播出情况(2015年)
Broadcasting of Radio Program by Region(2015)

地区	Region	公共广播节目套数(套) Number of Public Radio Programs (set)	全年公共广播节目播出时间(小时) Broadcasting Hours of Radio Programs (hour)	#转中央台节目 Relaying Programs of CCTV	#自制节目 Own-produced Programs	#购买交换节目 Purchased or Exchanged Programs
全　国	**National Total**	**2782**	**14218253**	**1474486**	**9179429**	**2061115**
总局直属	Directly under the State Administration	23	262963	730	249830	12403
北　京	Beijing	25	171702	2023	135026	33832
天　津	Tianjin	22	147288	2656	91314	5158
河　北	Hebei	134	652789	44482	425277	154295
山　西	Shanxi	111	413217	49944	242636	65565
内蒙古	Inner Mongolia	126	683783	137443	340832	64232
辽　宁	Liaoning	110	679549	33732	481835	144686
吉　林	Jilin	73	495163	25931	324749	125932
黑龙江	Heilongjiang	101	488597	42468	262813	73769
上　海	Shanghai	21	136049	3732	109127	20515
江　苏	Jiangsu	123	780001	40487	619032	99155
浙　江	Zhejiang	113	761835	50138	566353	86733
安　徽	Anhui	106	540463	52303	345279	96419
福　建	Fujian	90	524134	98325	312078	31300
江　西	Jiangxi	108	408004	67820	228740	65808
山　东	Shandong	162	938687	71351	627135	195529
河　南	Henan	154	675088	73438	451551	94228
湖　北	Hubei	87	477551	49825	315158	79926
湖　南	Hunan	105	411447	59501	253747	41183
广　东	Guangdong	206	747117	48424	565093	64071
广　西	Guangxi	72	376961	32419	263507	33602
海　南	Hainan	24	122468	14848	70616	27852
重　庆	Chongqing	31	167962	19786	107547	30081
四　川	Sichuan	134	658195	133959	365783	81839
贵　州	Guizhou	46	253308	23042	146936	46771
云　南	Yunnan	52	305922	34114	218661	40841
西　藏	Tibet	10	58231	2920	45233	7376
陕　西	Shaanxi	107	470310	49376	305316	72369
甘　肃	Gansu	94	342009	68824	175799	43907
青　海	Qinghai	15	94924	5009	66702	17155
宁　夏	Ningxia	25	115835	16012	65176	25467
新　疆	Xinjiang	172	856699	119427	400548	79116

4-2-6 续表 continued

地区	Region	按节目类型分播出时间(小时) by Type of Programs (hour)					
		新闻资讯类 News	专题服务类 Special Subject	综艺益智类 General Entertainment	广播剧类 Radio Plays	广告类 Advertising	其他类 Others
全　国	**National Total**	**2841836**	**3111009**	**3861989**	**823465**	**1224789**	**2355164**
总局直属	Directly under the State Administration	68043	99244	65204	8170	12851	9451
北　京	Beijing	19811	39010	82092	11519	12308	6963
天　津	Tianjin	19205	33035	48989	2481	17437	26141
河　北	Hebei	108196	150294	248770	19568	63334	62627
山　西	Shanxi	86184	94097	110608	36839	27927	57563
内蒙古	Inner Mongolia	118027	161800	217655	43441	43903	98958
辽　宁	Liaoning	97928	173902	224725	40685	63844	78465
吉　林	Jilin	63933	106180	212367	27518	56347	28819
黑龙江	Heilongjiang	82201	115184	97822	28521	45192	119677
上　海	Shanghai	39041	29067	47214	8259	10287	2182
江　苏	Jiangsu	143999	170697	204378	37278	91531	132118
浙　江	Zhejiang	157933	185974	175431	28619	77091	136787
安　徽	Anhui	102533	115564	118068	38824	47976	117497
福　建	Fujian	126862	111064	148074	16458	24985	96691
江　西	Jiangxi	95296	81816	101721	38822	37013	53336
山　东	Shandong	150152	188521	256641	75036	98450	169888
河　南	Henan	129369	138379	202584	39658	63383	101715
湖　北	Hubei	97792	118572	138690	30975	57598	33924
湖　南	Hunan	101221	64558	94026	20523	38448	92672
广　东	Guangdong	137938	127877	155370	33165	62759	230008
广　西	Guangxi	94453	54075	96325	9102	26328	96678
海　南	Hainan	26347	16753	31556	3648	8289	35876
重　庆	Chongqing	41318	45775	26969	16999	11810	25091
四　川	Sichuan	159743	145676	146243	36516	45642	124374
贵　州	Guizhou	46313	44704	53400	14271	24212	70408
云　南	Yunnan	70438	56278	62062	22480	25848	68817
西　藏	Tibet	8740	16685	22555	2361	3041	4850
陕　西	Shaanxi	96844	105919	108349	40809	48862	69527
甘　肃	Gansu	96653	63352	76265	21944	20082	63713
青　海	Qinghai	14756	19900	27711	11344	5875	15339
宁　夏	Ningxia	27214	26441	36578	6782	11526	7294
新　疆	Xinjiang	213355	210619	223549	50852	40610	117715

4-2-7 分地区电视节目播出情况(2015年)
Broadcasting of TV Program by Region(2015)

地 区	Region	公共电视节目套数(套) Number of Public TV Programs (set)	全年公共电视节目播出时间(小时) Broadcasting Hours of TV Programs (hour)	#转中央台节目 Relaying Programs of CCTV	#自制节目 Own-produced Programs	#购买交换节目 Purchased or Exchanged Programs
全 国	**National Total**	**3442**	**17796010**	**1358603**	**6128497**	**9034546**
总局直属	Directly under the State Administration	43	359899	54312	218548	63610
北 京	Beijing	26	128144	585	57617	69577
天 津	Tianjin	24	168690	6672	61468	100184
河 北	Hebei	178	801794	41006	297691	430349
山 西	Shanxi	116	488028	50175	150857	232847
内蒙古	Inner Mongolia	120	646633	85994	203643	255917
辽 宁	Liaoning	119	742745	16361	315511	395771
吉 林	Jilin	76	525964	15777	207143	296727
黑龙江	Heilongjiang	117	605044	71219	183384	221394
上 海	Shanghai	25	178409	2517	83535	91688
江 苏	Jiangsu	122	784668	26783	309969	437554
浙 江	Zhejiang	115	753757	24314	314442	404332
安 徽	Anhui	111	613867	49251	210490	307744
福 建	Fujian	101	364855	4379	161792	186566
江 西	Jiangxi	116	673993	97240	172983	361429
山 东	Shandong	224	1154589	73712	427279	599152
河 南	Henan	167	908609	61389	302112	498372
湖 北	Hubei	113	676156	30272	230026	400040
湖 南	Hunan	138	759733	90769	211655	374797
广 东	Guangdong	222	728129	60902	226689	349738
广 西	Guangxi	117	576257	31527	200515	306139
海 南	Hainan	16	89215	2777	34236	50790
重 庆	Chongqing	46	295610	15403	120699	155729
四 川	Sichuan	212	1146764	148943	371763	512633
贵 州	Guizhou	103	272465	22909	110920	119347
云 南	Yunnan	163	811765	68822	260450	418108
西 藏	Tibet	14	81123	2071	27885	45878
陕 西	Shaanxi	123	594965	50728	220502	282232
甘 肃	Gansu	110	487173	41723	134687	276310
青 海	Qinghai	17	112174	3186	36517	64008
宁 夏	Ningxia	28	172136	7586	49968	97778
新 疆	Xinjiang	220	1092659	99299	213520	627804

4-2-7 续表 continued

地 区	Region	按节目类型分播出时间(小时) by Type of Programs (hour)					
		新闻资讯类 News	专题服务类 Special Subject	综艺益智类 General Entertainment	影视剧类 TV Plays	广告类 Advertising	其他类 Others
全 国	**National Total**	**2520624**	**2254774**	**1446914**	**7621202**	**1953734**	**1998761**
总局直属	Directly under the State Administration	75766	90699	41613	73926	5666	72228
北 京	Beijing	22792	49656	10007	26981	9270	9437
天 津	Tianjin	22247	50048	12139	62276	16862	5118
河 北	Hebei	106018	96352	93111	380612	84265	41436
山 西	Shanxi	66707	44726	53603	206213	50247	66531
内蒙古	Inner Mongolia	84771	67243	57235	301378	66516	69490
辽 宁	Liaoning	68404	100331	126565	284632	79572	83241
吉 林	Jilin	45577	76942	119742	200955	59459	23289
黑龙江	Heilongjiang	63308	50074	43762	211417	58655	177827
上 海	Shanghai	31649	41097	10756	60284	15566	19057
江 苏	Jiangsu	108017	105669	52357	313313	113894	91418
浙 江	Zhejiang	109731	93997	35553	322198	117373	74906
安 徽	Anhui	86636	71038	36829	282006	85976	51381
福 建	Fujian	68635	62950	22347	113247	42729	54946
江 西	Jiangxi	82244	63766	38682	327704	69071	92526
山 东	Shandong	129446	135264	106636	522707	137024	123512
河 南	Henan	110436	101198	75603	433012	90531	97828
湖 北	Hubei	94407	84930	41512	326338	100743	28226
湖 南	Hunan	112522	75329	62365	351439	77397	80679
广 东	Guangdong	146602	102105	32175	222439	87756	137053
广 西	Guangxi	104491	65218	32093	230953	78329	65174
海 南	Hainan	18277	7785	4578	29279	11998	17298
重 庆	Chongqing	33494	70384	17341	111932	26166	36293
四 川	Sichuan	166561	134604	79741	513265	116156	136436
贵 州	Guizhou	72378	35374	11782	75755	30336	46841
云 南	Yunnan	117572	105435	52836	379155	80346	76421
西 藏	Tibet	10109	13260	2519	42577	6061	6597
陕 西	Shaanxi	83090	66615	53269	258441	65661	67890
甘 肃	Gansu	70949	49972	24953	251813	45513	43973
青 海	Qinghai	13218	17907	8362	57149	6197	9341
宁 夏	Ningxia	21218	14725	13497	86727	24125	11846
新 疆	Xinjiang	173352	110080	73352	561079	94274	80522

4-2-8 分地区电视剧播出情况(2015年) Broadcasting of TV Plays by Region(2015)

地 区	Region	全年电视剧播出数 Number of TV Plays Broadcasted		#进口电视剧 Imported TV Plays		全年动画电视播出时间(小时) Broadcasting Hours of Cartoon Cartoon (hour)	#进口动画电视 Imported Cartoon
		部 Set	集 Part	部 Set	集 Part		
全 国	**National Total**	**233105**	**6863633**	**2889**	**81535**	**309060**	**9655**
总局直属	Directly under the State Administration	1367	71195	93	3412	5187	386
北 京	Beijing	483	17834			7604	477
天 津	Tianjin	2844	46935			2434	1
河 北	Hebei	13049	403590	21	526	4894	392
山 西	Shanxi	5758	166659	40	1116	9839	401
内蒙古	Inner Mongolia	11881	286006	11	115	7285	75
辽 宁	Liaoning	8739	262555	199	6858	4755	205
吉 林	Jilin	6804	217219	94	3570	463	8
黑龙江	Heilongjiang	4061	125578	5	160	3219	605
上 海	Shanghai	993	37476	13	367	14263	1400
江 苏	Jiangsu	8314	270408	74	2137	15410	406
浙 江	Zhejiang	8996	287772	37	1016	20140	72
安 徽	Anhui	8426	248275	57	1860	6540	360
福 建	Fujian	3021	108101	31	809	7777	
江 西	Jiangxi	9273	282163	300	8301	16971	271
山 东	Shandong	13560	461437	167	5415	14902	775
河 南	Henan	14712	437697	33	782	8722	281
湖 北	Hubei	12800	350656	60	1532	9419	
湖 南	Hunan	11342	303335	128	3394	24132	175
广 东	Guangdong	4989	192886	53	1616	22600	180
广 西	Guangxi	5666	193069	118	3024	12337	102
海 南	Hainan	733	29329	36	1095	4350	
重 庆	Chongqing	3651	109372	39	1448	9161	
四 川	Sichuan	20465	430622	252	6299	16199	352
贵 州	Guizhou	2381	63423	50	1240	2506	
云 南	Yunnan	10951	301033	1	20	9656	318
西 藏	Tibet	711	30320			837	
陕 西	Shaanxi	9278	282564			6476	
甘 肃	Gansu	7414	228603	100	3226	9644	120
青 海	Qinghai	1240	44603	20	600	2157	
宁 夏	Ningxia	2111	64275	3	129	5360	450
新 疆	Xinjiang	17092	508643	854	21468	23820	1842

4-2-9 全国广播电视从业人员情况
Persons Engaged in Radio and TV Broadcasting Industry

单位：人 (person)

年份 地区	Year Region	从业人员 Number of Engaged Persons	#编辑、记者 Editors and Reporters	#播音员、主持人 Announcers and Anchor Persons	#工程技术人员 Engineering Technical Personnel
	2005	595377	102097	22108	107780
	2006	624287	107546	22409	116713
	2007	644206	110416	23345	117662
	2008	672722	116045	23691	124159
	2009	705817	122004	24627	126257
	2010	750899	132186	25743	132431
	2011	786372	135748	28007	143474
	2012	820410	142297	28164	151884
	2013	844330	146798	29683	152130
	2014	864351	152571	29116	149882
	2015	900664	154976	30191	153624
总局直属	Directly under the State Administration	53716	7509	859	12135
北京	Beijing	57243	6712	764	6917
天津	Tianjin	8094	2186	294	1128
河北	Hebei	41100	6714	1615	6239
山西	Shanxi	21656	5371	788	3296
内蒙古	Inner Mongolia	18373	4699	1050	2967
辽宁	Liaoning	28165	4743	1039	6505
吉林	Jilin	19957	5013	844	5064
黑龙江	Heilongjiang	25194	4943	983	4997
上海	Shanghai	32053	2945	700	4037
江苏	Jiangsu	53226	8687	1876	9453
浙江	Zhejiang	51332	8478	1777	8939
安徽	Anhui	22614	4626	1193	3846
福建	Fujian	27073	3852	779	3441
江西	Jiangxi	21005	3055	846	2477
山东	Shandong	58054	12262	2408	12000
河南	Henan	50209	9420	1615	6404
湖北	Hubei	40513	6951	1244	7406
湖南	Hunan	43822	6864	1029	7062
广东	Guangdong	53547	6792	1553	8622
广西	Guangxi	16974	3754	659	3978
海南	Hainan	5337	1114	243	922
重庆	Chongqing	11950	1703	399	1992
四川	Sichuan	40028	5246	1226	4868
贵州	Guizhou	16460	3192	539	2554
云南	Yunnan	18470	4163	807	4155
西藏	Tibet	4518	663	155	894
陕西	Shaanxi	19499	3954	886	3662
甘肃	Gansu	15878	3135	661	1883
青海	Qinghai	3833	1005	266	1283
宁夏	Ningxia	4834	1026	201	869
新疆	Xinjiang	15937	4199	893	3629

4-2-10 全国广播电视实际创收收入及资产情况
Revenue and Assets of Radio and TV Broadcasting Industry

单位：万元 (10 000 yuan)

年 份 Year	实际创收收入 Actual Revenue	#广告收入 Revenue from Advertising	#广播广告收入 Radio Advertising Revenue	#电视广告收入 TV Advertising Revenue	#网络收入 Revenue from Network Services
2005	8185441	4687858	505811	4065339	
2006	9599354	5273464	590108	4533350	2515097
2007	11294081	5999267	656863	5183081	3059343
2008	13506431	7016926	722244	6091123	3694988
2009	15820227	7817757	814648	6758184	4188499
2010	20028538	9399745	995807	7965883	4874430
2011	23711781	11228956	1233178	9345355	5637763
2012	28033517	12702465	1361954	10462897	6609791
2013	32427688	13870071	1399245	11192629	7549089
2014	36355079	14644911	1599361	11161883	8272101
2015	39522681	15295391	1564218	10651632	8660586

4-2-10 续表 continued

单位：万元 (10 000 yuan)

年 份 Year	#有线电视收视费收入 Revenue from Subscription of Cable TV Programs	#付 费数字电视收入 Revenue from Pay Digital TV	#三网融合业务收入 Revenue from Three-network Convergence	资产总额 Total Assets
2005				27148379
2006	1835454	52331		29718427
2007	2115395	83371		33555382
2008	2500593	142183		39082171
2009	2846206	181747		44977878
2010	3225188	252921		57331162
2011	3641728	376876	205841	62633579
2012	4083530	448793	376684	74067132
2013	4378749	585982	501372	89196673
2014	4573905	665108	579657	100794934
2015	4751534	702337	845340	117403201

4-2-11 分地区广播电视实际创收收入及资产情况(2015年)
Revenue of Radio and TV Broadcasting Industry by Region(2015)

单位：万元 (10 000 yuan)

地区	Region	实际创收收入 Actual Revenue	#广告收入 Revenue from Advertising	#广播广告 Radio Advertising Revenue	#电视广告 TV Advertising Revenue	#网络收入 Revenue from Network Services
全　国	**National Total**	**39522681**	**15295391**	**1564218**	**10651632**	**8660586**
总局直属	Directly under the State Administration	6091728	2917979	81227	2768814	305575
北　京	Beijing	4936097	2153546	127065	620022	261703
天　津	Tianjin	339906	128538	36609	87945	109488
河　北	Hebei	588205	199304	48577	132066	277669
山　西	Shanxi	297452	96771	23703	70950	117476
内蒙古	Inner Mongolia	212941	39068	11762	27289	163911
辽　宁	Liaoning	653454	252207	68993	181003	308468
吉　林	Jilin	351770	123653	30510	92697	215466
黑龙江	Heilongjiang	481039	207280	60986	139565	229525
上　海	Shanghai	4420952	1417103	90263	586831	346931
江　苏	Jiangsu	2819836	1076639	121739	869088	824628
浙　江	Zhejiang	4346788	1474524	132195	1054868	705455
安　徽	Anhui	716175	349863	30217	301431	158029
福　建	Fujian	719558	198479	40549	136600	261129
江　西	Jiangxi	607894	187307	38113	145640	203066
山　东	Shandong	1549779	593335	94456	460370	624543
河　南	Henan	556924	266741	75770	182605	196658
湖　北	Hubei	893985	267309	45028	198240	353373
湖　南	Hunan	2324676	1276593	54625	1120281	353653
广　东	Guangdong	2376075	821530	125689	543287	777572
广　西	Guangxi	420638	106659	16796	85023	243436
海　南	Hainan	120978	74325	6754	67457	39370
重　庆	Chongqing	449309	112219	22273	86597	249676
四　川	Sichuan	920883	256145	44538	189284	506303
贵　州	Guizhou	732505	215103	17840	146241	179608
云　南	Yunnan	375375	120809	20494	97498	188532
西　藏	Tibet	16010	7384	227	7092	5391
陕　西	Shaanxi	709913	204827	61035	143495	206412
甘　肃	Gansu	159829	46759	9452	35979	83325
青　海	Qinghai	48892	8301	2015	6139	23650
宁　夏	Ningxia	103502	27015	3244	20744	41049
新　疆	Xinjiang	179611	68078	21476	46490	99513

4-2-11 续表 continued

单位：万元 (10 000 yuan)

地 区	Region	#有线广播电视收视费收入 Revenue from Subscription of Cable Radio and TV Programs	#付费数字电视收入 Revenue from Pay Digital TV	#三网融合业务收入 Revenue from Three-network Convergence	#广播电视节目销售收入 Revenue from Sales of Radio and TV Programs	资产总额 Total Assets
全 国	**National Total**	**4751534**	**702337**	**845340**	**2805745**	**117403201**
总局直属	Directly under the State Administration	110176	38080	87972	119873	18000994
北 京	Beijing	115111	5704	57299	687921	16096422
天 津	Tianjin	47921	6725	26094	5387	1361931
河 北	Hebei	185092	9359	23098	14900	1820114
山 西	Shanxi	90350	9734	2205	5364	1063982
内蒙古	Inner Mongolia	112829	2405	150	28	699454
辽 宁	Liaoning	239134	14996	12366	4008	2026160
吉 林	Jilin	123558	25260	4845	377	2529684
黑龙江	Heilongjiang	148679	15118	498	3171	1125384
上 海	Shanghai	157111	45494	40227	184422	9063905
江 苏	Jiangsu	400334	51973	52416	121819	10128897
浙 江	Zhejiang	322758	44804	145668	842390	12687320
安 徽	Anhui	97824	14156	3191	42450	1513474
福 建	Fujian	112388	40183	9401	36476	2185637
江 西	Jiangxi	130180	14676	2272	6403	1067880
山 东	Shandong	387906	61179	20542	69242	4206015
河 南	Henan	142515	5819	5711	23	1906197
湖 北	Hubei	220693	22376	42931	31553	3098517
湖 南	Hunan	202659	37707	54021	132768	5845229
广 东	Guangdong	479533	55845	49176	268121	7007832
广 西	Guangxi	98449	12879	23250	1057	1303596
海 南	Hainan	27410	2533		236	358372
重 庆	Chongqing	125457	19964	44958	13606	1256017
四 川	Sichuan	230913	38507	56971	5137	3428444
贵 州	Guizhou	88561	31317	5163	2568	1257590
云 南	Yunnan	104719	24721	18602	6081	2006959
西 藏	Tibet	4820	144			193912
陕 西	Shaanxi	99367	19000	39000	196069	1743114
甘 肃	Gansu	50728	7234	7860	2478	1025202
青 海	Qinghai	15240	3779	202		177786
宁 夏	Ningxia	21329	7673	7160	1817	447485
新 疆	Xinjiang	57789	12993	2088		769696

4-2-12 分地区广播电视行政事业单位财务收支情况(2015年)
Main Financial Indicators of Administrative Organs and Institutions Engaged in Radio and TV Broadcasting (2015)

单位：万元 (10 000 yuan)

地 区	Region	总收入 Total Revenue	#财政补助收入 Government Subsidy	#事业收入 Revenue from Radio and TV Institutions	#经营收入 Business Revenue	总支出 Total Expenditure
全 国	**National Total**	**15678523**	**5727590**	**7908258**	**964693**	**14602614**
总局直属	Directly under the State Administration	3784795	827068	2587941		3268306
北 京	Beijing	689010	240565	381871	-1196	782936
天 津	Tianjin	190283	46169	113221	42	220252
河 北	Hebei	325177	158077	150031	4330	318344
山 西	Shanxi	288534	139563	122352	7547	270394
内蒙古	Inner Mongolia	330140	307479	10258	91	319559
辽 宁	Liaoning	438823	131160	292100	5340	418281
吉 林	Jilin	341926	324125	12083	355	329567
黑龙江	Heilongjiang	352862	113523	181151	48956	330610
上 海	Shanghai	109987	90685	10869		105209
江 苏	Jiangsu	604404	107382	251170	160933	717102
浙 江	Zhejiang	607683	150501	304354	77790	586590
安 徽	Anhui	429876	144833	269060	8654	436857
福 建	Fujian	334151	183721	133344	1320	321636
江 西	Jiangxi	246403	197617	28305	11118	240914
山 东	Shandong	711705	157310	503287	30134	656946
河 南	Henan	391606	127233	238779	12677	385338
湖 北	Hubei	354962	134741	64152	142846	364024
湖 南	Hunan	1358295	153358	1135959	23732	1168305
广 东	Guangdong	925331	154525	402365	308244	924189
广 西	Guangxi	349427	232843	75383	31117	308196
海 南	Hainan	119699	47968	68800	408	121254
重 庆	Chongqing	76613	66557	3422	3593	70833
四 川	Sichuan	523938	336883	85098	64609	509778
贵 州	Guizhou	152243	91689	42784	1202	136207
云 南	Yunnan	309867	175465	110396	3072	277682
西 藏	Tibet	121148	104140	11543	3205	105401
陕 西	Shaanxi	358411	126086	198280	1605	243461
甘 肃	Gansu	248716	207981	29120	1367	175298
青 海	Qinghai	131369	113984	5423	27	119943
宁 夏	Ningxia	101678	62296	28076	6357	88386
新 疆	Xinjiang	369461	272067	57281	5221	280816

4-2-13 分地区广播电视行政事业单位实际创收情况(2015年)

Actual Revenue of Administrative Organs and Institutions Engaged in Radio and TV Broadcasting by Region(2015)

单位：万元 (10 000 yuan)

地区	Region	实际创收收入 Actual Revenue	广告收入 Revenue from Advertising	#广播广告 Radio Advertising Revenue	#电视广告 TV Advertising Revenue
全国	**National Total**	**9919890**	**8026907**	**1067947**	**6829099**
总局直属	Directly under the State Administration	2878764	2418968	66519	2351490
北京	Beijing	362930	328310	73268	254167
天津	Tianjin	138369	59380	36512	22513
河北	Hebei	183103	171196	45615	122617
山西	Shanxi	150370	93863	22509	69926
内蒙古	Inner Mongolia	53067	39068	11762	27289
辽宁	Liaoning	310603	236905	64258	171483
吉林	Jilin	126569	118675	30510	87964
黑龙江	Heilongjiang	266763	204765	60986	137218
上海	Shanghai	18497	3836	482	2611
江苏	Jiangsu	497023	318890	62416	206833
浙江	Zhejiang	441158	223579	62120	149733
安徽	Anhui	284312	258145	30177	227090
福建	Fujian	67837	50847	12146	36821
江西	Jiangxi	162129	143290	6603	135755
山东	Shandong	551111	513056	86370	416872
河南	Henan	259871	223202	48163	173147
湖北	Hubei	214155	186500	33361	150247
湖南	Hunan	1205200	1102726	53300	1041118
广东	Guangdong	747996	549877	92934	452836
广西	Guangxi	133276	100341	16149	82484
海南	Hainan	76285	74325	6754	67457
重庆	Chongqing	12601	7727	396	6608
四川	Sichuan	176956	102151	24505	61089
贵州	Guizhou	55521	53289	4439	47752
云南	Yunnan	124334	108209	18342	89761
西藏	Tibet	16010	7384	227	7092
陕西	Shaanxi	227218	201744	61035	140413
甘肃	Gansu	37730	25240	9356	15834
青海	Qinghai	11383	8198	2015	6139
宁夏	Ningxia	36387	25265	3244	20324
新疆	Xinjiang	92364	67958	21476	46416

4-2-13 续表 continued

单位：万元 (10 000 yuan)

地 区	Region	网络收入 Revenue from Network Services	#有线广播电视收视费收入 Revenue from Subscription of Cable Radio and TV Programs	#付费数字电视收入 Revenue from Pay Digital TV	#三网融合业务收入 Revenue from Three-network Convergence	广播电视节目销售收入 Revenue from Sales of Radio and TV Programs	其他创收收入 Revenue from Other Services
全 国	**National Total**	**686006**	**536732**	**41648**	**15894**	**77388**	**1129589**
总局直属	Directly under the State Administration	83886	77173	5497		1528	374381
北 京	Beijing					16240	18381
天 津	Tianjin					117	78873
河 北	Hebei	231	76			895	10781
山 西	Shanxi	42162	36579	581		134	14211
内蒙古	Inner Mongolia	6140	5658	220	150		7859
辽 宁	Liaoning	57159	54498		10	302	16238
吉 林	Jilin	4304	4221				3590
黑龙江	Heilongjiang	18605	18372	0	19	3171	40222
上 海	Shanghai						14661
江 苏	Jiangsu	50899	32263	2347	118	2965	124269
浙 江	Zhejiang	150236	88099	7730	7560	82	67261
安 徽	Anhui	17029	14690	1559	170		9138
福 建	Fujian					935	16054
江 西	Jiangxi	8890	7354	1290			9949
山 东	Shandong	14226	11872	1162	505	215	23614
河 南	Henan	27860	25321	3			8809
湖 北	Hubei	1589	1284	61	24	34	26032
湖 南	Hunan	23017	18090	467	77	41990	37467
广 东	Guangdong	135541	108381	16717	2356	8298	54280
广 西	Guangxi	2	2				32933
海 南	Hainan	536	523				1424
重 庆	Chongqing	1660	1660				3214
四 川	Sichuan	12428	7719	3707	55	333	62045
贵 州	Guizhou						2232
云 南	Yunnan						16126
西 藏	Tibet	5391	4820	144			3235
陕 西	Shaanxi	412	367			150	24912
甘 肃	Gansu	425					12064
青 海	Qinghai	11	11				3175
宁 夏	Ningxia	4850			4850		6272
新 疆	Xinjiang	18516	17699	164			5889

4-2-14 分地区广播电视行政事业单位资产负债情况(2015年)
Assets and Liabilities of Administrative Organs and Institutions Engaged in Radio and TV Broadcasting by Region(2015)

单位：万元 (10 000 yuan)

地 区	Region	资产总额 Total Assets	#固定资产净值 Net Value of Fixed Assets	#专业设备 Radio and TV Equipment
全 国	**National Total**	**41732943**	**16319395**	**6482772**
总局直属	Directly under the State Administration	13099278	2794483	1504416
北 京	Beijing	1692683	945631	265798
天 津	Tianjin	939493	257871	122794
河 北	Hebei	657469	453893	207398
山 西	Shanxi	537945	276994	142915
内蒙古	Inner Mongolia	319247	231237	92158
辽 宁	Liaoning	1060868	563670	321078
吉 林	Jilin	645871	379543	178522
黑龙江	Heilongjiang	776908	424220	104688
上 海	Shanghai	253212	96977	45399
江 苏	Jiangsu	3179210	814098	335840
浙 江	Zhejiang	2110321	1043463	224860
安 徽	Anhui	626246	363841	154892
福 建	Fujian	848021	576433	251098
江 西	Jiangxi	367862	227925	72386
山 东	Shandong	1915300	1052455	303835
河 南	Henan	828371	607423	298495
湖 北	Hubei	914906	461788	196924
湖 南	Hunan	3206279	616259	241648
广 东	Guangdong	2727551	1249919	326532
广 西	Guangxi	613101	324116	139933
海 南	Hainan	179212	95183	11225
重 庆	Chongqing	125690	90579	33248
四 川	Sichuan	1089514	680685	215172
贵 州	Guizhou	337626	216943	37365
云 南	Yunnan	654707	326926	227804
西 藏	Tibet	193912	133948	22355
陕 西	Shaanxi	529920	337992	121427
甘 肃	Gansu	428187	197308	45343
青 海	Qinghai	93638	67415	44923
宁 夏	Ningxia	253742	101783	23081
新 疆	Xinjiang	526653	308392	169222

4-2-15 分地区广播电视企业单位经营情况(2015年)
Main Financial Indicators of Enterprises Engaged in Radio and TV Broadcasting by Region(2015)

单位：万元 (10 000 yuan)

地 区	Region	总收入 Total Revenue	#营业收入 Revenue from Principal Business	本年应缴税金 Value Tax Payable	固定资产投资额 Investment in Fixed Assets	本年新增固定资产 Newly Increased Fixed Assets
全 国	**National Total**	**30667045**	**29497196**	**1278188**	**3376981**	**3038408**
总局直属	Directly under the State Administration	3269087	3123417	121631	107174	71063
北 京	Beijing	5025358	4785027	268832	472334	339804
天 津	Tianjin	209355	199424	5668	24588	24951
河 北	Hebei	406672	385297	9083	132439	90118
山 西	Shanxi	148251	145774	3434	9267	8486
内蒙古	Inner Mongolia	163286	158066	1866	13850	12510
辽 宁	Liaoning	332174	323671	11512	77037	73442
吉 林	Jilin	225540	222938	-2551	47541	45768
黑龙江	Heilongjiang	224768	219649	40	5160	5160
上 海	Shanghai	4505343	4355267	258504	204423	199259
江 苏	Jiangsu	2347881	2281525	59411	192056	187573
浙 江	Zhejiang	4002639	3758435	214891	199585	119360
安 徽	Anhui	434403	411944	14333	71610	65640
福 建	Fujian	659252	636099	18182	60736	62859
江 西	Jiangxi	456749	436193	10538	38661	22231
山 东	Shandong	1011416	993486	83496	686689	674237
河 南	Henan	299697	292560	7960	164429	128621
湖 北	Hubei	693298	668264	-2241	114641	104771
湖 南	Hunan	1135176	1105400	10857	105570	93097
广 东	Guangdong	1687492	1655425	103650	63254	200037
广 西	Guangxi	295061	283367	5258	109859	55944
海 南	Hainan	44703	41691	278		7
重 庆	Chongqing	455031	445861	17774	67908	71554
四 川	Sichuan	885078	862213	8838	198824	171538
贵 州	Guizhou	685938	676486	17904	49929	56400
云 南	Yunnan	254101	241748	13956	48280	39931
西 藏	Tibet					
陕 西	Shaanxi	487236	482695	7078	49890	53648
甘 肃	Gansu	122512	117397	1363	34243	36935
青 海	Qinghai	40183	36573	1401	3506	3994
宁 夏	Ningxia	71702	65486	2674	9258	7181
新 疆	Xinjiang	87666	85818	2570	14238	12287

4-2-16 分地区广播电视企业单位创收情况(2015年)
Actual Revenue of Enterprises Engaged in Radio and TV Broadcasting by Region(2015)

单位：万元 (10 000 yuan)

地 区	Region	实际创收收入 Actual Revenue	广告收入 Revenue from Advertising	广播广告收入 Radio Advertising Revenue	电视广告收入 TV Advertising Revenue	其他广告收入 Other Advertising Revenue
全 国	**National Total**	**29602791**	**7268485**	**496271**	**3822532**	**2949681**
总局直属	Directly under the State Administration	3212965	499011	14708	417324	66980
北 京	Beijing	4573167	1825236	53796	365856	1405584
天 津	Tianjin	201537	69158	97	65433	3628
河 北	Hebei	405103	28108	2963	9448	15697
山 西	Shanxi	147082	2907	1194	1024	689
内蒙古	Inner Mongolia	159875				
辽 宁	Liaoning	342851	15302	4735	9520	1047
吉 林	Jilin	225201	4979		4733	245
黑龙江	Heilongjiang	214276	2515		2347	168
上 海	Shanghai	4402455	1413267	89781	584220	739266
江 苏	Jiangsu	2322813	757749	59323	662255	36171
浙 江	Zhejiang	3905630	1250945	70075	905135	275735
安 徽	Anhui	431863	91718	40	74341	17337
福 建	Fujian	651722	147632	28403	99779	19449
江 西	Jiangxi	445765	44017	31509	9885	2623
山 东	Shandong	998668	80279	8085	43497	28696
河 南	Henan	297053	43539	27607	9458	6474
湖 北	Hubei	679831	80810	11667	47993	21149
湖 南	Hunan	1119476	173867	1326	79163	93378
广 东	Guangdong	1628079	271652	32755	90451	148447
广 西	Guangxi	287362	6318	647	2539	3132
海 南	Hainan	44694				
重 庆	Chongqing	436707	104492	21877	79988	2627
四 川	Sichuan	743926	153994	20033	128195	5767
贵 州	Guizhou	676984	161814	13401	98489	49924
云 南	Yunnan	251041	12600	2153	7737	2710
西 藏	Tibet					
陕 西	Shaanxi	482695	3082		3082	
甘 肃	Gansu	122099	21519	96	20145	1278
青 海	Qinghai	37509	103			103
宁 夏	Ningxia	67115	1750		420	1330
新 疆	Xinjiang	87247	120		74	46

4-2-16 续表 continued

单位：万元 (10 000 yuan)

地 区	Region	网络收入 Revenue from Network Services	有线广播电视收视费收入 Revenue from Subscription of Cable Radio and TV Programs	付费数字电视收入 Revenue from Pay Digital TV	三网融合业务收入 Revenue from Three-network Convergence	其他网络收入 Revenue from Other Network Services	广播电视节目销售收入 Revenue from Sales of Radio and TV Programs	其他创收收入 Revenue from Other Services
全 国	**National Total**	**7974580**	**4214802**	**660689**	**829446**	**2269643**	**2728357**	**11631369**
总局直属	Directly under the State Administration	221689	33003	32584	87972	68130	118345	2373920
北 京	Beijing	261703	115111	5704	57299	83589	671681	1814546
天 津	Tianjin	109488	47921	6725	26094	28748	5270	17620
河 北	Hebei	277438	185017	9359	23098	59964	14005	85551
山 西	Shanxi	75314	53771	9154	2205	10184	5230	63630
内蒙古	Inner Mongolia	157771	107171	2185		48415	28	2076
辽 宁	Liaoning	251309	184636	14996	12356	39321	3707	72533
吉 林	Jilin	211162	119336	25260	4845	61720	377	8684
黑龙江	Heilongjiang	210920	130307	15118	479	65016		841
上 海	Shanghai	346931	157111	45494	40227	104098	184422	2457835
江 苏	Jiangsu	773729	368071	49626	52298	303734	118854	672481
浙 江	Zhejiang	555219	234659	37074	138108	145378	842308	1257158
安 徽	Anhui	141001	83134	12596	3021	42249	42450	156694
福 建	Fujian	261129	112388	40183	9401	99157	35540	207421
江 西	Jiangxi	194177	122826	13386	2272	55693	6403	201168
山 东	Shandong	610317	376033	60017	20037	154229	69027	239045
河 南	Henan	168798	117194	5816	5711	40077	23	84693
湖 北	Hubei	351784	219410	22316	42908	67151	31519	215718
湖 南	Hunan	330636	184569	37240	53944	54882	90778	524196
广 东	Guangdong	642031	371152	39128	46820	184931	259823	454573
广 西	Guangxi	243434	98447	12879	23250	108858	1057	36553
海 南	Hainan	38834	26887	2533		9414	236	5623
重 庆	Chongqing	248016	123797	19964	44958	59297	13606	70594
四 川	Sichuan	493875	223194	34799	56916	178966	4804	91252
贵 州	Guizhou	179608	88561	31317	5163	54568	2568	332994
云 南	Yunnan	188532	104719	24721	18602	40490	6081	43827
西 藏	Tibet							
陕 西	Shaanxi	206000	99000	19000	39000	49000	195919	77694
甘 肃	Gansu	82900	50728	7234	7860	17077	2478	15202
青 海	Qinghai	23639	15229	3779	202	4429		13767
宁 夏	Ningxia	36199	21329	7673	2310	4887	1817	27349
新 疆	Xinjiang	80996	40089	12830	2088	25990		6131

4-2-17 分地区广播电视企业单位资产负债情况(2015年)

Assets and Liabilities of Enterprises Engaged in Radio and TV Broadcasting by Region(2015)

单位：万元 (10 000 yuan)

地区	Region	资产总额 Total Assets	#固定资产净值 Net Value of Fixed Assets	负债总额 Total Liabilities	所有者权益 Owner's Equity
全国	**National Total**	**75670258**	**15493783**	**40467786**	**35202472**
总局直属	Directly under the State Administration	4901716	668774	2018292	2883424
北京	Beijing	14403740	1095719	8410511	5993229
天津	Tianjin	422438	159652	295664	126774
河北	Hebei	1162645	457553	628739	533906
山西	Shanxi	526037	85341	220230	305807
内蒙古	Inner Mongolia	380208	165249	76103	304104
辽宁	Liaoning	965292	497049	583185	382107
吉林	Jilin	1883812	376229	838679	1045133
黑龙江	Heilongjiang	348476	147712	156467	192009
上海	Shanghai	8810693	1238991	6983489	1827205
江苏	Jiangsu	6949687	2004234	2958332	3991355
浙江	Zhejiang	10576999	907184	4554012	6022987
安徽	Anhui	887228	329894	549944	337284
福建	Fujian	1337616	310126	849893	487723
江西	Jiangxi	700019	157220	453494	246525
山东	Shandong	2290715	920497	1038209	1252506
河南	Henan	1077826	369519	652468	425358
湖北	Hubei	2183610	725277	1055517	1128093
湖南	Hunan	2638950	645964	937569	1701381
广东	Guangdong	4280281	1041245	1446016	2834266
广西	Guangxi	690495	318228	416358	274137
海南	Hainan	179161	84183	93595	85566
重庆	Chongqing	1130328	348026	727964	402364
四川	Sichuan	2338930	879509	1742740	596190
贵州	Guizhou	919963	251286	510449	409515
云南	Yunnan	1352253	352550	871151	481102
西藏	Tibet				
陕西	Shaanxi	1213194	563309	741818	471376
甘肃	Gansu	597014	222803	415072	181942
青海	Qinghai	84148	31201	44832	39316
宁夏	Ningxia	193742	56303	85630	108112
新疆	Xinjiang	243043	82954	111364	131679

4-2-18 全国电视节目进出口情况
Basic Statistics on Imported and Exported TV Programs

单位：万元 (10 000 yuan)

年份 Year	电视节目进口额 Value of Imported TV Programs	#电视剧 TV Plays	#动画电视 Cartoon	电视节目出口额 Value of Exported TV Programs	#电视剧 TV Plays	#动画电视 Cartoon
2006	33714.22	18513	802.97	16939.79	11084.86	5148.3
2007	32066.88	10757.18	981	12174.94	2434.85	7354.3
2008	45420.67	24293.23	878.26	12476.06	7524.95	2947.79
2009	49145.63	26887.15	127.5	9173.03	3583.59	4455.99
2010	43046.75	21449.75	247	21010.15	7483.51	11133.19
2011	54098.62	34563.57	702.01	22662.45	14648.95	3662.39
2012	62533.52	39583.88	1489.01	22824.19	15019.78	3104.72
2013	58658.06	24497.67	4432.38	18165.57	9249.77	4894.24
2014	209023.51	169807.3	11027.99	27225.71	20795.49	3190.02
2015	99397.6	29465.61	44472.16	51331.91	37704.63	10059.23

4-2-19 全国电视节目进出口情况(2015年)
Basic Statistics on Imported and Exported TV Programs(2015)

指标	Item	合计 Total	欧洲 Europe	非洲 Africa	美洲 America
全年电视节目进口总额(万元)	**Value of Imported TV Programs (10 000 yuan)**	**99398**	**9641**	**24**	**22785**
#电视剧	TV Play	29466	1361		12345
动画电视	Cartoon	44472	864		2149
纪录片	Documentary	7488	2266	2	2009
全年电视节目进口量(小时)	**Time of Imported TV Programs (hour)**	**31109**	**6447**	**49**	**7473**
#电视剧(部)	TV Play (set)	126	23		10
#电视剧(集)	TV Play (set)	2340	278		154
动画电视(小时)	Cartoon (hour)	12690	1493		2292
纪录片(小时)	Documentary (hour)	3722	1186	48	1842
全年电视节目出口总额(万元)	**Value of Exported TV Programs (10 000 yuan)**	**51332**	**4860**	**1101**	**6938**
#电视剧	TV Play	37705	3461	872	5019
动画电视	Cartoon	10059	1293	153	979
纪录片	Documentary	901	106	59	349
全年电视节目出口量(小时)	**Time of Exported TV Programs (hour)**	**25352**	**594**	**891**	**6824**
#电视剧(部)	TV Play (set)	381	17	22	51
#电视剧(集)	TV Play (set)	15902	373	837	1982
动画电视(小时)	Cartoon (hour)	3091	141	162	185
纪录片(小时)	Documentary (hour)	1233	148	19	365

4-2-19 续表 continued

指 标	Item	#美国 United States	亚洲 Asia	#日本 Japan	#韩国 Republic of Korea
全年电视节目进口总额(万元)	**Value of Imported TV Programs (10 000 yuan)**	**21658.8**	**65627.4**	**38955.0**	**11676.0**
#电视剧	TV Play	12275.9	15759.4	627.5	11227.2
动画电视	Cartoon	1619.6	41459.2	38083.7	164.0
纪录片	Documentary	1894.0	2530.7	106.1	67.7
全年电视节目进口量(小时)	**Time of Imported TV Programs (hour)**	**5918**	**16923**	**14063**	**1038**
#电视剧(部)	TV Play (set)	9	93	16	26
#电视剧(集)	TV Play (set)	104	1908	184	592
动画电视(小时)	Cartoon (hour)	1765	8905	8431	296
纪录片(小时)	Documentary (hour)	1624	630	56	16
全年电视节目出口总额(万元)	**Value of Exported TV Programs (10 000 yuan)**	**3923.7**	**37072.3**	**1978.1**	**2990.2**
#电视剧	TV Play	2066.1	27080.0	1966.1	1217.1
动画电视	Cartoon	959.2	7545.7		1763.4
纪录片	Documentary	331.6	386.9	11.3	9.7
全年电视节目出口量(小时)	**Time of Exported TV Programs (hour)**	**5761**	**16913**	**219**	**784**
#电视剧(部)	TV Play (set)	31	283	8	20
#电视剧(集)	TV Play (set)	1189	12661	250	923
动画电视(小时)	Cartoon (hour)	121	2512		20
纪录片(小时)	Documentary (hour)	262	701	5	19

指 标	Item	#东南亚 Southeast Asia	#中国香港 Hong Kong China	#中国台湾 Taiwan, China	大洋洲 Oceania
全年电视节目进口总额(万元)	**Value of Imported TV Programs (10 000 yuan)**	**2837.8**	**9613.1**	**2494.3**	**1320.1**
#电视剧	TV Play	1039.8	2228.5	636.4	
动画电视	Cartoon		2019.2	1192.2	
纪录片	Documentary	16.0	2268.4	64.0	680.6
全年电视节目进口量(小时)	**Time of Imported TV Programs (hour)**	**204**	**1166**	**445**	**217**
#电视剧(部)	TV Play (set)	8	28	15	
#电视剧(集)	TV Play (set)	182	532	418	
动画电视(小时)	Cartoon (hour)		133	45	
纪录片(小时)	Documentary (hour)	17	508	33	16
全年电视节目出口总额(万元)	**Value of Exported TV Programs (10 000 yuan)**	**12397.4**	**9317.7**	**8418.0**	**1361.1**
#电视剧	TV Play	9314.2	7149.1	6405.2	1272.7
动画电视	Cartoon	1824.4	1681.9	1446.5	88.4
纪录片	Documentary	128.4	160.1	71.8	
全年电视节目出口量(小时)	**Time of Exported TV Programs (hour)**	**7355**	**3428**	**2872**	**129**
#电视剧(部)	TV Play (set)	129	44	68	8
#电视剧(集)	TV Play (set)	6522	1638	2603	49
动画电视(小时)	Cartoon (hour)	365	222	246	91
纪录片(小时)	Documentary (hour)	120	309	187	

4-2-20 分地区电视节目进出口情况(2015年)

Basic Statistics on Imported and Exported TV Programs by Region(2015)

地 区	Region	全年电视节目进口总额(万元) Value of Imported TV Programs (10 000 yuan)	#电视剧 TV Play	#动画电视 Cartoon	全年电视节目进口量(小时) Time of Imported TV Programs (hour)	#动画电视 Cartoon	进口电视剧 Imported TV Plays 部 set	集 part
全 国	**National Total**	**99398**	**29466**	**44472**	**31109**	**12690**	**126**	**2340**
总局直属	Directly under the State Administration	21147	1406	376	5007	109	19	298
北 京	Beijing	49230	9916	38610	18211	9094	65	788
天 津	Tianjin							
河 北	Hebei	40			104			
山 西	Shanxi							
内蒙古	Inner Mongolia							
辽 宁	Liaoning							
吉 林	Jilin							
黑龙江	Heilongjiang							
上 海	Shanghai	23199	13689	5487	6294	3487	28	797
江 苏	Jiangsu	2244	2244		86		3	114
浙 江	Zhejiang	1689	1689		143		5	196
安 徽	Anhui							
福 建	Fujian							
江 西	Jiangxi							
山 东	Shandong							
河 南	Henan							
湖 北	Hubei							
湖 南	Hunan	21			73			
广 东	Guangdong	1306	112		1080			
广 西	Guangxi	112			80		4	107
海 南	Hainan							
重 庆	Chongqing							
四 川	Sichuan							
贵 州	Guizhou							
云 南	Yunnan	400	400		15		1	20
西 藏	Tibet							
陕 西	Shaanxi							
甘 肃	Gansu							
青 海	Qinghai	10	10		15		1	20
宁 夏	Ningxia							
新 疆	Xinjiang							

4-2-20 续表 continued

地 区	Region	全年电视节目出口总额(万元) Value of Exported TV Programs (10 000 yuan)	#电视剧 TV Play	#动画电视 Cartoon	全年电视节目出口量(小时) Time of Exported TV Programs (hour)	#动画电视 Cartoon	出口电视剧 Exported TV Plays 部 set	集 part
全 国	**National Total**	**51332**	**37705**	**10059**	**25352**	**3091**	**381**	**15902**
总局直属	Directly under the State Administration	5231	4432	24	5563	26	99	4596
北 京	Beijing	7232	6211	757	2179	82	53	2116
天 津	Tianjin							
河 北	Hebei							
山 西	Shanxi							
内蒙古	Inner Mongolia							
辽 宁	Liaoning							
吉 林	Jilin							
黑龙江	Heilongjiang							
上 海	Shanghai	3504	2322	41	7253	40	20	722
江 苏	Jiangsu	1083		1083	10	10		
浙 江	Zhejiang	27655	22416	4191	6701	1335	191	7138
安 徽	Anhui							
福 建	Fujian	266	265	1	59	27	1	43
江 西	Jiangxi							
山 东	Shandong	2569	1889	680	738	10	10	971
河 南	Henan							
湖 北	Hubei	158	152	6	1248	24	6	272
湖 南	Hunan	820		820	850	850		
广 东	Guangdong	2209	18	1851	698	633	1	44
广 西	Guangxi							
海 南	Hainan							
重 庆	Chongqing	606		606	54	54		
四 川	Sichuan							
贵 州	Guizhou							
云 南	Yunnan							
西 藏	Tibet							
陕 西	Shaanxi							
甘 肃	Gansu							
青 海	Qinghai							
宁 夏	Ningxia							
新 疆	Xinjiang							

4-2-21 全国电影发展情况
Basic Statistics on Film Industry

年 份 Year	国有电影故事片厂(个) State-owned Number of Feature Film Studios (unit)	生产故事影片(部) Feature Films (reel)	生产动画影片(部) Cartoons (reel)	生产科教影片(部) Popular Science Films (reel)	生产纪录影片(部) Documentary Films (reel)	生产特种影片(部) Special Films (reel)
2005	32	260	7	33	2	
2006	32	330	13	36	13	
2007	32	402	6	34	9	
2008	33	406	16	39	16	2
2009	31	456	27	52	19	4
2010	31	526	16	54	16	9
2011	31	558	24	76	26	5
2012	31	745	33	74	15	26
2013	31	638	29	121	18	18
2014	31	618	40	52	25	23
2015	31	686	51	96	38	17

年 份 Year	电影院线 Movie Circuit			全国电影票房收入(亿元) Domestic Movie Box Office Revenue (100 million yuan)		
	数量(条) Number of Movie Circuit (line)	院线内影院(家) Cinemas in Movie Circuit (unit)	银幕(块) Screens in Movie Circuit (unit)		国产电影票房收入(亿元) Chinese Movies (100 million yuan)	进口电影票房收入(亿元) Imported Movies (100 million yuan)
2005	36	1243	2668	20		
2006	34	1325	3034	57.3		
2007	34	1427	3527	67.3		
2008	34	1545	4097	84.3		
2009	37	1687	4723	106.7		
2010	37	1820	6256	157.2		
2011	39	2803	9286	177.5		
2012	40		13118	208.2		
2013	42		18195	217.69	127.67	90.02
2014	45		23600	296.39	161.55	134.84
2015	46		31600	440.69	271.36	169.33

4-3-1 博物馆基本情况
Basic Statistics on Museums

年份 Year	机构数 (个) Number of Institutions (unit)	从业人员 (人) Number of Engaged Persons (person)	藏品数 (件/套) Number of Collections (piece/set)	基本陈列、展览 (个) Displays and Exhibitions (unit)	参观人次 (万人次) Spectators (10 000 person-times)
2005	1581	38603	16199377	5929	11819
2006	1617	40818	13024192	5879	12032
2007	1722	42636	13760448	7689	25625
2008	1893	51587	14554158	8364	28328
2009	2252	59919	15711150	14057	32716
2010	2435	57431	17552482	26704	40679
2011	2650	62181	19023423	16921	47051
2012	3069	71748	23180726	20115	56401
2013	3473	79075	27191601	16822	63777
2014	3658	83970	29299673	19565	71774
2015	3852	89133	30441422	21154	78112

4-3-1 续表 continued

年份 Year	实际使用房屋建筑面积 (万平方米) Floor Space of Buildings Actually Used (10 000 sq.m)	收入合计 (万元) Total Revenue (10 000 yuan)	#财政补助收入 Government Subsidy	支出合计 (万元) Total Expenditure (10 000 yuan)
2005	556	344539	166731	319862
2006	580	409927	203740	363518
2007	676	506375	264585	472082
2008	748	609161	427451	572440
2009	967	765924	569299	700720
2010	1088	961176	728877	878727
2011	1179	1205789	991036	1171131
2012	1471	1492024	1203789	1424802
2013	1700	1755739	1402781	1706897
2014	1933	1955512	1584668	1874197
2015	2034	2169987	1728459	2167639

4-3-2 分地区博物馆基本情况(2015年)
Basic Statistics on Museums by Region(2015)

地 区	Region	机构数（个） Number of Institutions (unit)	从业人员（人） Number of Engaged Persons (person)	#专业技术人员 Professional Technical Staff	藏品数（件/套） Number of Collections (piece/set)	基本陈列、展览（个） Displays and Exhibitions (unit)
全 国	**National Total**	**3852**	**89133**	**32460**	**30441422**	**21154**
中央本级	Central-level	4	3035	1441	3270312	184
北 京	Beijing	40	1260	416	1229829	269
天 津	Tianjin	22	783	458	673291	157
河 北	Hebei	107	3519	1181	406132	607
山 西	Shanxi	100	3139	854	808896	352
内蒙古	Inner Mongolia	84	1543	832	505570	455
辽 宁	Liaoning	64	2100	1056	453489	429
吉 林	Jilin	76	1127	635	416815	381
黑龙江	Heilongjiang	158	2618	1086	750650	749
上 海	Shanghai	99	3117	1418	2152643	835
江 苏	Jiangsu	312	6181	2169	1754310	1890
浙 江	Zhejiang	224	4516	1567	1186230	1709
安 徽	Anhui	171	2781	1071	733703	862
福 建	Fujian	98	2063	794	514057	788
江 西	Jiangxi	137	2985	1096	415473	510
山 东	Shandong	312	6310	2562	1619903	2172
河 南	Henan	248	6126	1680	928893	1073
湖 北	Hubei	175	3449	1689	1602377	964
湖 南	Hunan	113	2736	850	531079	438
广 东	Guangdong	177	3475	1700	958465	1460
广 西	Guangxi	124	1996	846	422677	445
海 南	Hainan	18	275	73	43375	92
重 庆	Chongqing	78	2157	802	607418	449
四 川	Sichuan	225	6107	1613	3414417	928
贵 州	Guizhou	73	1310	347	95327	225
云 南	Yunnan	86	1063	713	1206919	466
西 藏	Tibet	7	222	50	68026	24
陕 西	Shaanxi	249	8245	1898	2675637	1044
甘 肃	Gansu	150	3265	943	558789	705
青 海	Qinghai	23	262	163	154674	70
宁 夏	Ningxia	12	270	155	77592	80
新 疆	Xinjiang	86	1098	302	204454	342

4-3-2 续表 1 continued

地 区	Region	参观人次（万人次） Spectators (10 000 person-times)	门票销售总额（万元） Sales of Admission Tickets (10 000 yuan)	收入合计（万元） Total Revenue (10 000 yuan)	#财政补助收入 Government Subsidy	支出合计（万元） Total Expenditure (10 000 yuan)
全 国	**National Total**	**78112**	**329461**	**2169987**	**1728459**	**2167639**
中央本级	Central-level	2257	81559	162330	131600	174444
北 京	Beijing	579	2739	61007	54171	66252
天 津	Tianjin	1003	1006	24456	23340	25999
河 北	Hebei	2646	1572	53332	43273	50545
山 西	Shanxi	1466	22870	55762	42914	51904
内蒙古	Inner Mongolia	1150	460	39156	36868	34496
辽 宁	Liaoning	1158	10684	57243	53373	52978
吉 林	Jilin	949	4044	31343	24695	30837
黑龙江	Heilongjiang	2092	5159	56128	40738	47567
上 海	Shanghai	1935	15772	177344	125036	156455
江 苏	Jiangsu	7850	15885	158419	122674	152709
浙 江	Zhejiang	4577	3032	117134	90542	123684
安 徽	Anhui	2680	621	46718	36720	47027
福 建	Fujian	2412		54312	47618	41162
江 西	Jiangxi	2949	23	48674	42298	106834
山 东	Shandong	5130	18695	150333	104446	125649
河 南	Henan	4728	7122	66749	53670	67422
湖 北	Hubei	2624	370	64996	52459	62069
湖 南	Hunan	4758	739	95475	89902	104866
广 东	Guangdong	4252	5841	108836	101291	105089
广 西	Guangxi	1655	87	40712	29745	38965
海 南	Hainan	137		8710	7759	6092
重 庆	Chongqing	2299	12626	70240	53260	54903
四 川	Sichuan	5997	29171	133877	106729	136066
贵 州	Guizhou	1581	25	21874	14159	31701
云 南	Yunnan	1700	89	20068	18076	24624
西 藏	Tibet	49		3128	3030	5194
陕 西	Shaanxi	4208	88950	145208	92412	150222
甘 肃	Gansu	2191	298	57874	49936	55960
青 海	Qinghai	147		7628	7203	7354
宁 夏	Ningxia	198		9070	8662	5511
新 疆	Xinjiang	756	24	21854	19863	23059

4-3-2 续表 2 continued

地 区	Region	资产总计（万元） Total Assets (10 000 yuan)	#固定资产原价 Original Value of Fixed Assets	实际使用房屋建筑面积（万平方米） Floor Space of Buildings Actually Used (10 000 sq.m)	#展览用房 Buildings for Exhibitions	#库房 Storeroom
全 国	**National Total**	**7957798**	**4967621**	**2033.75**	**994.75**	**164.29**
中央本级	Central-level	553172	211520	50.26	11.85	3.73
北 京	Beijing	188793	166096	28.07	13.29	1.49
天 津	Tianjin	28255	15180	18.84	8.80	2.63
河 北	Hebei	202412	160422	97.44	33.16	3.09
山 西	Shanxi	168671	108856	52.32	22.63	4.32
内蒙古	Inner Mongolia	259346	195182	58.00	28.49	3.86
辽 宁	Liaoning	155623	120939	48.68	26.33	5.02
吉 林	Jilin	48805	29979	26.43	15.73	1.86
黑龙江	Heilongjiang	229819	189725	59.11	35.96	3.46
上 海	Shanghai	904929	508155	68.61	24.34	7.59
江 苏	Jiangsu	776812	644391	211.81	108.48	12.49
浙 江	Zhejiang	403593	261279	118.42	53.89	9.54
安 徽	Anhui	198612	128031	65.57	33.95	5.79
福 建	Fujian	96295	46376	50.35	22.89	3.83
江 西	Jiangxi	254702	129351	54.71	28.05	5.07
山 东	Shandong	718444	419024	175.12	101.98	16.40
河 南	Henan	210306	113373	97.03	52.80	10.87
湖 北	Hubei	199196	125668	66.85	33.23	7.30
湖 南	Hunan	241573	101474	52.60	21.62	4.35
广 东	Guangdong	304098	161926	112.65	44.89	7.96
广 西	Guangxi	122925	67874	43.57	25.79	3.86
海 南	Hainan	12118	9014	4.47	1.78	0.20
重 庆	Chongqing	129596	81601	50.10	22.29	3.87
四 川	Sichuan	596162	287705	129.48	65.46	11.79
贵 州	Guizhou	55542	32388	46.78	35.27	1.65
云 南	Yunnan	71083	62017	39.96	18.29	3.09
西 藏	Tibet	5396	1201	4.65	1.81	0.29
陕 西	Shaanxi	484471	339814	105.53	49.91	9.78
甘 肃	Gansu	220419	165510	52.68	27.75	4.73
青 海	Qinghai	20437	16144	6.68	3.00	1.52
宁 夏	Ningxia	14664	12013	10.33	4.44	0.72
新 疆	Xinjiang	81531	55398	26.68	16.63	2.16

4-3-3 群众文化机构基本情况
Basic Statistics on Mass Cultural Institutions

年 份 Year	机构数（个） Number of Institutions (unit)	从业人员（人） Number of Engaged Persons (person)	组织文艺活动次数（次） Number of Art and Cultural Activities (time)	举办训练班次（次） Number of Training Courses (time)	举办展览个数（个） Number of Exhibitions (unit)
2005	41588	122500	391439	190194	111300
2006	40088	123465	497779	218696	141150
2007	40601	128096	546477	242055	90900
2008	41156	131142	473613	299791	100877
2009	41959	137484	555052	304955	110251
2010	43382	141002	576799	358719	117353
2011	43675	147732	620586	339883	107785
2012	43876	156228	688482	387201	114774
2013	44260	164355	740611	390758	138225
2014	44423	170299	845421	469300	131728
2015	44291	173499	959901	536328	139792

4-3-3 续表 continued

年 份 Year	收入合计（万元） Total Revenue (10 000 yuan)	#财政补贴收入 Government Subsidy	支出合计（万元） Total Expenditure (10 000 yuan)	实际使用房屋建筑面积（万平方米） Floor Space of Buildings Actually Used (10 000 sq.m)
2005	365887	279033	358641	1507
2006	428962	322773	412430	1623
2007	548301	432311	575722	1667
2008	660111	528838	653613	1931
2009	807244	681147	794190	2194
2010	944397	803918	931951	2527
2011	1285601	1122872	1267505	2983
2012	1453601	1300692	1467803	3172
2013	1667594	1478439	1635395	3389
2014	1901726	1623756	1828632	3686
2015	2077606	1856374	2014894	3848

4-3-4 分地区群众文化机构基本情况(2015年)
Basic Statistics on Mass Cultural Institutions by Region(2015)

地 区	Region	机构数(个) Number of Institutions (unit)	从业人员(人) Number of Engaged Persons (person)	#专业技术人员 Professional Technical Staff	组织文艺活动次数(次) Number of Art and Cultural Activities (time)	组织文艺活动观众人次(万人次) Attending Art and Cultural Activities (10 000 person-times)
全 国	**National Total**	**44291**	**173499**	**70540**	**959901**	**39728.4**
北 京	Beijing	349	2602	685	27175	582.3
天 津	Tianjin	260	1208	528	9391	265.4
河 北	Hebei	2402	7138	2463	41732	1064.9
山 西	Shanxi	1540	4442	1804	22560	744.6
内蒙古	Inner Mongolia	1179	5274	2583	17072	680.0
辽 宁	Liaoning	1543	5966	2606	31635	1007.0
吉 林	Jilin	979	4534	2665	14977	511.1
黑龙江	Heilongjiang	1641	5193	2592	21569	665.9
上 海	Shanghai	237	4835	1138	64393	1484.0
江 苏	Jiangsu	1396	6980	2905	55298	1955.4
浙 江	Zhejiang	1417	6998	3922	67323	3818.6
安 徽	Anhui	1559	5892	3262	36210	1331.9
福 建	Fujian	1222	3761	1415	15940	578.5
江 西	Jiangxi	1881	5987	2055	20079	917.6
山 东	Shandong	1971	8568	4279	73897	2505.2
河 南	Henan	2533	10967	2447	48646	1778.4
湖 北	Hubei	1399	4869	2359	22979	1244.7
湖 南	Hunan	2677	8062	2796	29555	1525.6
广 东	Guangdong	1742	11445	3337	50270	4704.6
广 西	Guangxi	1291	5285	2687	28663	1630.5
海 南	Hainan	228	720	243	2438	191.9
重 庆	Chongqing	1045	5021	1438	25658	1230.6
四 川	Sichuan	4785	10650	3647	66118	2811.1
贵 州	Guizhou	1665	5957	2609	18490	989.3
云 南	Yunnan	1564	7198	5293	30717	1553.2
西 藏	Tibet	774	2824	888	5575	163.4
陕 西	Shaanxi	1591	7384	2796	21539	939.8
甘 肃	Gansu	1455	6400	1653	14721	621.4
青 海	Qinghai	414	1197	468	5067	284.7
宁 夏	Ningxia	266	1341	765	12126	506.4
新 疆	Xinjiang	1286	4801	2212	58088	1440.6

4-3-4 续表 1 continued

地 区	Region	举办训练班 Training Courses		举办展览 Exhibitions		收入合计（万元） Total Revenue (10 000 yuan)	#财政补贴收入 Government Subsidy
		班次（次） Number of Training Courses (time)	培训人次（万人次） Attending Training (10 000 person-times)	个数（个） Number of Exhibitions (time)	参观人次（万人次） Visitors (10 000 person-times)		
全 国	**National Total**	**536328**	**3871.0**	**139792**	**10752.2**	**2077606**	**1856374**
北 京	Beijing	37433	170.1	1992	114.2	80929	63262
天 津	Tianjin	9201	46.6	1073	41.7	23708	22909
河 北	Hebei	16189	105.4	5106	220.5	51382	49400
山 西	Shanxi	12076	79.9	3290	216.1	31719	31222
内蒙古	Inner Mongolia	8734	46.6	2143	152.0	46881	45663
辽 宁	Liaoning	20402	144.3	3270	186.0	50409	45596
吉 林	Jilin	8096	63.7	1777	125.0	50861	49116
黑龙江	Heilongjiang	7620	55.9	2946	167.6	42604	40424
上 海	Shanghai	51408	341.7	3259	529.8	152144	127035
江 苏	Jiangsu	22725	176.8	8467	472.6	137069	128663
浙 江	Zhejiang	43279	294.0	10043	1019.8	195054	168027
安 徽	Anhui	19436	140.2	5465	326.7	51424	44324
福 建	Fujian	14366	78.0	3682	369.4	40572	34617
江 西	Jiangxi	12311	77.6	4208	235.7	41918	36506
山 东	Shandong	29447	261.1	9935	622.1	92521	86921
河 南	Henan	24281	171.4	9008	545.5	60135	57791
湖 北	Hubei	12870	97.6	4399	341.0	53349	48843
湖 南	Hunan	15833	123.9	5284	451.9	62422	53579
广 东	Guangdong	45679	451.9	8199	1543.5	203182	181570
广 西	Guangxi	12507	77.9	3425	249.9	53162	43343
海 南	Hainan	1801	19.7	455	40.7	10533	8971
重 庆	Chongqing	14827	131.2	4708	406.9	68268	60580
四 川	Sichuan	32833	224.3	11226	765.1	133443	122902
贵 州	Guizhou	8840	59.7	3245	251.5	53698	45418
云 南	Yunnan	15536	135.2	5205	413.0	80918	72391
西 藏	Tibet	1858	12.3	715	40.4	24499	21921
陕 西	Shaanxi	11801	99.4	5229	257.6	57117	52313
甘 肃	Gansu	7644	61.5	3967	229.6	42320	38453
青 海	Qinghai	1643	10.6	1021	49.8	13726	12322
宁 夏	Ningxia	2478	19.2	665	48.1	19579	17644
新 疆	Xinjiang	13174	93.3	6385	318.6	52061	44647

4-3-4 续表 2 continued

地 区	Region	支出合计（万元） Total Expenditure (10 000 yuan)	资产总计（万元） Total Assets (10 000 yuan)	#固定资产原价 Original Value of Fixed Assets	实际使用房屋建筑面积（万平方米） Floor Space of Buildings Actually Used (10 000 sq.m)	#业务用房面积 Buildings for Mass Cultural Activities
全 国	**National Total**	**2014894**	**5357522**	**4553023**	**3848.27**	**2765.44**
北 京	Beijing	87751	96258	75512	71.45	48.21
天 津	Tianjin	22775	38995	30587	31.71	21.33
河 北	Hebei	49542	119342	108886	121.53	91.04
山 西	Shanxi	30779	93737	85059	97.96	73.13
内蒙古	Inner Mongolia	46239	108122	99393	75.54	54.29
辽 宁	Liaoning	49010	119441	104390	124.29	65.21
吉 林	Jilin	46690	88876	61194	51.01	33.22
黑龙江	Heilongjiang	41041	101540	66025	81.56	55.17
上 海	Shanghai	141808	333519	233870	137.12	99.29
江 苏	Jiangsu	136572	371059	320029	379.05	286.12
浙 江	Zhejiang	193532	447961	370270	375.23	285.52
安 徽	Anhui	50686	126333	105926	102.01	83.61
福 建	Fujian	39942	126018	98789	125.02	95.39
江 西	Jiangxi	36937	118825	94750	107.41	72.63
山 东	Shandong	91746	206644	177190	251.86	167.94
河 南	Henan	58814	121569	111350	135.00	98.54
湖 北	Hubei	51708	106226	88125	120.64	84.55
湖 南	Hunan	62330	161985	144745	151.55	110.32
广 东	Guangdong	193291	729308	640964	389.44	278.16
广 西	Guangxi	49440	77602	70780	75.65	55.19
海 南	Hainan	9510	21659	17277	10.73	7.98
重 庆	Chongqing	67563	164265	147307	92.27	67.21
四 川	Sichuan	128087	330227	293858	215.46	162.69
贵 州	Guizhou	51031	100080	87396	76.89	54.14
云 南	Yunnan	76901	178575	133703	105.56	74.27
西 藏	Tibet	24044	343570	334514	37.72	30.84
陕 西	Shaanxi	57491	128796	105888	87.91	62.54
甘 肃	Gansu	41794	105781	91769	72.56	52.73
青 海	Qinghai	13204	22851	19930	15.37	12.12
宁 夏	Ningxia	17926	41272	28889	26.16	16.72
新 疆	Xinjiang	46711	227088	204659	102.63	65.35

4-3-5　公共图书馆基本情况
Basic Statistics on Public Libraries

年　份 Year	机构数（个） Number of Institutions (unit)	从业人员（人） Number of Engaged Persons (person)	总藏量（万册件） Total Collections (10 000 copies)	总流通人次（万人次） Total Number of Circulation (10 000 person-times)	#外借人次 Borrowing from Libraries	书刊文献外借册次（万册次） Number of Books and Periodicals Lent to Readers (10 000 copy-times)
2005	2762	50423	48056	23332	10821	20269
2006	2778	51311	50024	25218	11408	21039
2007	2799	54650	52053	26103	11454	21319
2008	2820	52021	55064	28141	12251	23129
2009	2850	52688	58521	32167	13277	25857
2010	2884	53564	61726	32823	13934	26392
2011	2952	54475	63896	37423	15316	28452
2012	3076	54997	68827	43437	17402	33191
2013	3112	56320	74896	49232	20552	40868
2014	3117	56071	79092	53036	22737	46734
2015	3139	56422	83844	58892	23085	50896

4-3-5　续表　continued

年　份 Year	发放借书证数（万个） Accumulative Number of Library Cards Distributed (10 000 units)	收入合计（万元） Total Revenue (10 000 yuan)	#财政补贴收入 Government Subsidy	支出合计（万元） Total Expenditure (10 000 yuan)	实际使用公用房屋建筑面积（万平方米） Floor Space of Buildings Actually Used (10 000 sq.m)
2005	1062	325880	277848	312571	677
2006	1160	366089	319479	344076	719
2007	1273	450512	395441	431326	741
2008	1454	531926	477616	519841	780
2009	1749	613175	550808	606630	850
2010	2020	646085	583685	643629	900
2011	2214	813232	756357	776839	995
2012	2485	1002068	934890	977556	1058
2013	2877	1151163	1070575	1130035	1158
2014	3944	1212979	1137210	1163583	1232
2015	5721	1358370	1270354	1340481	1301

4-3-6 分地区公共图书馆基本情况(2015年)
Basic Statistics on Public Libraries by Region(2015)

地 区	Region	机构数(个) Number of Institutions (unit)	从业人员(人) Number of Engaged Persons (person)	#专业技术人员 Professional Technical Staff	总藏量(万册) Total Collections (10 000 copies)	#图书 Books
全 国	**National Total**	**3139**	**56422**	**40251**	**83843.9**	**64182.5**
北 京	Beijing	24	1263	1054	2424.5	2134.8
天 津	Tianjin	31	1189	864	1696.9	1496.8
河 北	Hebei	172	1855	1283	2199.8	1782.8
山 西	Shanxi	126	1554	1027	1548.5	1198.2
内蒙古	Inner Mongolia	117	1942	1622	1513.4	1260.7
辽 宁	Liaoning	129	2805	2162	3736.3	3005.0
吉 林	Jilin	66	1628	1334	1768.0	1447.2
黑龙江	Heilongjiang	107	1693	1386	1827.3	1509.6
上 海	Shanghai	25	2113	1681	7568.2	3295.8
江 苏	Jiangsu	114	3183	2167	6846.9	5865.7
浙 江	Zhejiang	100	3577	2108	6249.8	5355.3
安 徽	Anhui	122	1510	1068	1942.4	1575.6
福 建	Fujian	90	1330	983	2821.1	2207.6
江 西	Jiangxi	114	1395	849	2158.9	1654.7
山 东	Shandong	154	2750	2386	4727.4	3859.5
河 南	Henan	158	2949	1581	2472.3	2014.3
湖 北	Hubei	112	2212	1737	3002.5	2461.8
湖 南	Hunan	137	2092	1466	2555.2	2027.5
广 东	Guangdong	140	4159	2749	7007.7	6080.2
广 西	Guangxi	112	1509	1183	2606.3	1770.4
海 南	Hainan	21	325	238	423.6	382.6
重 庆	Chongqing	43	874	584	1303.8	1045.5
四 川	Sichuan	203	2261	1368	3327.8	2660.2
贵 州	Guizhou	96	1046	766	1220.6	967.3
云 南	Yunnan	151	1826	1576	1944.2	1455.7
西 藏	Tibet	79	187	78	162.1	128.3
陕 西	Shaanxi	110	2121	1186	1506.4	1244.1
甘 肃	Gansu	103	1443	831	1339.6	1018.8
青 海	Qinghai	49	411	305	414.8	347.2
宁 夏	Ningxia	26	558	414	706.2	591.1
新 疆	Xinjiang	107	1083	856	1303.4	1076.2

注：全国合计数中包括1个中央级公共图书馆，因此全国合计数与分地区合计不等。

a)Data of national total libiaries include one central-level public library, so the sum of all regions do not equal to the national total.

4-3-6 续表 1 continued

地 区	Region	本年新增藏量(万册) New Collections During the Year (10 000 copies)	有效借书证数(个) Accumulative Number of Library Cards Distributed (10 000 units)	总流通人次(万人次) Total Number of Circulation (10 000 person-times)	#书刊文献外借人次 Borrowing from Libraries	书刊文献外借册次(万册次) Number of Books and Periodicals Lent to Readers (10 000 copy-times)
全 国	**National Total**	**5151.0**	**57210823**	**58892.25**	**23084.7**	**50895.8**
北 京	Beijing	196.2	1036550	1263.94	394.3	940.4
天 津	Tianjin	102.1	735990	788.70	305.7	859.3
河 北	Hebei	121.6	892722	1427.56	596.1	971.8
山 西	Shanxi	81.2	738973	830.29	305.3	547.3
内蒙古	Inner Mongolia	68.3	284897	648.96	267.1	574.0
辽 宁	Liaoning	178.6	1261544	2068.18	751.5	1708.4
吉 林	Jilin	96.2	884269	732.49	352.5	747.9
黑龙江	Heilongjiang	87.9	613620	967.78	330.2	688.0
上 海	Shanghai	241.7	3049225	3931.39	1922.3	8681.4
江 苏	Jiangsu	477.7	11073175	6001.25	2881.7	4979.8
浙 江	Zhejiang	642.7	16385975	7941.99	2253.1	5726.7
安 徽	Anhui	191.1	966420	1738.95	913.5	1480.9
福 建	Fujian	211.2	1024890	2396.33	980.7	2465.1
江 西	Jiangxi	91.3	930376	1258.32	690.7	1118.6
山 东	Shandong	258.9	1888828	2728.98	1507.7	2331.3
河 南	Henan	124.3	942575	2233.16	1106.8	1676.0
湖 北	Hubei	184.8	1443241	1954.59	991.8	1816.4
湖 南	Hunan	134.4	1064061	1617.12	823.4	1539.7
广 东	Guangdong	556.7	5244111	7854.69	1697.3	4377.2
广 西	Guangxi	149.2	584222	2065.21	521.0	1155.0
海 南	Hainan	27.1	219674	444.95	81.5	222.0
重 庆	Chongqing	104.1	700120	1234.77	435.1	949.3
四 川	Sichuan	210.8	952981	2010.08	890.3	1617.1
贵 州	Guizhou	61.2	422334	594.00	307.3	476.4
云 南	Yunnan	92.6	444524	1222.57	534.1	1071.7
西 藏	Tibet	39.4	23386	20.00	4.7	6.5
陕 西	Shaanxi	78.8	357228	982.43	389.1	680.7
甘 肃	Gansu	55.1	314572	678.12	343.9	588.5
青 海	Qinghai	19.1	133899	111.76	75.2	91.4
宁 夏	Ningxia	33.4	144691	281.74	152.3	301.7
新 疆	Xinjiang	93.0	241127	473.69	234.9	439.7

4-3-6 续表 2 continued

地 区	Region	收入合计（万元） Total Revenue (10 000 yuan)	#财政补贴收入 Government Subsidy	支出合计（万元） Total Expenditure (10 000 yuan)	资产总计（万元） Total Assets (10 000 yuan)	#固定资产原价 Original Value of Fixed Assets
全 国	**National Total**	**1358369.8**	**1270354.3**	**1340480.7**	**4662697.5**	**3705895.1**
北 京	Beijing	60690.6	58565.4	59615.8	235327.5	159408.7
天 津	Tianjin	38938.8	37294.2	35517.3	92926.0	72849.6
河 北	Hebei	29269.4	28568.8	28023.7	72571.4	61136.6
山 西	Shanxi	22786.6	22709.8	23050.0	70869.0	60902.3
内蒙古	Inner Mongolia	39858.5	38851.8	39864.9	105829.4	86983.8
辽 宁	Liaoning	50217.7	48541.8	49576.9	141406.3	125154.7
吉 林	Jilin	29436.0	28731.7	29389.5	64174.8	54017.6
黑龙江	Heilongjiang	29394.2	28784.4	31318.4	82266.2	75218.3
上 海	Shanghai	95303.1	85027.2	93555.8	410714.8	369056.6
江 苏	Jiangsu	87247.0	82558.2	86604.0	289008.7	248340.4
浙 江	Zhejiang	99621.6	94625.7	100337.6	277058.4	232382.8
安 徽	Anhui	27148.8	24786.2	26927.0	88906.9	79703.1
福 建	Fujian	38345.0	35014.8	34971.0	111606.7	94504.5
江 西	Jiangxi	26542.8	24660.3	25599.1	60474.2	48341.7
山 东	Shandong	56689.2	54919.1	56508.9	163854.3	148923.8
河 南	Henan	33951.1	33274.8	32059.9	106028.6	91882.4
湖 北	Hubei	50018.3	47628.8	50295.4	205966.1	103813.5
湖 南	Hunan	32992.6	29914.0	30504.3	74845.7	56994.7
广 东	Guangdong	133048.9	127500.7	134517.5	609095.1	544565.8
广 西	Guangxi	35996.5	32733.9	35914.6	87156.4	67028.7
海 南	Hainan	10074.9	9758.2	9807.6	24075.9	16528.1
重 庆	Chongqing	25650.9	23778.2	24115.0	73701.5	63833.8
四 川	Sichuan	66036.7	64019.5	59960.0	149272.9	98834.3
贵 州	Guizhou	17249.2	15289.6	17210.3	41188.3	34023.4
云 南	Yunnan	27292.2	24863.9	27660.7	94402.2	86451.9
西 藏	Tibet	7577.9	6932.2	5145.8	13478.6	10225.6
陕 西	Shaanxi	27930.0	25921.8	27944.0	81592.0	64693.7
甘 肃	Gansu	24623.0	22857.7	25253.9	89909.1	70146.8
青 海	Qinghai	9759.6	9339.6	9074.1	14779.6	11577.3
宁 夏	Ningxia	13509.0	12731.1	12827.5	33975.1	28697.9
新 疆	Xinjiang	24152.2	21634.7	26943.8	135406.6	116486.3

4-3-6 续表 3 continued

地 区	Region	实际使用公用房屋建筑面积(万平方米) Floor Space of Buildings Actually Used (10 000 sq.m)	#书库面积 Stack Rooms	#阅览室面积 Reading Rooms	阅览室坐席数(个) Seats of Reading Rooms (unit)
全 国	**National Total**	**1301.46**	**268.42**	**358.00**	**910679**
北 京	Beijing	24.7	4.6	6.4	15469
天 津	Tianjin	25.90	5.80	8.37	14500
河 北	Hebei	43.92	9.13	12.80	33112
山 西	Shanxi	41.89	7.51	12.69	26910
内蒙古	Inner Mongolia	34.03	5.44	9.41	26251
辽 宁	Liaoning	55.52	9.51	15.08	35125
吉 林	Jilin	27.23	4.69	8.11	19138
黑龙江	Heilongjiang	29.21	5.65	8.12	23324
上 海	Shanghai	41.83	9.28	10.48	22037
江 苏	Jiangsu	103.12	15.84	23.83	50707
浙 江	Zhejiang	95.08	19.35	22.99	60777
安 徽	Anhui	39.93	8.30	12.93	32944
福 建	Fujian	38.05	9.03	11.72	31799
江 西	Jiangxi	36.55	9.52	11.50	31309
山 东	Shandong	82.57	18.21	22.74	55991
河 南	Henan	54.87	11.59	13.43	42060
湖 北	Hubei	53.79	11.40	14.18	37098
湖 南	Hunan	41.43	11.89	10.91	32591
广 东	Guangdong	125.76	24.61	37.92	89864
广 西	Guangxi	34.52	8.29	8.64	27856
海 南	Hainan	8.06	1.89	2.31	5557
重 庆	Chongqing	29.43	5.70	8.37	21363
四 川	Sichuan	56.23	11.85	17.55	45739
贵 州	Guizhou	22.48	6.14	7.04	20215
云 南	Yunnan	35.63	8.25	8.82	26255
西 藏	Tibet	5.06	1.41	1.12	2910
陕 西	Shaanxi	24.43	4.79	7.94	20015
甘 肃	Gansu	21.91	4.62	5.79	18873
青 海	Qinghai	6.23	1.54	2.14	3962
宁 夏	Ningxia	10.61	2.80	3.19	8568
新 疆	Xinjiang	23.73	4.53	7.87	23057

4-3-7　艺术表演团体基本情况
Basic Statistics on Art Performance Troupes

年份 Year	机构数（个） Number of Institutions (unit)	从业人员（人） Number of Engaged Persons (person)	演出场次（万场次） Number of Performances (10 000 shows)	国内演出观众人次（万人次） Number of Domestic Audience (10 000 person-times)
2005	2805	141678	47	38894
2006	2866	144167	49	46115
2007	4512	220653	93	75896
2008	5114	208174	91	63187
2009	6139	184678	120	81716
2010	6864	185413	137	88456
2011	7055	226599	155	74585
2012	7321	242047	135	82805
2013	8180	260865	165	90064
2014	8769	262887	174	91020
2015	10787	301878	211	95799

4-3-7　续表　continued

年份 Year	收入合计（万元） Total Revenue (10 000 yuan)	#演出收入 Performance Income	支出合计（万元） Total Expenditure (10 000 yuan)	实际使用房屋建筑面积（万平方米） Floor Space of Buildings Actually Used (10 000 sq.m)
2005	545640	114381	527627	462
2006	620479	134253	602838	408
2007	829045	203757	750817	429
2008	933685	204842	832225	432
2009	1121559	288214	1048083	457
2010	1239255	342696	1203561	466
2011	1540263	526745	1486696	526
2012	2310460	641480	2081911	617
2013	2800266	735532	2331821	638
2014	2264046	757028	2024045	716
2015	2576499	939310	2286420	800

注：2007年以前艺术表演团体为文化系统内数据，2007年起含非文化部门单位。

a) The Art performance troupes referred to those under the official cultural system before 2007 and expanded the coverage to those both under and outside the official cultural system starting from 2007.

4-3-8 分地区艺术表演团体基本情况(2015年)
Basic Statistics on Art Performance Troupes by Region(2015)

地 区	Region	机构数（个） Number of Institutions (unit)	从业人员（人） Number of Engaged Persons (person)	#专业技术人员 Professional Technical Staff	演出场次（万场次） Number of Performances (10 000 shows)	#国内演出 Domestic Performances	国内演出观众人次（万人次） Number of Domestic Audience (10 000 person-times)
全 国	**National Total**	**10787**	**301878**	**143965**	**210.8**	**209.3**	**95799.0**
中央本级	Central-level	17	5117	3108	0.3	0.3	399.8
北 京	Beijing	395	8489	4290	2.8	2.7	1085.2
天 津	Tianjin	86	2909	1981	1.8	1.7	672.6
河 北	Hebei	596	14492	7530	8.3	8.1	4559.0
山 西	Shanxi	456	15987	7088	6.1	6.1	3951.5
内蒙古	Inner Mongolia	175	7553	5071	3.9	3.9	1123.5
辽 宁	Liaoning	263	6026	3405	2.4	2.3	905.6
吉 林	Jilin	49	2772	1867	0.6	0.6	371.9
黑龙江	Heilongjiang	51	3393	2703	0.8	0.7	327.6
上 海	Shanghai	180	6106	3837	2.9	2.9	862.9
江 苏	Jiangsu	369	10529	6121	8.6	8.5	2809.1
浙 江	Zhejiang	1024	31525	11185	21.8	21.8	15336.7
安 徽	Anhui	1617	30940	13485	39.1	39.0	10686.2
福 建	Fujian	397	12575	5703	8.6	8.5	2760.1
江 西	Jiangxi	236	6177	2740	3.0	3.0	1543.8
山 东	Shandong	623	13857	7739	13.3	13.3	3871.6
河 南	Henan	824	26668	10396	35.6	35.6	19415.7
湖 北	Hubei	282	8999	5182	3.8	3.8	2901.7
湖 南	Hunan	273	8686	4381	6.6	6.5	1911.4
广 东	Guangdong	391	11392	4908	4.1	4.1	2142.0
广 西	Guangxi	92	4613	2071	1.4	1.3	1824.0
海 南	Hainan	66	2484	1001	0.8	0.8	701.2
重 庆	Chongqing	730	9785	3389	9.6	9.5	2222.5
四 川	Sichuan	543	11588	4837	10.3	10.2	2011.8
贵 州	Guizhou	95	3153	1619	0.8	0.8	682.5
云 南	Yunnan	276	9243	4461	4.6	4.5	1940.0
西 藏	Tibet	87	2440	709	0.6	0.6	389.8
陕 西	Shaanxi	177	9411	5040	3.4	3.3	4322.4
甘 肃	Gansu	191	6739	3051	2.3	2.3	2034.2
青 海	Qinghai	54	1434	696	0.4	0.3	333.3
宁 夏	Ningxia	40	1454	456	0.6	0.6	492.6
新 疆	Xinjiang	132	5342	3915	1.8	1.7	1206.9

4-3-8 续表 1 continued

地 区	Region	收入合计(万元) Total Revenue (10 000 yuan)	#财政补贴收入 Government Subsidy	#演出收入 Performance Income	支出合计(万元) Total Expenditure (10 000 yuan)	#人员支出 Personnel Expenses	资产总计(万元) Total Assets (10 000 yuan)
全 国	**National Total**	**2576499**	**1281042**	**939310**	**2286420**	**1256076**	**4236258**
中央本级	Central-level	154296	93248	28908	173874	70920	388650
北 京	Beijing	120804	59370	35969	107630	54551	282545
天 津	Tianjin	52217	41633	5636	48515	27875	94716
河 北	Hebei	69984	30861	34456	69078	40120	141951
山 西	Shanxi	80552	44040	26285	74456	39035	100159
内蒙古	Inner Mongolia	86148	74594	7234	89149	53480	121843
辽 宁	Liaoning	70294	34912	18097	58731	29664	202669
吉 林	Jilin	35644	27684	3805	38330	20158	32373
黑龙江	Heilongjiang	44432	39627	2769	43933	28899	56135
上 海	Shanghai	150237	72072	50106	129041	56711	236486
江 苏	Jiangsu	126999	48016	49766	100690	53084	261489
浙 江	Zhejiang	237508	65908	157500	195786	124752	210667
安 徽	Anhui	119092	23920	80999	93077	56258	163609
福 建	Fujian	96516	49695	38348	94361	59298	165940
江 西	Jiangxi	33595	18402	11862	30168	20056	74634
山 东	Shandong	104851	61271	30406	95675	60559	117937
河 南	Henan	119752	46641	60984	96846	57167	257136
湖 北	Hubei	73325	50729	16136	71696	39643	115329
湖 南	Hunan	70408	34123	29978	62687	29353	104429
广 东	Guangdong	145228	51409	76154	98454	51354	194214
广 西	Guangxi	65365	24937	34801	54129	20013	100124
海 南	Hainan	18997	9504	8449	14407	9935	21237
重 庆	Chongqing	65803	19442	31864	51631	26217	81249
四 川	Sichuan	109977	43495	29759	90575	42056	184836
贵 州	Guizhou	23574	11716	7488	23036	9983	57812
云 南	Yunnan	77335	39286	32440	67199	39836	150346
西 藏	Tibet	22857	21519	104	21972	16630	29056
陕 西	Shaanxi	62238	40346	13927	58751	34398	98349
甘 肃	Gansu	41832	25647	9258	37892	24191	84881
青 海	Qinghai	11899	6704	2050	14663	5724	31569
宁 夏	Ningxia	12775	9593	1847	12655	4021	26181
新 疆	Xinjiang	71968	60702	1930	67333	50137	47709

4-3-8 续表 2 continued

地 区	Region	#固定资产原价 Original Value of Fixed Assets	实际使用房屋建筑面积（万平方米） Floor Space of Buildings Actually Used (10 000 sq.m)	#排练练功用房 Buildings for Rehearsing	流动舞台车演出情况 Performances of Flow Stage Car 流动舞台车数量（辆） Number of Flow Stage Cars (unit)	演出场次（万场次） Number of Performances (10 000 shows)	观众人次（万人次） Number of Audiences (10 000 person-times)
全 国	**National Total**	**1497866**	**800.3**	**102.9**	**1413**	**11.71**	**10661.2**
中央本级	Central-level	232767	28.0	3.8			
北 京	Beijing	55504	21.4	1.0			
天 津	Tianjin	13009	10.0	1.4	4	0.05	60.5
河 北	Hebei	29815	33.8	4.3	74	0.60	593.2
山 西	Shanxi	47667	34.1	3.6	108	0.54	301.0
内蒙古	Inner Mongolia	100017	27.8	4.7	88	0.45	249.2
辽 宁	Liaoning	32538	21.3	3.6	14	0.07	43.6
吉 林	Jilin	20485	10.6	2.3	37	0.23	180.4
黑龙江	Heilongjiang	37994	15.5	3.8	16	0.06	66.9
上 海	Shanghai	58669	13.1	1.1			
江 苏	Jiangsu	37344	42.1	5.1	51	0.43	420.0
浙 江	Zhejiang	55791	67.5	2.7	16	0.07	87.7
安 徽	Anhui	25341	39.1	2.1	50	0.60	479.8
福 建	Fujian	90616	27.9	2.5	20	0.06	31.2
江 西	Jiangxi	35392	16.0	1.5	56	0.52	298.8
山 东	Shandong	49414	35.0	8.2	95	1.61	1545.8
河 南	Henan	36244	45.8	5.0	172	2.91	3166.0
湖 北	Hubei	67951	29.8	6.2	75	0.90	906.7
湖 南	Hunan	29634	33.6	4.6	124	0.93	614.9
广 东	Guangdong	128567	43.4	3.8	5	0.01	10.9
广 西	Guangxi	26970	12.0	3.1	15	0.07	93.3
海 南	Hainan	9830	6.2	0.7	16	0.05	42.7
重 庆	Chongqing	34498	19.4	1.9	12	0.06	55.3
四 川	Sichuan	35122	31.7	2.2	13	0.04	30.4
贵 州	Guizhou	29931	11.7	1.8	11	0.03	26.7
云 南	Yunnan	23181	26.0	3.0	76	0.21	275.7
西 藏	Tibet	24134	15.5	2.5	17	0.03	27.4
陕 西	Shaanxi	50421	30.6	4.3	71	0.41	368.7
甘 肃	Gansu	28332	14.9	2.2	52	0.21	231.1
青 海	Qinghai	15281	4.8	1.8	12	0.01	20.2
宁 夏	Ningxia	7094	4.7	1.1	15	0.15	129.3
新 疆	Xinjiang	28313	26.8	7.0	98	0.41	303.9

4-3-9 艺术表演场馆基本情况
Basic Statistics on Art Performance Places of Culture System

年份 Year	机构数 (个) Number of Institutions (unit)	从业人员 (人) Number of Engaged Persons (person)	坐席数 (个) Seating Capacity (unit)	演(映)出场次 (万场次) Number of Performances (10 000 shows)	#艺术演出 Art Performances
2005	1866	35678	1410814	60.1	8.9
2006	1839	34890	1413647	58.9	9.1
2007	1732	32806	1307456	59.9	8.2
2008	1662	29691	1171012	64.2	7.2
2009	1499	28059	1126705	41.9	7.4
2010	1461	25280	1077250	53.8	7.2
2011	1429	26480	1080266	56.2	5.9
2012	1279	25076	945580	57.5	7.2
2013	1344	26036	1027946	82.9	6.6
2014	1338	25709	1187359	78.1	7.0
2015	2143	46734	1786688	106.5	13.7

4-3-9 续表 continued

年份 Year	观众人次 (万人次) Number of Audience (10 000 person-times)	#艺术演出 Art Performances	收入合计 (万元) Total Revenue (10 000 yuan)	#艺术演出 Art Performances Income
2005			131678	50226
2006			163431	67066
2007	9100.3	3637.6	173344	63162
2008	8121.8	3211.1	155505	40055
2009	7492.6	3206.7	182863	39558
2010	8992.8	3165.3	177731	38309
2011	6927	2685.8	266099	51227
2012	6099.7	2191.7	218223	44454
2013	7776.3	2662.4	426361	82489
2014	6844.4	2598.3	403699	84512
2015	10775.4	2853.6	867630	257173

注：2015年以前艺术表演场馆为公有制艺术表演场馆，2015年起含民营艺术表演场馆。

a) Art performance places refer to those of state-owned before 2015, and also include those of non-state owned since 2015.

4-3-10 分地区艺术表演场馆基本情况(2015年)
Basic Statistics on Art Performance Places of Culture System by Region(2015)

地 区	Region	机构数(个) Number of Institutions (unit)	从业人员(人) Number of Engaged Persons (person)	#专业技术人员 Professional Technical Staff	坐席数(个) Seating Capacity (unit)	演(映)出场次合计(万场次) Number of Performances (10 000 shows)	#艺术演出 Art Performances
全 国	**National Total**	**2143**	**46734**	**12384**	**1786688**	**106.5**	**13.7**
中央本级	Central-level	7	253	18	6671	0.1	0.1
北 京	Beijing	54	2615	562	45087	4.2	1.5
天 津	Tianjin	50	874	143	23438	2.4	0.5
河 北	Hebei	108	1679	391	68014	2.9	0.3
山 西	Shanxi	137	1997	409	98717	10.9	0.6
内蒙古	Inner Mongolia	25	385	164	16296	1.5	0.3
辽 宁	Liaoning	105	3240	394	39821	1.7	0.8
吉 林	Jilin	49	735	233	21613	2.5	0.6
黑龙江	Heilongjiang	38	389	136	18493	0.2	0.1
上 海	Shanghai	50	1930	502	62512	2.2	0.9
江 苏	Jiangsu	207	5229	1258	181732	37.9	1.1
浙 江	Zhejiang	308	4374	1247	174656	9.3	2.1
安 徽	Anhui	76	1446	634	49300	1.1	0.6
福 建	Fujian	56	798	252	33391	4.5	0.1
江 西	Jiangxi	57	816	377	273223	0.7	0.3
山 东	Shandong	101	1920	530	107195	1.7	0.4
河 南	Henan	150	3692	449	189186	1.9	0.3
湖 北	Hubei	58	1597	382	55631	3.5	0.3
湖 南	Hunan	71	2054	786	58969	3.1	0.4
广 东	Guangdong	66	2669	539	73363	2.3	0.5
广 西	Guangxi	29	658	310	15135	2.2	0.2
海 南	Hainan	11	428	46	11210	0.2	0.0
重 庆	Chongqing	22	407	219	10361	0.1	0.1
四 川	Sichuan	99	1958	734	44565	1.1	0.9
贵 州	Guizhou	8	104	39	2200	0.0	0.0
云 南	Yunnan	40	1728	191	15241	1.2	0.3
西 藏	Tibet	14	73	63	3964	0.0	0.0
陕 西	Shaanxi	88	1821	1113	49953	1.3	0.3
甘 肃	Gansu	24	491	123	14226	1.4	0.1
青 海	Qinghai	16	86	8	7474	0.2	0.0
宁 夏	Ningxia	3	27	20	1604	0.0	
新 疆	Xinjiang	16	261	112	13447	4.0	0.0

4-3-10 续表 1 continued

地 区	Region	观众人次合计（万人次） Number of Audience (10 000 person-times)	#艺术演出观众人次 Art Performances	收入合计（万元） Total Revenue (10 000 yuan)	#财政拨款 Government Subsidy	#演出收入 Performance Income	支出合计（万元） Total Expenditure (10 000 yuan)
全 国	**National Total**	**10775.4**	**2853.6**	**867630**	**217844**	**257173**	**776708**
中央本级	Central-level	39.9	26.8	8243	99	3982	7593
北 京	Beijing	807.4	176.9	165914	44488	73515	143968
天 津	Tianjin	289.8	91.7	6960	973	1114	6824
河 北	Hebei	256.9	53.3	19612	7483	3331	17607
山 西	Shanxi	440.8	142.0	26746	8073	2786	21056
内蒙古	Inner Mongolia	107.2	58.2	6926	3505	911	5406
辽 宁	Liaoning	382.0	53.6	30296	1712	3444	25008
吉 林	Jilin	204.2	45.6	7369	3937	1554	6913
黑龙江	Heilongjiang	53.6	25.8	2039	1524	120	2202
上 海	Shanghai	527.7	262.0	88037	10550	37787	81762
江 苏	Jiangsu	2024.4	303.5	143697	19526	26060	135940
浙 江	Zhejiang	1300.8	328.4	76726	18301	13000	74238
安 徽	Anhui	335.6	79.9	15054	5086	4620	13441
福 建	Fujian	228.4	32.4	16276	7141	1179	13767
江 西	Jiangxi	173.8	112.9	9328	5450	1328	9429
山 东	Shandong	396.0	158.6	21246	9355	7421	21315
河 南	Henan	272.8	114.4	13170	4876	1912	13861
湖 北	Hubei	287.9	154.4	20110	4304	6725	19600
湖 南	Hunan	689.4	152.6	29965	7649	9929	24017
广 东	Guangdong	462.6	151.5	81700	20900	41737	64823
广 西	Guangxi	216.9	31.4	6450	1101	2078	5312
海 南	Hainan	151.8	26.1	1160	440	179	1206
重 庆	Chongqing	58.6	9.7	3322	1888	518	3911
四 川	Sichuan	201.5	49.7	18976	7222	4608	13433
贵 州	Guizhou	8.0		1041		60	1145
云 南	Yunnan	139.9	26.6	6184	353	1258	5468
西 藏	Tibet	9.8	3.3	1560	1371	23	1572
陕 西	Shaanxi	231.3	118.3	23018	13444	4850	23127
甘 肃	Gansu	71.1	36.9	7221	1427	950	5165
青 海	Qinghai	58.6	7.0	408	148	178	589
宁 夏	Ningxia	1.1		1684	1621		839
新 疆	Xinjiang	345.5	20.1	7193	3897	20	6171

4-3-10 续表 2 continued

地 区	Region	#人员支出 Personnel Expenses	资产总计(万元) Total Assets (10 000 yuan)	#固定资产原价 Original Value of Fixed Assets	实际使用房屋建筑面积(万平方米) Floor Space of Buildings Actually Used (10 000 sq.m)	#演(映)业务用房 Buildings for Performances
全 国	**National Total**	**207771**	**3682211**	**1462373**	**1005.3**	**463.0**
中央本级	Central-level	1710	14387	1593	6.4	4.8
北 京	Beijing	21813	278757	58721	54.6	39.9
天 津	Tianjin	2584	15321	8222	17.5	6.5
河 北	Hebei	5770	106797	54193	40.3	24.9
山 西	Shanxi	6568	105204	66156	53.6	27.4
内蒙古	Inner Mongolia	2276	98345	92077	19.8	6.2
辽 宁	Liaoning	7674	189296	11004	29.6	10.5
吉 林	Jilin	4008	28685	18570	13.2	7.7
黑龙江	Heilongjiang	1447	10705	8671	8.0	4.4
上 海	Shanghai	12573	399527	174121	42.3	25.1
江 苏	Jiangsu	26769	824936	199606	195.9	61.3
浙 江	Zhejiang	27183	277522	80794	113.0	50.6
安 徽	Anhui	4641	100946	18436	30.0	12.4
福 建	Fujian	4900	172064	168452	23.9	10.1
江 西	Jiangxi	3814	101034	27671	32.1	12.6
山 东	Shandong	6724	63854	50312	48.8	25.7
河 南	Henan	5821	204524	41044	36.4	17.1
湖 北	Hubei	6636	85702	70457	31.8	18.2
湖 南	Hunan	8138	87530	42747	26.0	14.4
广 东	Guangdong	13466	199760	119184	69.5	32.7
广 西	Guangxi	2265	10526	5381	6.2	2.8
海 南	Hainan	606	14570	11649	8.8	2.5
重 庆	Chongqing	1414	40952	2553	6.5	3.4
四 川	Sichuan	6963	103079	36269	29.0	14.0
贵 州	Guizhou	298	10563	1622	1.5	0.3
云 南	Yunnan	1998	9838	4868	6.1	3.1
西 藏	Tibet	1224	6923	6852	2.6	1.1
陕 西	Shaanxi	12741	65416	36996	26.7	11.7
甘 肃	Gansu	1829	23947	17800	8.4	5.0
青 海	Qinghai	303	9837	9285	3.8	2.2
宁 夏	Ningxia	189	1791	875	5.3	0.2
新 疆	Xinjiang	3431	19876	16193	7.8	4.4

4-3-11 文物保护管理机构基本情况
Basic Statistics on Agencies of Cultural Relics Preservation

年份 Year	机构数 (个) Number of Institutions (unit)	从业人员 (人) Number of Engaged Persons (person)	藏品数 (件/套) Number of Collections (piece/set)	基本陈列、展览 (个) Displays and Exhibitions (unit)
2005	2186	34052	2416460	2034
2006	2204	29257	2342103	1987
2007	2229	31175	2255038	2992
2008	2223	29661	2187639	2106
2009	2263	28629	1958904	2449
2010	2436	30171	2149366	3419
2011	2735	33035	2251805	2243
2012	2705	34854	1767573	2128
2013	2809	35334	1906829	1181
2014	3280	37843	2092332	1566
2015	3307	32030	2073474	1466

年份 Year	参观人次 (万人次) Spectators (10 000 person-times)	收入合计 (万元) Total Revenue (10 000 yuan)	#财政补助收入 Government Subsidy	支出合计 (万元) Total Expenditure (10 000 yuan)
2005	5837	214336	49539	187185
2006	6411	225287	54485	202865
2007	19161	269410	76441	235417
2008	6956	311916	110983	276187
2009	9205	308949	147401	290560
2010	11198	365904	187973	330748
2011	9442	463609	240214	419425
2012	10433	535779	311260	459988
2013	10711	819557	490110	705411
2014	12182	757303	511636	689769
2015	14001	875460	595864	790247

4-3-12 文物保护科研机构基本情况
Basic Statistics on Scientific and Research Agencies of Cultural Relics

年份 Year	机构数 (个) Number of Institutions (unit)	从业人员 (人) Number of Engaged Persons (person)	藏品数 (件/套) Number of Collections (piece/set)	实际使用房屋建筑面积 (万平方米) Floor Space of Buildings Actually Used (10 000 sq.m)	收入合计 (万元) Total Revenue (10 000 yuan)	#财政补助收入 Government Subsidy	支出合计 (万元) Total Expenditure (10 000 yuan)
2009	104	3799	929189	30	88210	27872	86062
2010	108	3846	870223	28	120767	40768	110215
2011	107	4078	822390	62	139450	71760	135304
2012	114	4917	1208701	101	182418	118631	158831
2013	115	5243	1594975	96	208924	122562	170898
2014	118	7314	1459852	102	243812	135367	207016
2015	122	5217	1177485	145	255849	153826	236374

4-3-13 分地区文物保护管理机构基本情况(2015年)
Basic Statistics on Agencies of Cultural Relics Preservation by Region(2015)

地 区	Region	机构数(个) Number of Institutions (unit)	从业人员(人) Number of Engaged Persons (person)	#专业技术人员 Professional Technical Staff	藏品数(件/套) Number of Collections (piece/set)	基本陈列、展览(个) Displays and Exhibitions (unit)
全 国	**National Total**	**3307**	**32030**	**9017**	**2073474**	**1466**
北 京	Beijing	26	2651	205	25687	44
天 津	Tianjin	8	131	75	2246	4
河 北	Hebei	165	3973	853	82373	52
山 西	Shanxi	140	1887	522	187775	12
内蒙古	Inner Mongolia	90	608	373	50690	70
辽 宁	Liaoning	60	1309	408	40954	71
吉 林	Jilin	52	138	87	4887	
黑龙江	Heilongjiang	86	308	240	17384	34
上 海	Shanghai	6	75	61	2959	7
江 苏	Jiangsu	51	391	151	29084	37
浙 江	Zhejiang	96	2668	747	102638	198
安 徽	Anhui	95	542	312	69143	111
福 建	Fujian	37	211	74	4354	12
江 西	Jiangxi	66	569	183	102447	90
山 东	Shandong	113	3196	958	233039	45
河 南	Henan	124	2701	555	224619	29
湖 北	Hubei	48	733	306	28487	54
湖 南	Hunan	84	835	192	150213	73
广 东	Guangdong	34	336	89	22296	91
广 西	Guangxi	67	388	167	34929	53
海 南	Hainan	10	193	27	639	18
重 庆	Chongqing	29	266	108	45085	32
四 川	Sichuan	175	1811	496	199802	104
贵 州	Guizhou	74	336	179	8932	28
云 南	Yunnan	124	680	501	91671	75
西 藏	Tibet	1044	731	76	182056	2
陕 西	Shaanxi	211	2998	748	96732	64
甘 肃	Gansu	57	718	132	2570	8
青 海	Qinghai	29	49	30	1529	5
宁 夏	Ningxia	22	290	115	26042	21
新 疆	Xinjiang	84	308	47	2212	22

4-3-13 续表 1 continued

地 区	Region	参观人次 (万人次) Spectators (10 000 person-times)	门票销售总额 (万元) Sales of Admission Tickets (10 000 yuan)	收入合计 (万元) Total Revenue (10 000 yuan)	#财政补助收入 Government Subsidy	支出合计 (万元) Total Expenditure (10 000 yuan)
全 国	**National Total**	**14001.1**	**326563**	**875460**	**595864**	**790247**
北 京	Beijing	1489.8	40967	159922	111811	151979
天 津	Tianjin	21.6	431	4230	3338	4262
河 北	Hebei	949.6	38590	82449	39407	58301
山 西	Shanxi	663.1	8961	27902	20008	25660
内蒙古	Inner Mongolia	82.3	959	18179	16725	15382
辽 宁	Liaoning	206.7	4875	18225	15025	17215
吉 林	Jilin			2102	1779	2776
黑龙江	Heilongjiang	64.3		5571	4954	4624
上 海	Shanghai	2.5		2953	2843	2974
江 苏	Jiangsu	285.4	17	14009	13154	13473
浙 江	Zhejiang	2238.3	25034	109234	57117	105575
安 徽	Anhui	234.9	1020	23712	17864	13158
福 建	Fujian	46.6	48	12054	6005	5414
江 西	Jiangxi	334.9	166	11906	9583	9881
山 东	Shandong	1434.1	94812	59045	35318	57163
河 南	Henan	1062.8	34076	47710	33392	49857
湖 北	Hubei	227.0	976	13198	6698	11463
湖 南	Hunan	459.9	3507	28038	25269	29799
广 东	Guangdong	230.2	2858	8779	6428	8629
广 西	Guangxi	169.6		10340	7786	9062
海 南	Hainan	111.8	314	2174	1727	2517
重 庆	Chongqing	109.6	1007	11037	10581	10090
四 川	Sichuan	576.6	24420	54691	48796	53346
贵 州	Guizhou	131.6	34	9479	7216	6415
云 南	Yunnan	505.3	28	24761	23340	20066
西 藏	Tibet	526.3	23366	14198	5950	11942
陕 西	Shaanxi	1083.0	5093	55634	34348	54809
甘 肃	Gansu	334.1	10812	18277	7012	11880
青 海	Qinghai	64.8	121	3364	3326	2384
宁 夏	Ningxia	305.3	4005	15240	13764	14059
新 疆	Xinjiang	49.2	68	7050	5303	6094

4-3-13 续表 2 continued

地 区	Region	资产总计(万元) Total Assets (10 000 yuan)	#固定资产原价 Original Value of Fixed Assets	实际使用房屋建筑面积(万平方米) Floor Space of Buildings Actually Used (10 000 sq.m)	#展览用房 Buildings for Exhibitions	#文物库房 Storeroom
全 国	**National Total**	**1679090**	**658463**	**382.07**	**93.29**	**17.31**
北 京	Beijing	122857	31473	11.74	2.09	0.13
天 津	Tianjin	6431	989	1.37	0.98	0.02
河 北	Hebei	89254	27844	12.07	3.95	1.13
山 西	Shanxi	38513	14807	15.84	5.60	1.03
内蒙古	Inner Mongolia	16905	8177	5.57	2.47	0.48
辽 宁	Liaoning	14403	8126	10.81	1.84	0.31
吉 林	Jilin	2866	402	0.19	0.01	0.02
黑龙江	Heilongjiang	3493	2312	2.00	0.90	0.21
上 海	Shanghai	6417	4616	1.06	0.65	0.05
江 苏	Jiangsu	17894	8633	3.39	1.86	0.29
浙 江	Zhejiang	383740	198583	30.00	11.69	0.74
安 徽	Anhui	15493	10633	9.09	3.87	0.72
福 建	Fujian	16016	7655	2.65	0.68	0.09
江 西	Jiangxi	13752	5622	12.48	4.70	0.45
山 东	Shandong	183197	66659	32.80	11.52	0.66
河 南	Henan	174822	41423	18.75	6.45	1.65
湖 北	Hubei	11397	8769	13.53	2.14	0.41
湖 南	Hunan	53650	14577	10.09	3.45	0.44
广 东	Guangdong	15875	10280	6.83	4.14	0.14
广 西	Guangxi	10347	3046	6.22	2.27	0.27
海 南	Hainan	27500	24680	1.09	0.58	0.02
重 庆	Chongqing	6318	3137	5.49	2.49	0.99
四 川	Sichuan	137911	53064	23.32	4.34	1.60
贵 州	Guizhou	9657	6837	3.53	2.18	0.22
云 南	Yunnan	29613	7556	19.79	3.47	0.48
西 藏	Tibet	109293	4532	87.10	0.77	3.59
陕 西	Shaanxi	61680	36541	23.60	4.56	0.88
甘 肃	Gansu	83760	42176	3.73	1.04	0.07
青 海	Qinghai	438	332	0.69	0.34	0.02
宁 夏	Ningxia	9954	2310	3.37	1.58	0.15
新 疆	Xinjiang	5644	2676	3.88	0.68	0.07

4-3-14 分地区文物保护科研机构基本情况(2015年)
Basic Statistics on Scientific and Research Agencies of Cultural Relics by Region(2015)

地 区	Region	机构数(个) Number of Institutions (unit)	从业人员(人) Number of Engaged Persons (person)	#专业技术人员 Professional Technical Staff	藏品数(件/套) Number of Collections (piece/set)	基本陈列、展览(个) Displays and Exhibitions (unit)	参观人次(万人次) Spectators (10 000 person-times)
全 国	**National Total**	**122**	**5217**	**2671**	**1177485**	**44**	**395.6**
中央本级	Central-level	1	122	109			
北 京	Beijing	2	97	51	2053		
天 津	Tianjin						
河 北	Hebei	5	174	121	121863	1	1.2
山 西	Shanxi	11	301	162	9963		94.3
内蒙古	Inner Mongolia	2	59	51	14779	8	
辽 宁	Liaoning	4	109	88	5725		
吉 林	Jilin	3	74	62	8559		
黑龙江	Heilongjiang	2	55	45	5186		
上 海	Shanghai						
江 苏	Jiangsu	4	54	35	7550		
浙 江	Zhejiang	5	166	82	15142	2	40.0
安 徽	Anhui	1	46	42	9276		
福 建	Fujian	2	27	24		2	0.4
江 西	Jiangxi	2	54	33	1438	8	4.2
山 东	Shandong	13	118	92	25353	1	0.3
河 南	Henan	15	1265	405	733249	4	1.6
湖 北	Hubei	3	134	88	7425		
湖 南	Hunan	3	145	91	50918		
广 东	Guangdong	4	184	62	46230	1	0.0
广 西	Guangxi	4	96	81	12141		
海 南	Hainan						
重 庆	Chongqing	1	152	40			
四 川	Sichuan	4	99	71			6.5
贵 州	Guizhou	2	30	27	2159		
云 南	Yunnan	2	36	31	2453		
西 藏	Tibet	1	23	15			
陕 西	Shaanxi	15	389	277	50346		
甘 肃	Gansu	5	1013	346	27042	8	174.4
青 海	Qinghai	1	48	31	6853		
宁 夏	Ningxia	3	64	46	149	3	68.1
新 疆	Xinjiang	2	83	63	11633	6	4.5

4-3-14 续表 1 continued

地 区	Region	门票销售总额(万元) Sales of Admission Tickets (10 000 yuan)	收入合计(万元) Total Revenue (10 000 yuan)	#财政补助收入 Government Subsidy	支出合计(万元) Total Expenditure (10 000 yuan)
全 国	**National Total**	**28816**	**255849**	**153826**	**236374**
中央本级	Central-level		10662	3503	10488
北 京	Beijing		20428	1540	21967
天 津	Tianjin				
河 北	Hebei		10962	2913	11604
山 西	Shanxi	9971	16216	14505	19004
内蒙古	Inner Mongolia		2649	2039	3456
辽 宁	Liaoning		7295	7203	5978
吉 林	Jilin		4246	3127	4276
黑龙江	Heilongjiang		1404	1398	1404
上 海	Shanghai				
江 苏	Jiangsu		2658	1833	2227
浙 江	Zhejiang		8663	4885	8447
安 徽	Anhui		5161	1923	4153
福 建	Fujian		487	132	306
江 西	Jiangxi		5648	4315	3945
山 东	Shandong		8605	5646	5623
河 南	Henan		24408	13368	19844
湖 北	Hubei		10347	7749	7944
湖 南	Hunan		5204	3854	5038
广 东	Guangdong		9131	4106	7666
广 西	Guangxi		12343	5472	7248
海 南	Hainan				
重 庆	Chongqing		5404	5144	3804
四 川	Sichuan	46	4466	1126	5111
贵 州	Guizhou		2709	1678	2370
云 南	Yunnan		3714	1027	4285
西 藏	Tibet		480	292	428
陕 西	Shaanxi		20960	19093	17408
甘 肃	Gansu	18586	43033	29515	41230
青 海	Qinghai		1746	1212	2261
宁 夏	Ningxia	27	2549	2095	2837
新 疆	Xinjiang	185	4272	3135	6023

4-3-14 续表 2 continued

地 区	Region	资产总计（万元） Total Assets (10 000 yuan)	#固定资产原价 Original Value of Fixed Assets	实际使用房屋建筑面积（万平方米） Floor Space of Buildings Actually Used (10 000 sq.m)	文化保护规划和方案设计（个） Planning and Project of Cultural Relics Preservation (unit)
全 国	**National Total**	**459021**	**149212**	**144.76**	**456**
中央本级	Central-level	48206	21153	1.32	57
北 京	Beijing	32164	1038	0.31	
天 津	Tianjin				
河 北	Hebei	19271	4600	1.48	63
山 西	Shanxi	19562	6343	5.28	6
内蒙古	Inner Mongolia	2938	2935	1.05	2
辽 宁	Liaoning	10508	3766	0.71	36
吉 林	Jilin	4868	3033	0.67	
黑龙江	Heilongjiang	2969	1070	0.20	
上 海	Shanghai				
江 苏	Jiangsu	1866	520	0.11	
浙 江	Zhejiang	4043	3379	1.95	
安 徽	Anhui	10788	3098	1.76	
福 建	Fujian	151	151	0.26	
江 西	Jiangxi	7072	670	43.44	1
山 东	Shandong	10887	1437	0.79	17
河 南	Henan	18478	8942	68.13	18
湖 北	Hubei	10018	3963	1.51	15
湖 南	Hunan	12137	5920	0.91	31
广 东	Guangdong	9249	2678	1.47	10
广 西	Guangxi	15450	2038	0.85	40
海 南	Hainan				
重 庆	Chongqing	7687	465	0.96	57
四 川	Sichuan	10243	1912	0.59	
贵 州	Guizhou	3893	600	0.02	39
云 南	Yunnan	942	942	0.19	
西 藏	Tibet	162	162		5
陕 西	Shaanxi	35881	16497	2.69	5
甘 肃	Gansu	147796	44734	5.77	48
青 海	Qinghai	1718	890	0.53	
宁 夏	Ningxia	4956	1320	0.16	1
新 疆	Xinjiang	5119	4961	1.68	5

4-3-15 文化类社会组织情况

Basic Statistics on Social Organizations Related with Culture

单位：个 (unit)

年份 地区	Year Region	机构数 Number of Institutions	社团 Social Organization	基金会 Fund Organization	民办非企业 Non-enterprise Units Run by NGO
	2007	386916	211661	1340	173915
	2008	413660	229681	1597	182382
	2009	431069	238747	1843	190479
	2010	445631	245256	2200	198175
	2011	461971	254969	2614	204388
	2012	499268	271131	3029	225108
	2013	547245	289026	3549	254670
	2014	606048	309736	4117	292195
	2015	662425	328500	4784	329141
中央本级	Central-level	2316	1974	240	102
北　京	Beijing	9721	3961	382	5378
天　津	Tianjin	5137	2408	70	2659
河　北	Hebei	19328	9871	61	9396
山　西	Shanxi	12511	6562	67	5882
内蒙古	Inner Mongolia	13248	7538	102	5608
辽　宁	Liaoning	20669	8655	72	11942
吉　林	Jilin	10606	5540	81	4985
黑龙江	Heilongjiang	13567	5871	86	7610
上　海	Shanghai	13355	4003	270	9082
江　苏	Jiangsu	80385	35137	543	44705
浙　江	Zhejiang	43784	20745	436	22603
安　徽	Anhui	24630	12637	100	11893
福　建	Fujian	23956	15251	221	8484
江　西	Jiangxi	15358	8303	52	7003
山　东	Shandong	43411	17378	118	25915
河　南	Henan	29472	11758	120	17594
湖　北	Hubei	27605	12118	106	15381
湖　南	Hunan	27766	13208	223	14335
广　东	Guangdong	53958	24904	677	28377
广　西	Guangxi	22196	12949	57	9190
海　南	Hainan	5357	2445	62	2850
重　庆	Chongqing	15360	7221	64	8075
四　川	Sichuan	40011	20645	143	19223
贵　州	Guizhou	10533	6236	46	4251
云　南	Yunnan	21128	14115	93	6920
西　藏	Tibet	572	536	13	23
陕　西	Shaanxi	19699	10627	95	8977
甘　肃	Gansu	18730	14306	54	4370
青　海	Qinghai	3633	2320	30	1283
宁　夏	Ningxia	4857	3285	59	1513
新　疆	Xinjiang	9566	5993	41	3532

注：本表数据来自民政部的社会组织统计。

a) Data in the table above sources from Ministry of Civil Affairs.

4-3-16 烈士纪念建筑物管理单位基本情况
Basic Statistics on Martyr Memorial Building Management Units

年份 地区	Year Region	机构数（个） Number of Institutions (unit)	从业人员（人） Number of Engaged Persons (person)	固定资产总计（亿元） Fixed Assets (100 million yuan)	收入合计（亿元） Total Revenue (100 million yuan)	支出合计（亿元） Total Expenditure (100 million yuan)
	2005	989	8871	25.5	5.9	5.5
	2006	1072	9009	22.7	6.8	6.2
	2007	1056	9304	26.2	7.5	7.6
	2008	1133	9277	27.9	7.3	12.3
	2009	1137	9062	28.6	9.7	8.9
	2010	1195	9245	31.7	9.3	9.3
	2011	1227	9436	36.0	10.8	11.0
	2012	1306	9618	42.3	13.6	13.4
	2013	1463	10221	49.1	14.5	14.2
	2014	1516	10201	51.2	16.4	16.2
	2015	1464	10050	52.6	16.2	16.0
北　京	Beijing	5	47	1.2	0.2	0.2
天　津	Tianjin	9	131	1.2	0.3	0.3
河　北	Hebei	98	841	2.7	1.9	1.8
山　西	Shanxi	58	376	1.7	0.7	0.6
内蒙古	Inner Mongolia	9	101	0.5	0.2	0.2
辽　宁	Liaoning	46	323	0.6	0.4	0.5
吉　林	Jilin	30	375	0.8	0.2	0.2
黑龙江	Heilongjiang	24	203	0.5	0.2	0.1
上　海	Shanghai	11	226	6.8	0.8	0.8
江　苏	Jiangsu	80	678	3.5	1.4	1.4
浙　江	Zhejiang	34	170	4.6	0.4	0.4
安　徽	Anhui	44	386	2.6	0.4	0.4
福　建	Fujian	28	138	0.4	0.2	0.2
江　西	Jiangxi	68	317	0.9	0.3	0.2
山　东	Shandong	115	913	5.7	2.8	2.8
河　南	Henan	99	1304	2.2	0.8	0.8
湖　北	Hubei	56	682	2.2	0.5	0.6
湖　南	Hunan	59	437	2.2	0.3	0.3
广　东	Guangdong	111	428	2.1	1.8	1.5
广　西	Guangxi	24	268	1.8	0.6	0.6
海　南	Hainan	8	17	0.2	0.1	0.1
重　庆	Chongqing	20	70	0.5	0.2	0.1
四　川	Sichuan	176	489	4.3	0.5	0.4
贵　州	Guizhou	40	113	0.6	0.1	0.2
云　南	Yunnan	21	97	0.4	0.0	0.2
西　藏	Tibet	44	69	0.1	0.0	0.0
陕　西	Shaanxi	40	342	1.6	0.4	0.4
甘　肃	Gansu	79	383	0.3	0.2	0.2
青　海	Qinghai	7	18	0.1	0.0	0.0
宁　夏	Ningxia	9	29	0.1	0.0	0.0
新　疆	Xinjiang	12	79	0.2	0.2	0.3

4-3-16 续表 continued

年份 地区	Year Region	烈士纪念建筑物数(个) Number of Martyr Memorial Buildings (unit)	#纪念馆(陈列馆) Memorial Hall	藏品量(万件) Total Collections (10 000 pieces)	参观人次(万人次) Spectators (10 000 person-times)	零散烈士纪念建筑物数(个) Scattered Martyr Memorial Buildings (unit)
	2005	8122	987	15.9	4596.4	7483
	2006	7220	921	17.0	5072.2	7414
	2007	7402	912	18.0	5231.0	7186
	2008	7406	919	18.8	4464.8	7569
	2009	8101	1076	19.3	6758.4	7622
	2010	7367	1090	20.1	5189.6	9729
	2011	9900	1143	21.3	5784.5	12378
	2012	12584	1209	22.7	6837.1	13151
	2013	13602	1282	22.8	7062.7	13601
	2014	9289	1299	22.6	7561.4	11365
	2015	9419	1360	23.4	7099.3	11838
北京	Beijing	42	7	0.1	40.5	130
天津	Tianjin	35	13	0.2	121.8	4
河北	Hebei	530	80	3.8	418.9	1095
山西	Shanxi	148	51	0.4	165.5	864
内蒙古	Inner Mongolia	29	15	0.0	41.5	100
辽宁	Liaoning	404	26	1.6	107.7	84
吉林	Jilin	400	27	0.6	97.7	428
黑龙江	Heilongjiang	535	17	0.7	268.6	60
上海	Shanghai	65	16	0.3	180.1	5
江苏	Jiangsu	402	110	2.0	759.0	587
浙江	Zhejiang	133	35	0.6	173.1	285
安徽	Anhui	831	197	0.7	462.7	317
福建	Fujian	154	23	0.1	339.5	252
江西	Jiangxi	790	42	0.6	68.9	531
山东	Shandong	704	159	3.1	857.2	500
河南	Henan	910	99	1.0	394.4	434
湖北	Hubei	528	104	2.1	395.6	618
湖南	Hunan	227	20	0.3	176.7	384
广东	Guangdong	245	12	0.2	523.9	1468
广西	Guangxi	64	10	0.2	176.0	628
海南	Hainan	482	23	0.1	43.2	737
重庆	Chongqing	124	18	0.3	263.1	356
四川	Sichuan	771	96	1.0	370.3	759
贵州	Guizhou	225	12	0.0	114.0	373
云南	Yunnan	79	12	0.2	53.1	193
西藏	Tibet	82	43	0.6	7.6	1
陕西	Shaanxi	83	37	0.5	168.7	287
甘肃	Gansu	264	37	0.9	258.6	286
青海	Qinghai	27	6	1.1	8.5	29
宁夏	Ningxia	72	5	0.1	12.9	7
新疆	Xinjiang	34	8	0.1	30.1	36

4-3-17 档案馆机构和人员情况
Basic Statistics on Archive Institutions and Personnel

单位：个，人 (unit, person)

年 份 Year	国家综合档案馆 National Comprehensive Archives		国家专门档案馆 National Special Archives	
	馆 数 Number of Institutions	专职人员 Full-time Personnel	馆 数 Number of Institutions	专职人员 Full-time Personnel
2005	3142	23413	238	3452
2006	3154	22689	239	3537
2007	3161	21399	245	3737
2008	3170	21414	240	3663
2009	3191	20949	241	3626
2010	3194	19750	252	3833
2011	3196	19985	255	3843
2012	3237	18009	238	3577
2013	3325	18106	240	3579
2014	3319	17863	247	3538
2015	3322	18386	234	3457

注：2012年以前的事业单位档案馆数指文化事业档案馆数，2012年新修订的《全国档案事业统计年报制度》不再细分事业单位的属性，统称"省部属事业单位档案馆"，包括文化事业档案馆和科技事业单位档案馆。

a) The newly revised Annual Report of National Archive Statistics in 2012 does not further subcategorize public institutions by their attributes, but generally called public archive institutions affiliated to ministries or provincial governments. Public institutions affiliated to ministries or provincial governments include cultural archive institutions, and science and technology archive institutions.

4-3-17 续表 continued

单位：个，人 (unit, person)

年 份 Year	部门档案馆 Department Archives		企业档案馆数 Enterprise Archive Institutions	文化事业档案馆数 Culture Archive Institutions	科技事业单位档案馆数 Science and Technology Archive Institutions
	馆 数 Number of Institutions	专职人员 Full-time Personnel			
2005	145	2020	301	105	63
2006	137	1699	216	110	95
2007	146	1985	215	126	94
2008	154	1886	241	141	87
2009	149	1814	233	167	96
2010	167	1747	223	160	111
2011	170	2121	183	179	124
2012	183	2161	204	260	
2013	218	2182	189	274	
2014	209	2129	169	252	
2015	237	2263	176	224	

4-3-18 国家综合档案馆基本情况
Basic Statistics on National Comprehensive Archives

年份 Year	馆藏档案 (万卷、万件) Number of Archives (10 000 volumes, 10 000 pieces)	照片档案 (万张) Photos (10 000 sheets)	开放档案 (万卷、万件) Archives Open to Public (10 000 volume, 10 000 pieces)	利用档案 (万卷、万件次) Utilized Archives (10 000 volume-times, 10 000 piece-times)	档案馆建筑面积 (万平方米) Floor Space of Archive Institutions (10 000 sq.m)
1991	9637.4	371.0	2094.3	937.0	348.1
1992	10003.5	402.4	2018.7	773.8	255.7
1993	10726.8	435.5	2140.7	891.9	275.9
1994	10782.9	449.6	2454.6	674.4	268.3
1995	11318.3	485.5	2790.3	529.3	282.5
1996	11341.4	494.6	2939.2	485.4	297.5
1997	12222.9	553.0	3304.6	501.0	347.6
1998	12276.5	579.7	3556.5	446.5	310.7
1999	12866.8	584.5	3808.2	508.5	328.4
2000	13314.0	631.7	4072.0	494.4	336.2
2001	13756.6	642.8	4129.7	575.4	342.0
2002	14790.7	720.5	4301.1	548.8	351.0
2003	15945.9	797.4	4618.4	602.6	361.4
2004	17601.5	827.9	4868.3	813.9	376.8
2005	18688.7	908.8	5132.3	868.0	393.1
2006	21656.5	1277.2	5746.3	1166.4	406.1
2007	23675.3	1393.3	5875.5	1244.9	421.9
2008	25051	1505.3	6072.2	1257.4	465.4
2009	28089.2	1646.3	6687.4	1308.0	473.3
2010	32198.6	1809.2	7428.6	1417.3	504.4
2011	35445.5	1965.8	7828.4	1564.5	551.1
2012	40547.7	1827.4	8254.6	1521.1	627.1
2013	42454.5	1927.6	8900.5	1477.8	709.3
2014	53470.3	2041.8	9179.7	1688.8	736.0
2015	58641.7	2102.4	9266.3	1978.3	785.5

4-4-1 分地区国家级风景名胜区基本情况(2015年)
Basic Statistics on National Scenic Area by Region(2015)

地 区	Region	风景名胜区面积(平方公里) Area of National Scenic Area (sq.km)	#供游览面积 Area for Tourism	游人量(万人次) Number of Visitors (10 000 person-times)	#境外游人 Overseas Visitors
全 国	**National Total**	**110831**	**44029**	**84111.5**	**2948.8**
北 京	Beijing	263	46	1385.9	34.7
天 津	Tianjin	106	10	156.6	1.0
河 北	Hebei	4043	3078	3896.5	46.7
山 西	Shanxi	1384	314	727.1	3.3
内蒙古	Inner Mongolia	489	100	35.2	0.1
辽 宁	Liaoning	1744	1212	2436.3	35.1
吉 林	Jilin	828	158	225.5	9.2
黑龙江	Heilongjiang	2874	1322	357.8	12.8
上 海	Shanghai				
江 苏	Jiangsu	3328	302	10322.7	197.7
浙 江	Zhejiang	4371	1532	12471.1	382.1
安 徽	Anhui	2229	1517	1858.8	74.8
福 建	Fujian	1272	695	4181.8	412.4
江 西	Jiangxi	3105	1420	5932.7	412.5
山 东	Shandong	884	458	4151.4	70.3
河 南	Henan	1395	1015	2923.3	62.8
湖 北	Hubei	1590	748	1973.1	104.3
湖 南	Hunan	3009	1336	5124.7	158.1
广 东	Guangdong	713	290	5703.5	20.3
广 西	Guangxi	5560	1382	4063.0	218.2
海 南	Hainan	71	14	1197.0	37.6
重 庆	Chongqing	2500	912	939.5	56.0
四 川	Sichuan	16933	5206	4079.8	62.1
贵 州	Guizhou	3503	1600	3675.8	29.7
云 南	Yunnan	13456	1295	2638.7	252.5
西 藏	Tibet	18222	6252	88.9	0.2
陕 西	Shaanxi	760	359	2253.1	188.3
甘 肃	Gansu	1099	250	596.4	60.4
青 海	Qinghai	7578	7578	165.2	1.2
宁 夏	Ningxia	109	93	131.9	3.8
新 疆	Xinjiang	7413	3535	418.2	0.6

4-4-1 续表 1 continued

地 区	Region	景区资金收入合计(万元) Total Revenue (10 000 yuan)	#国家拨款 State Budget	#经营收入 Business Revenue	#门 票 Admission Ticket
全 国	**National Total**	**6770749**	**702851**	**5499667**	**2396133**
北 京	Beijing	61789	5823	46407	43428
天 津	Tianjin	10179	990	9189	4782
河 北	Hebei	247212	3748	169437	106922
山 西	Shanxi	522508	2065	519573	40078
内蒙古	Inner Mongolia	350	350		
辽 宁	Liaoning	216915	604	210374	92141
吉 林	Jilin	23403	400	22603	1322
黑龙江	Heilongjiang	126570	57993	64813	14561
上 海	Shanghai				
江 苏	Jiangsu	496197	28163	457149	120793
浙 江	Zhejiang	406679	136087	270301	185459
安 徽	Anhui	488751	22737	431552	128811
福 建	Fujian	116179	36860	68975	60451
江 西	Jiangxi	611671	47531	433999	198172
山 东	Shandong	238935	13927	223311	165574
河 南	Henan	140382	5326	129588	101702
湖 北	Hubei	473281	119506	218602	135732
湖 南	Hunan	673558	71726	580265	104558
广 东	Guangdong	109086	25941	68985	32053
广 西	Guangxi	65786	626	38060	15266
海 南	Hainan	123866		104545	70583
重 庆	Chongqing	197812	3770	194004	77897
四 川	Sichuan	670430	25418	637570	238343
贵 州	Guizhou	105989	8025	95819	76531
云 南	Yunnan	323596	25118	253484	155583
西 藏	Tibet	7685		7685	7571
陕 西	Shaanxi	179573	3098	170059	167715
甘 肃	Gansu	28396	3801	24575	17763
青 海	Qinghai	22313		22313	12791
宁 夏	Ningxia	24364	17021	5333	5285
新 疆	Xinjiang	57294	36197	21097	14266

4-4-1 续表 2 continued

地 区	Region	景区资金支出合计(万元) Total Expenditure (10 000 yuan)	#经营支出 Business Expenditure	#固定资产投资完成额 Investment for Fixed Assets Completed	#维护支出 Maintenance Expenditure
全 国	**National Total**	**5177129**	**2204354**	**2233684**	**574126**
北 京	Beijing	65191	10182	43040	6437
天 津	Tianjin	10527	486	10041	664
河 北	Hebei	215316	142846	62356	27276
山 西	Shanxi	9344	1711	2260	866
内蒙古	Inner Mongolia	350		350	50
辽 宁	Liaoning	57887	17705	36860	9438
吉 林	Jilin	7360	4601	2757	667
黑龙江	Heilongjiang	110387	38616	64457	26529
上 海	Shanghai				
江 苏	Jiangsu	139156	22337	98930	27449
浙 江	Zhejiang	442850	196766	244319	72576
安 徽	Anhui	545308	177931	354673	14667
福 建	Fujian	139691	62897	42262	20586
江 西	Jiangxi	915681	685201	223957	47359
山 东	Shandong	154110	28710	115944	53964
河 南	Henan	190343	100613	83125	30850
湖 北	Hubei	188598	103416	58984	27490
湖 南	Hunan	412808	48622	86312	46974
广 东	Guangdong	113395	32737	74520	31916
广 西	Guangxi	52638	7605	36383	25922
海 南	Hainan	99791	15223	82752	3696
重 庆	Chongqing	270640	169566	99266	22368
四 川	Sichuan	572379	131905	189826	30099
贵 州	Guizhou	112355	45680	57707	6016
云 南	Yunnan	224389	107949	104926	32358
西 藏	Tibet	6984	205	6754	25
陕 西	Shaanxi	24924	9789	13001	2315
甘 肃	Gansu	22474	7297	15177	4166
青 海	Qinghai	32337	15730	16607	830
宁 夏	Ningxia	12025	3119	2918	188
新 疆	Xinjiang	27891	14909	3220	385

4-4-2 娱乐场所基本情况
Basic Statistics on Entertainment Units

年 份 Year	机构数(个) Number of Institutions (unit)	从业人员(人) Number of Engaged Persons (person)	资产总计(万元) Total Assets (10 000 yuan)	营业收入(万元) Business Revenue (10 000 yuan)	营业利润(万元) Business Profits (10 000 yuan)
2005	55302	494243	2898572	1882946	272150
2006	51742	490289	2990424	2101890	329557
2007	82174	611108	5927457	3546201	583689
2008	84356	639511	7048155	3709413	659403
2009	82200	636800	6271305	4130085	1367846
2010	85854	703520	7635552	4772099	1718734
2011	92577	758377	9661392	5661798	1939320
2012	90271	765250	11136779	6048764	1982344
2013	89652	835658	19109269	8842052	2224658
2014	84179	729516	16144969	11023662	2606315
2015	79816	673640	11050577	5570354	1361661

4-4-3 分地区娱乐场所基本情况(2015年)
Basic Statistics on Entertainment Units by Region(2015)

地 区	Region	机构数 (个) Number of Institutions (unit)	从业人员 (人) Number of Engaged Persons (person)	资产总计 (万元) Total Assets (10 000 yuan)	营业收入 (万元) Business Revenue (10 000 yuan)	营业成本 (万元) Business Costs (10 000 yuan)
全 国	**National Total**	**79816**	**673640**	**11050577**	**5570354**	**4208867**
北 京	Beijing	987	13035	279051	112557	83035
天 津	Tianjin	594	4970	139232	38909	28605
河 北	Hebei	2258	17083	242640	96940	72192
山 西	Shanxi	1284	13660	143854	68320	51893
内蒙古	Inner Mongolia	2677	10108	162381	71158	41758
辽 宁	Liaoning	4110	23734	334328	129789	88061
吉 林	Jilin	1666	7198	117619	59836	33285
黑龙江	Heilongjiang	2637	9911	109009	52933	32054
上 海	Shanghai	2075	20284	826294	306446	231015
江 苏	Jiangsu	7443	52517	947711	530627	386471
浙 江	Zhejiang	4860	64099	1055310	712564	587901
安 徽	Anhui	3555	24765	440213	189480	148509
福 建	Fujian	1915	32526	514987	338109	286369
江 西	Jiangxi	2702	16578	230242	126368	79184
山 东	Shandong	2661	29280	351153	153088	103096
河 南	Henan	1977	20231	250733	130979	89793
湖 北	Hubei	1921	19260	303374	149090	105681
湖 南	Hunan	2298	28212	388054	221527	156952
广 东	Guangdong	6649	86716	1437288	649348	576316
广 西	Guangxi	2794	24957	279782	176402	128606
海 南	Hainan	592	8082	67777	41803	35763
重 庆	Chongqing	2434	20930	345943	203024	159383
四 川	Sichuan	5827	36065	593147	315509	215925
贵 州	Guizhou	1991	18190	259290	148662	98650
云 南	Yunnan	6775	31679	489514	235287	173236
西 藏	Tibet	453	4841	52173	37290	24871
陕 西	Shaanxi	883	11056	203769	86064	68194
甘 肃	Gansu	1230	10032	194503	89885	58050
青 海	Qinghai	402	2394	50762	12640	8423
宁 夏	Ningxia	768	3056	97103	32630	17186
新 疆	Xinjiang	1398	8191	143342	53094	38410

4-4-3 续表 continued

地区	Region	#养老、医疗、失业等保险费 Endowment, Medical and Unemployment Insurance	#工资总额 Total Wages Payable	#税金总额 Total Taxes	营业利润（万元） Business Profits (10 000 yuan)
全国	**National Total**	**164756**	**1549398**	**306126**	**1361661**
北京	Beijing	3563	29087	9056	29522
天津	Tianjin	1122	9095	1735	10304
河北	Hebei	1615	33534	3009	24763
山西	Shanxi	1975	19346	2314	16427
内蒙古	Inner Mongolia	1214	14915	1855	29400
辽宁	Liaoning	3527	35612	6231	41728
吉林	Jilin	690	12002	3436	26551
黑龙江	Heilongjiang	1182	15049	2410	20879
上海	Shanghai	11418	62880	16509	75474
江苏	Jiangsu	18766	138512	23405	144179
浙江	Zhejiang	16565	185242	38697	124663
安徽	Anhui	5744	57097	6490	40968
福建	Fujian	5847	88396	29436	51740
江西	Jiangxi	4079	36479	5449	47234
山东	Shandong	5628	44648	6447	50029
河南	Henan	2947	39546	4927	41186
湖北	Hubei	5114	43646	6313	43409
湖南	Hunan	9151	68955	13994	64575
广东	Guangdong	28444	205440	56835	73031
广西	Guangxi	4225	54638	10491	47796
海南	Hainan	1449	14519	2661	6040
重庆	Chongqing	6656	57308	10086	43638
四川	Sichuan	12998	90783	15866	99584
贵州	Guizhou	2207	41551	6999	50012
云南	Yunnan	3733	69281	9391	62063
西藏	Tibet	329	4155	780	12418
陕西	Shaanxi	1450	26194	3022	17870
甘肃	Gansu	867	23382	3850	31836
青海	Qinghai	103	4404	503	4217
宁夏	Ningxia	385	5760	1601	15444
新疆	Xinjiang	1766	17942	2329	14684

4-4-4 网吧基本情况
Basic Statistics on Internet Bars

年 份 Year	机构数 (个) Number of Institutions (unit)	从业人员 (人) Number of Engaged Persons (person)	资产总计 (万元) Total Assets (10 000 yuan)	营业收入 (万元) Business Revenue (10 000 yuan)	营业利润 (万元) Business Profits (10 000 yuan)
2005	106526	374904	1674628	1464218	408269
2006	114273	443745	2210843	2016913	329557
2007	133163	539460	4304405	3434114	1036162
2008	134267	565707	5307279	3645153	913361
2009	138048	580749	5585437	3785362	1510735
2010	140376	584912	5864306	3626809	1490620
2011	141275	567170	6282208	3754922	1565375
2012	135683	529362	6222263	3539807	1431362
2013	131013	478242	8051486	3879399	1425890
2014	129368	452368	7431831	4479929	1962960
2015	134847	480260	6939291	4009643	1302975

4-4-5 分地区网吧基本情况(2015年)
Basic Statistics on Internet Bars by Region(2015)

地 区	Region	机构数 (个) Number of Institutions (unit)	从业人员 (人) Number of Engaged Persons (person)	资产总计 (万元) Total Assets (10 000 yuan)	营业收入 (万元) Business Revenue (10 000 yuan)
全 国	**National Total**	**134847**	**480260**	**6939291**	**4009643**
北 京	Beijing	836	3877	92108.9	31943.5
天 津	Tianjin	1004	3209	51639.7	22489.0
河 北	Hebei	4956	14601	162079.4	80012.0
山 西	Shanxi	3244	10978	146195.6	71829.3
内蒙古	Inner Mongolia	3508	10274	174881.9	80001.4
辽 宁	Liaoning	5070	14799	198391.1	117928.7
吉 林	Jilin	2710	7008	112536.5	57951.1
黑龙江	Heilongjiang	4243	12046	151812.1	87505.8
上 海	Shanghai	1337	6515	94373.2	56378.7
江 苏	Jiangsu	9230	27968	555174.7	329548.0
浙 江	Zhejiang	8037	29868	466978.0	300039.6
安 徽	Anhui	6582	21923	347206.6	174657.6
福 建	Fujian	2052	8691	102449.1	59111.1
江 西	Jiangxi	4122	16555	237639.3	136021.3
山 东	Shandong	10015	28395	321554.5	186429.6
河 南	Henan	9266	31412	425555.2	231364.9
湖 北	Hubei	6652	25439	371420.0	240943.4
湖 南	Hunan	9531	32476	492762.3	306962.1
广 东	Guangdong	8307	37314	496625.7	275573.9
广 西	Guangxi	4028	15279	146581.6	90859.0
海 南	Hainan	899	4260	40808.1	23619.2
重 庆	Chongqing	3599	16323	239772.8	173239.5
四 川	Sichuan	9401	37381	499094.0	339737.5
贵 州	Guizhou	3036	13654	210717.2	117418.3
云 南	Yunnan	4724	16279	231413.8	131545.4
西 藏	Tibet	383	1357	25706.0	12212.2
陕 西	Shaanxi	3043	14317	198567.0	108774.1
甘 肃	Gansu	1634	6018	110282.7	59231.2
青 海	Qinghai	492	2531	42443.7	20569.9
宁 夏	Ningxia	722	2623	76777.2	27002.2
新 疆	Xinjiang	2184	6890	115743.4	58743.3

4-4-5 续表 continued

地 区	Region	营业成本（万元） Business Costs (10 000 yuan)	#养老、医疗、失业等保险费 Endowment, Medical and Unemployment Insurance	#工资总额 Total Wages Payable	#税金总额 Total Taxes	营业利润（万元） Business Profits (10 000 yuan)
全 国	**National Total**	**2706705**	**106953**	**1039033**	**124545**	**1302975**
北 京	Beijing	26097.5	790.9	12045.2	1419.9	5846.0
天 津	Tianjin	18146.6	457.7	6409.7	440.9	4342.3
河 北	Hebei	52925.4	1315.9	24741.0	1610.2	27090.6
山 西	Shanxi	51130.3	934.4	16382.1	1538.9	20709.0
内蒙古	Inner Mongolia	47004.6	1454.3	18037.1	1763.1	32991.4
辽 宁	Liaoning	83483.1	2516.3	26148.6	3070.4	34445.5
吉 林	Jilin	34416.9	784.9	11160.8	1968.7	23550.3
黑龙江	Heilongjiang	53864.9	2397.8	18290.5	3395.4	33641.1
上 海	Shanghai	46789.2	3108.1	18047.6	2831.7	9589.5
江 苏	Jiangsu	217437.9	8239.3	66088.5	8731.1	112100.2
浙 江	Zhejiang	219181.3	6608.0	86769.5	8692.0	80858.4
安 徽	Anhui	123765.8	3717.3	44417.7	3194.2	50891.8
福 建	Fujian	47434.8	1198.0	22378.9	2325.0	11676.3
江 西	Jiangxi	82569.0	4348.1	37755.8	5033.6	53457.3
山 东	Shandong	113183.8	7431.2	51357.0	5991.3	73245.8
河 南	Henan	138066.3	4605.8	57742.1	6099.4	93298.6
湖 北	Hubei	150310.2	6983.8	54250.2	8992.1	90633.3
湖 南	Hunan	184125.5	8048.2	73557.3	15842.1	122836.6
广 东	Guangdong	227826.3	12514.9	102887.4	10642.6	47747.6
广 西	Guangxi	65227.2	1947.7	26237.0	2024.8	25631.8
海 南	Hainan	16565.5	589.2	7401.8	715.7	7053.7
重 庆	Chongqing	130938.5	3562.7	41040.4	3459.5	42300.9
四 川	Sichuan	215026.3	14164.0	87619.4	10409.7	124711.2
贵 州	Guizhou	75241.8	1868.0	28680.0	3560.4	42176.6
云 南	Yunnan	95946.3	2261.3	31127.6	4091.3	35598.9
西 藏	Tibet	4521.6	191.6	1348.9	256.8	7701.1
陕 西	Shaanxi	77385.6	1636.0	29410.0	2456.4	31396.5
甘 肃	Gansu	37507.4	726.4	12297.0	937.0	21723.8
青 海	Qinghai	14611.8	449.4	5061.8	200.4	5958.2
宁 夏	Ningxia	16321.5	489.4	5341.4	1195.4	10680.7
新 疆	Xinjiang	39652.3	1613.1	15001.4	1654.9	19091.2

4-4-6 分地区动漫企业基本情况(2015年)
Basic Statistics on Comic and Animation Enterprises by Region(2015)

单位：万元 (10 000 yuan)

地 区	Region	企业数(个) Number of Enterprises (unit)	从业人员(人) Number of Engaged Persons (person)	资产总计 Total Assets	营业收入 Business Revenue	营业成本 Business Cost	营业利润 Business Profit
全 国	**National Total**	**603**	**35094**	**2032502**	**855662**	**777870**	**77792**
中央本级	Central Lecel	1	74	30274	1261	2545	-1285
北 京	Beijing	66	2389	196168	67935	61823	6113
天 津	Tianjin	15	392	46078	5161	5949	-788
河 北	Hebei	13	488	16594	5883	6322	-439
山 西	Shanxi	18	172	12602	1834	1758	76
内蒙古	Inner Mongolia	6	143	22309	1391	1148	243
辽 宁	Liaoning	17	848	31490	13168	14190	-1022
吉 林	Jilin	8	537	61694	4122	6319	-2198
黑龙江	Heilongjiang	14	995	29950	15913	14056	1856
上 海	Shanghai	28	1565	250412	75083	78290	-3207
江 苏	Jiangsu	77	2348	137524	39852	45428	-5576
浙 江	Zhejiang	20	1018	119202	47602	40280	7322
安 徽	Anhui	22	1238	40655	29605	27073	2532
福 建	Fujian	33	1653	131106	51411	46491	4920
江 西	Jiangxi	22	1926	57157	86302	75604	10698
山 东	Shandong	10	394	10836	3570	3757	-187
河 南	Henan	23	664	30187	6939	6157	783
湖 北	Hubei	35	2255	159880	74092	58045	16047
湖 南	Hunan	34	1823	130175	73177	64861	8316
广 东	Guangdong	73	11603	390130	207363	175526	31837
广 西	Guangxi	9	282	7288	2492	3126	-634
海 南	Hainan	1	68	2643	947	1229	-282
重 庆	Chongqing	7	481	37478	11158	10510	649
四 川	Sichuan	5	337	4352	3919	4021	-103
贵 州	Guizhou	4	88	5152	1064	966	98
云 南	Yunnan	9	165	13291	4949	5349	-400
西 藏	Tibet	1	18	663	247	249	-2
陕 西	Shaanxi	8	251	12700	7493	6239	1254
甘 肃	Gansu	9	344	28277	5065	4581	485
青 海	Qinghai	1	10	37	178	146	31
宁 夏	Ningxia	4	111	4275	1434	1448	-15
新 疆	Xinjiang	10	414	11923	5054	4383	671

4-4-6 续表 continued

单位：万元 (10 000 yuan)

地 区	Region	利润总额 Total Profits	本年发放工资总额 Total Wages Payable During the Year	本年应交税金总额 Total Taxes Payable During the Year	经营面积(万平方米) Floor Space of Buildings Actually Used (10 000 sq.m)	原创漫画作品(部) Original Comics (unit)	原创动画作品(部) Original Animations (unit)
全 国	**National Total**	**124804**	**163507**	**51444**	**64**	**7084**	**4261**
中央本级	Central Lecel	-1214	833	661	0.22		
北 京	Beijing	8460	15582	5976	4.47	559	322
天 津	Tianjin	99	1770	289	0.53	115	36
河 北	Hebei	48	2650	535	1.32	61	19
山 西	Shanxi	163	765	91	0.33	1	26
内蒙古	Inner Mongolia	1163	371	40	0.32	48	113
辽 宁	Liaoning	-72	3531	485	1.34	17	33
吉 林	Jilin	-1072	2244	453	6.33	35	18
黑龙江	Heilongjiang	3271	2670	325	3.23	487	547
上 海	Shanghai	1520	19466	8863	2.57	77	45
江 苏	Jiangsu	-1903	13986	2322	10.1	57	146
浙 江	Zhejiang	11565	7062	2987	3.15	1211	68
安 徽	Anhui	6334	5760	1136	2.10	35	65
福 建	Fujian	9314	7485	2867	4.06	2230	297
江 西	Jiangxi	10808	5528	1512	2.47	15	63
山 东	Shandong	85	1379	244	1.26	13	63
河 南	Henan	1953	2579	248	1.17	174	52
湖 北	Hubei	19732	8674	1907	1.95	34	44
湖 南	Hunan	9719	9681	4461	3.38	842	1485
广 东	Guangdong	38700	43099	14256	6.71	893	600
广 西	Guangxi	782	788	129	0.58	6	30
海 南	Hainan	64	253	9	0.21	1	
重 庆	Chongqing	828	2075	320	0.64	2	6
四 川	Sichuan	448	611	69	0.46	11	4
贵 州	Guizhou	94	245	47	0.85	3	4
云 南	Yunnan	-372	1277	96	0.30	4	7
西 藏	Tibet	7	85	8	0.02	2	1
陕 西	Shaanxi	1573	1051	252	0.48	68	37
甘 肃	Gansu	637	637	115	2.17	14	44
青 海	Qinghai	31	95	1		1	3
宁 夏	Ningxia	538	412	421	0.76	47	40
新 疆	Xinjiang	1502	870	323	0.82	21	43

4-5-1 全国广告业基本情况
Basic Statistics on Advertising Industry

年 份 Year	广告经营单位 (个) Number of Advertising Units (unit)	广告从业人员 (人) Number of Persons Engaged in Advertising (person)	广告经营额 (万元) Advertising Turnover (10 000 yuan)
2005	125394	940415	14163487
2006	143555	1040090	15730017
2007	172615	1112528	17409626
2008	185765	1266393	18995614
2009	204982	1334898	20410322
2010	243445	1480525	23405076
2011	296507	1673444	31255529
2012	377778	2177840	46982791
2013	445365	2622053	50197459
2014	543690	2717939	56056033
2015	671893	3072542	59734094

4-5-2 分地区广告经营单位
Number of Advertising Units by Region

单位：个 (unit)

地 区	Region	2008	2009	2010	2011	2012	2013	2014	2015
全 国	**National Total**	**185765**	**204982**	**243445**	**296507**	**377778**	**445365**	**543690**	**671893**
北 京	Beijing	15680	15692	17837	18297	25176	24803	28823	30383
天 津	Tianjin	7601	7601	8587	12185	14272	16045	21827	22045
河 北	Hebei	4340	4347	3748	3863	5375	7237	4969	7894
山 西	Shanxi	2827	3016	4047	4275	4333	5188	5162	10579
内蒙古	Inner Mongolia	2075	2239	3347	3559	6835	7891	7258	6197
辽 宁	Liaoning	4488	4829	5294	5310	8671	8386	9661	12471
吉 林	Jilin	1969	2852	3824	4399	5650	5580	9932	12188
黑龙江	Heilongjiang	2433	2669	2468	2917	3393	4441	4772	4572
上 海	Shanghai	30757	36960	47563	58560	68574	84451	118067	157124
江 苏	Jiangsu	12150	13486	15864	17506	24824	26599	27550	33122
浙 江	Zhejiang	11848	13362	15772	20284	23005	27981	29967	34230
安 徽	Anhui	5464	5145	6834	6994	8486	9730	11706	13213
福 建	Fujian	5543	7382	7588	8837	10455	15430	16203	16970
江 西	Jiangxi	3215	3693	4063	4173	7006	7643	8505	9519
山 东	Shandong	11077	11803	15436	21315	26136	37634	50269	65500
河 南	Henan	5894	6780	7969	8621	10343	12621	14574	12399
湖 北	Hubei	4644	5088	5415	6565	7389	12565	15618	17571
湖 南	Hunan	3173	2692	4031	5473	9908	14839	17871	36120
广 东	Guangdong	19004	21396	25037	27178	33972	32666	35431	49782
广 西	Guangxi	4256	4631	4825	4857	9206	10928	16282	24966
海 南	Hainan	949	1155	1389	1959	2097	3975	3802	5831
重 庆	Chongqing	6441	8022	8584	16610	21224	25637	33661	42736
四 川	Sichuan	5706	5192	7075	11011	14542	13640	16548	18214
贵 州	Guizhou	1199	1199	1203	2330	3487	1723	1092	2446
云 南	Yunnan	3887	4159	4561	6539	9513	11215	14524	4285
西 藏	Tibet	352	362	417	621	653	683	731	881
陕 西	Shaanxi	2040	1768	2253	2816	2934	2859	1976	2024
甘 肃	Gansu	328	1612	1754	1911	2018	3987	3726	4216
青 海	Qinghai	390	401	413	536	677	730	2426	2491
宁 夏	Ningxia	1223	1281	1861	1999	2191	1458	2238	3097
新 疆	Xinjiang	4812	4168	4386	5007	5433	6800	8519	8827

4-5-3 分地区广告从业人员
Basic Statistics on Persons Engaged in Advertising by Region

单位：人 (person)

地 区	Region	2008	2009	2010	2011	2012	2013	2014	2015
全 国	**National Total**	**1266393**	**1334898**	**1480525**	**1673444**	**2177840**	**2622053**	**2717939**	**3072542**
北 京	Beijing	109838	125651	123582	120975	98670	106764	127369	133924
天 津	Tianjin	44734	43776	57768	64219	69195	80489	120174	121377
河 北	Hebei	28751	30112	25584	26196	20019	31720	17574	29646
山 西	Shanxi	20042	20706	25353	25253	24124	28047	29249	28223
内蒙古	Inner Mongolia	15496	17370	21433	23654	48397	50690	46849	43033
辽 宁	Liaoning	30000	32431	38870	39088	59953	62383	65095	55266
吉 林	Jilin	10230	15046	19167	16338	33769	35961	41468	53673
黑龙江	Heilongjiang	21307	20613	19154	22866	24011	25388	27501	14383
上 海	Shanghai	114422	168488	215208	182356	213539	262979	293204	323120
江 苏	Jiangsu	92696	100877	108523	117462	177963	253360	215542	245566
浙 江	Zhejiang	80191	94658	113701	139286	156194	179573	186297	217261
安 徽	Anhui	31957	31889	38526	41392	51090	63578	77715	91438
福 建	Fujian	41417	54752	57151	67707	72907	102695	112051	117182
江 西	Jiangxi	31956	32055	35260	35810	56048	66088	68747	73244
山 东	Shandong	79133	81513	97705	114562	154247	216045	276577	331382
河 南	Henan	50014	49546	53463	60682	69440	81481	91509	78367
湖 北	Hubei	30267	33367	40745	43981	44740	71736	85964	94620
湖 南	Hunan	27634	16244	20136	27488	45646	98389	107641	155417
广 东	Guangdong	168113	157772	152136	183844	207053	222086	256264	302802
广 西	Guangxi	35289	34750	32491	36950	162489	45836	88979	96801
海 南	Hainan	5970	7289	7956	11412	14105	17403	15351	20613
重 庆	Chongqing	45031	46383	45763	77216	98255	146197	160564	209036
四 川	Sichuan	57570	30374	32477	74738	91185	44375	47343	49945
贵 州	Guizhou	7781	7781	7821	12110	17435	7810	4140	25583
云 南	Yunnan	18856	19563	20377	26647	80223	260547	85120	79066
西 藏	Tibet	2105	2214	2663	3892	3897	1661	2054	1969
陕 西	Shaanxi	17797	11446	15125	19881	20252	14741	9415	8999
甘 肃	Gansu	2434	12440	12622	13527	14027	9142	7692	11091
青 海	Qinghai	3109	3156	3182	4127	4345	4724	9379	12128
宁 夏	Ningxia	7739	7910	11126	11619	13174	5896	11663	16932
新 疆	Xinjiang	34514	24726	25457	28166	31448	24269	29449	30455

4-5-4 分地区广告经营额
Basic Statistics on Advertising Turnover by Region

单位：万元 (10 000 yuan)

地 区	Region	2008	2009	2010	2011	2012	2013	2014	2015
全 国	**National Total**	**18995614**	**20410322**	**23405076**	**31255529**	**46982791**	**50197459**	**56056033**	**59734094**
北 京	Beijing	3922959	4238201	5366075	8096238	18076138	17947004	19218405	18239886
天 津	Tianjin	839202	929026	1041410	1224000	1400889	1859919	2173803	2195542
河 北	Hebei	128791	137833	111999	117406	72509	130966	57395	73652
山 西	Shanxi	201665	241880	258859	308566	340590	357366	350829	302239
内蒙古	Inner Mongolia	84382	104449	111829	134331	306339	305059	214589	180269
辽 宁	Liaoning	428508	442073	510257	516301	954810	971860	987868	800007
吉 林	Jilin	188264	220607	256011	284600	343428	348793	391094	422570
黑龙江	Heilongjiang	203948	214565	300475	347454	426538	453027	485589	235521
上 海	Shanghai	3133541	3182216	3780770	4376913	4378926	4495594	4636489	4896593
江 苏	Jiangsu	1535291	1789402	1532984	2498939	4362070	5008744	4241330	5083956
浙 江	Zhejiang	1382663	1518760	1922537	2205542	2361417	3105854	3154643	3667376
安 徽	Anhui	363714	467038	584573	695946	820853	921441	1118909	1239024
福 建	Fujian	560714	815270	953866	1101842	1202931	1407180	1585591	1651918
江 西	Jiangxi	231682	249753	287216	323216	350300	378665	371160	404564
山 东	Shandong	702359	763132	867693	1180083	1763867	2182205	2828396	3649514
河 南	Henan	330443	350996	331570	355623	817906	1043717	1312050	1408515
湖 北	Hubei	319572	345067	253245	554167	625525	887799	1248263	1463461
湖 南	Hunan	357640	72551	658912	1043066	1151296	1443225	1764002	2014053
广 东	Guangdong	2505990	2691187	2525674	3736551	4663079	4006717	6885455	8451359
广 西	Guangxi	61141	59614	55364	56074	116165	237464	237312	251493
海 南	Hainan	35991	50132	54905	100941	134379	113240	64072	137440
重 庆	Chongqing	333293	331962	267376	339572	375526	535289	642168	764308
四 川	Sichuan	506337	560468	657248	751177	1026968	1107613	1167277	1280196
贵 州	Guizhou	81419	81419	81629	96450	136450	47595	28869	21310
云 南	Yunnan	177626	202360	212087	294777	343174	368878	367836	396490
西 藏	Tibet	12238	15004	17317	22574	22596	27357	29137	41999
陕 西	Shaanxi	138894	140442	178182	204714	167098	164167	124646	68600
甘 肃	Gansu	40815	52116	65664	87904	90519	26341	26234	34848
青 海	Qinghai	24022	25168	28012	38019	41206	45358	73058	74851
宁 夏	Ningxia	28306	16403	27899	31612	33241	33064	32225	45204
新 疆	Xinjiang	134209	101229	103436	130929	76057	235958	237338	237338

4-5-5 建筑设计资质企业财务状况
Basic Statistics on Enterprises with Qualification of Architectural Design

单位：万元 (10 000 yuan)

年 份 Year	企业数 (个) Number of Enterprises (unit)	年末从业人员 (人) Number of Engaged Persons (person)	营业收入 Business Revenue	工程设计收入 Revenue from Architectural Design	营业成本 Business Costs	营业税金及附加 Business Tax and Extra Charges	利润总额 Total Profits
2005	4884	234329	3237923	2279707	2266299	166401	275254
2006	4927	248217	4552516	2788937	3603802	192057	362412
2007	4770	248927	5205057	3117790	3820277	237104	585939
2008	4898	265937	6767675	3601185	5622401	291890	564984
2009	4639	262262	7465897	4214278	5575048	393833	638462
2010	4503	271640	9437047	5696845	7019460	477471	853991
2011	4741	301146	10671552	7704387	7926979	542042	983842
2012	4756	334079	16766975	8026237	13527863	907360	1105260
2013	4721	440723	32027066	9234444	28274503	1041536	1732014
2014	4629	619936	33922163	9086579	29314282	929261	1876940
2015	4638	992192	48679714	8473641	43735356	1253958	2249691

4-5-5 续表 continued

单位：万元 (10 000 yuan)

年 份 Year	#应交所得税 Income Tax	净利润 Net Profit	资产合计 Total Assets	#流动资产 Current Assets	#固定资产 Fixed Assets	负债合计 Total Liabilities	所有者权益合计 Owner's Equity
2005	58188	173398	3120317	1861566	912490	1597350	1255350
2006	81953	285219	4395009	2932160	915817	2629112	1688414
2007	135849	443711	5650968	3894876	1756092	3439318	2333035
2008	125108	432196	6681307	4652548	1226162	3318025	2297147
2009	129068	514118	7447221	5246011	1228264	4398034	3150781
2010	166461	717026	9202050	6605237	1349599	5391611	3732603
2011	204346	852486	9987260	7212448	1661136	5863598	4123662
2012	223003	878387	17915480	13163508	2292400	13637479	6352764
2013	309702	1456197	33746082	25871119	3619539	24112948	9477527
2014	319710	1560491	36754717	28907065	3225231	25357933	12009528
2015	480270	1769421	57982174	44438328	4710903	39148307	18833868

4-5-6 建筑装饰工程设计资质企业财务状况

Basic Statistics on Enterprises with Qualification of Architectural Decoration Design

单位：万元 (10 000 yuan)

年份 Year	企业数（个） Number of Enterprises (unit)	年末从业人员（人） Number of Engaged Persons (person)	营业收入 Business Revenue	工程设计收入 Revenue from Architectural Design	营业成本 Business Costs	营业税金及附加 Business Tax and Extra Charges	利润总额 Total Profits
2005	1922	116229	4845623	217989	4344140	156669	174627
2006	1830	118365	5351344	275378	4845880	175239	214781
2007	1761	133011	6772134	304296	6886845	265928	259775
2008	1743	144531	8770511	337127	8451226	316453	287908
2009	1540	137928	8109865	374588	7216557	294696	359116
2010	1431	152487	10106854	498147	9431278	369509	461116
2011	1582	183071	16787224	687997	14989836	628354	827684
2012	1657	210874	19704075	822418	19290291	843912	969811
2013	1627	225853	25514507	892322	22999605	952834	1350681
2014	1617	240280	27512847	736817	24961140	1028564	992554
2015	2102	287805	28056256	1335440	26274762	987513	1243780

4-5-6 续表 continued

单位：万元 (10 000 yuan)

年份 Year	#应交所得税 Income Tax	净利润 Net Profit	资产合计 Total Assets	#流动资产 Current Assets	#固定资产 Fixed Assets	负债合计 Total Liabilities	所有者权益合计 Owner's Equity
2005	42835	121780	4748227	3864734	596025	2868364	1837941
2006	55610	153302	5190652	4162897	593598	3022365	1847896
2007	72562	196918	5862296	4776311	1085985	3760263	2138982
2008	66152	232092	6320592	5259003	613924	3934500	2261839
2009	87273	266457	6675043	5271951	635702	3953432	2334507
2010	115984	313182	7569608	6336449	710851	4719375	2676857
2011	206080	631805	12187969	10122453	1103385	7482452	4705518
2012	225349	746820	16427116	14154047	1039688	11686290	5363942
2013	281129	960104	20071977	17306144	1053119	13014844	7106297
2014	293793	691812	26851028	22592936	1465867	18610067	8077389
2015	289336	954444	25435716	21187273	1272835	15033434	10402282

4-5-7 与文化产业相关的通信业基本情况
Basic Statistics on Communication Service Related with Culture Industries

指标名称	Item	2006	2007	2008
用户规模	**Number of Subscribers**			
移动电话用户(万户)	Mobile Telephone Subscribers (10 000 subscribers)	46105.8	54730.6	64124.5
#移动个性化回铃用户	Subsctibers of Mobile Music Ring Back Tone			
手机报用户	Subscribers of Mobile Newspapers			
(固定)互联网宽带接入用户(万户)	Subscribers with Access to Internet by Broadband (10 000 subscribers)	5085.3	6641.4	8287.9
移动互联网用户(万户)	Subscribers of Mobile Internet (10 000 subscribers)			
宽带电视用户(万户)	Subscribers of Broadband TV (10 000 subscribers)			
手机电视用户(万户)	Subscribers of Mobile TV (10 000 subscribers)			
互联网网民人数(亿人)	Internet Users (100 million persons)	1.37	2.10	2.98
业务使用量	**Business Volume**			
移动短信业务量(亿条)	Short Message Services (100 million messages)	4295.4	5945.8	6996.9
固定互联网宽带接入时长(亿分钟)	Access Length of Fixed Internet by Broadband (100 million minutes)			
移动互联网接入流量(万GB)	Access Volume of Mobile Internet (10 000 GB)			
网页长度(总字节数)(GB)	Length of Webpages (GB)	122306	189160	438898
网站数(万个)	Number of Websites (10 000 units)	84.0	150.0	287.8
网络基础设施投资和能力	**Infrastructure Investmen and Capacity**			
电信固定资产投资(亿元)	Fixed Assets Investment of Telecommunication (100 million yuan)	2214.0	2370.1	3068.0
#互联网及数据通信	Internet and Data Communication			232.4
移动电话基站(万个)	Base Stations of Mobile Phones (10 000 units)	44.2	54.6	69.0
光缆线路长度(万公里)	Length of Optical Cable Lines (10 000 km)	428	577.7	677.8
互联网宽带接入端口(万个)	Broad Band Subscribers Port of Internet (10 000 ports)	6486.4	8539.3	10890.4
IPv4地址数(万个)	Number of IPv4 Addresses (10 000 units)	9802.0	13527.0	18127.3
IPv6地址数(块/32)	Number of IPv6 Addresses (piece/32)			
互联网国际出口带宽(Mbps)	International Internet Bandwidth (Mbps)	256696	368927	640287
服务水平	**Service**			
移动电话普及率(部/百人)	Popularization Rate of Mobile Telephone (sets/100 persons)	35.3	41.6	48.5
互联网普及率(%)	Popularization Rate of Internet (%)	10.5	16.0	22.6
移动电话漫游国家和地区(个)	Countries(Regions)with Mobile Phone Roaming (unit)	219	231	237
开通互联网业务的行政村比重(%)	Percentage of Administrative Village with Access to Internet (%)			
开通互联网宽带业务的行政村比重(%)	Percentage of Administrative Village with Access to Internet by Broadband (%)			
增值电信服务	**Value-added Telecom**			
增值电信服务企业数(个)	Number of Enterprises Engaged in Value-added Telecom (unit)		19857	20195
从事增值电信业务人员(人)	Number of Enmployed Persons (person)		508371	490731
增值电信业务收入(亿元)	Revenue from Value-added Telecom (100 million yuan)		432.8	640.5

4-5-7 续表 1 continued

指标名称	Item	2009	2010	2011
用户规模	**Number of Subscribers**			
移动电话用户(万户)	Mobile Telephone Subscribers (10 000 subscribers)	74721.4	85900.3	98625.3
#移动个性化回铃用户	Substcibers of Mobile Music Ring Back Tone	48311.0	57408.2	61414.3
手机报用户	Subscribers of Mobile Newspapers		11189.7	16105.7
(固定)互联网宽带接入用户(万户)	Subscribers with Access to Internet by Broadband (10 000 subscribers)	10397.8	12629.1	15000.1
移动互联网用户(万户)	Subscribers of Mobile Internet (10 000 subscribers)	37709.6	51520.8	63432.3
宽带电视用户(万户)	Subscribers of Broadband TV (10 000 subscribers)		719.0	1348.8
手机电视用户(万户)	Subscribers of Mobile TV (10 000 subscribers)		909.5	5676.2
互联网网民人数(亿人)	Internet Users (100 million persons)	3.84	4.57	5.1
业务使用量	**Business Volume**			
移动短信业务量(亿条)	Short Message Services (100 million messages)	7726.5	8277.5	8790.0
固定互联网宽带接入时长(亿分钟)	Access Length of Fixed Internet by Broadband (100 million minutes)		104017.5	197701.8
移动互联网接入流量(万GB)	Access Volume of Mobile Internet (10 000 GB)	1175.3	39935.9	54083.1
网页长度(总字节数)(GB)	Length of Webpages (GB)	1010848	1833476	3160028
网站数(万个)	Number of Websites (10 000 units)	323.2	190.8	229.6
网络基础设施投资和能力	**Infrastructure Investmen and Capacity**			
电信固定资产投资(亿元)	Fixed Assets Investment of Telecommunication (100 million yuan)	3773.1	3021.6	3382.2
#互联网及数据通信	Internet and Data Communication	342.7	405.8	438.4
移动电话基站(万个)	Base Stations of Mobile Phones (10 000 units)	111.1	139.8	175.2
光缆线路长度(万公里)	Length of Optical Cable Lines (10 000 km)	829.5	996.2	1211.9
互联网宽带接入端口(万个)	Broad Band Subscribers Port of Internet (10 000 ports)	13835.7	18781.1	23239.4
IPv4地址数(万个)	Number of IPv4 Addresses (10 000 units)	23244.6	27763.7	33044.0
IPv6地址数(块/32)	Number of IPv6 Addresses (piece/32)	63	401	9398
互联网国际出口带宽(Mbps)	International Internet Bandwidth (Mbps)	866367	1098957	1389529
服务水平	**Service**			
移动电话普及率(部/百人)	Popularization Rate of Mobile Telephone (sets/100 persons)	56.3	64.4	73.6
互联网普及率(%)	Popularization Rate of Internet (%)	28.9	34.3	38.3
移动电话漫游国家和地区(个)	Countries(Regions)with Mobile Phone Roaming (unit)	237	239	258
开通互联网业务的行政村比重(%)	Percentage of Administrative Village with Access to Internet (%)		94.8	94.8
开通互联网宽带业务的行政村比重(%)	Percentage of Administrative Village with Access to Internet by Broadband (%)		80.1	84.0
增值电信服务	**Value-added Telecom**			
增值电信服务企业数(个)	Number of Enterprises Engaged in Value-added Telecom (unit)	19558	20071	21291
从事增值电信业务人员(人)	Number of Enmployed Persons (person)	591121	763548	771988
增值电信业务收入(亿元)	Revenue from Value-added Telecom (100 million yuan)	864.2	1223.6	1813.9

4-5-7 续表 2 continued

指 标 名 称	Item	2012	2013	2014	2015
用户规模	**Number of Subscribers**				
移动电话用户(万户)	Mobile Telephone Subscribers (10 000 subscribers)	111215.5	122911.3	128609.3	127139.7
#移动个性化回铃用户	Subsctibers of Mobile Music Ring Back Tone	60838.4	60249.9	-	-
手机报用户	Subscribers of Mobile Newspapers	9592.5	8746.5	-	-
(固定)互联网宽带接入用户(万户)	Subscribers with Access to Internet by Broadband (10 000 subscribers)	17518.3	18890.9	20048.3	25946.6
移动互联网用户(万户)	Subscribers of Mobile Internet (10 000 subscribers)	76436.5	80756.3	87522.1	96447.2
宽带电视用户(万户)	Subscribers of Broadband TV (10 000 subscribers)	2174.3	2842.5	3363.7	4589.5
手机电视用户(万户)	Subscribers of Mobile TV (10 000 subscribers)	7085.1	4411.2	-	-
互联网网民人数(亿人)	Internet Users (100 million persons)	5.6	6.2	6.5	6.9
业务使用量	**Business Volume**				
移动短信业务量(亿条)	Short Message Services (100 million messages)	8973.1	8567.0	7674.2	6991.8
固定互联网宽带接入时长(亿分钟)	Access Length of Fixed Internet by Broadband (100 million minutes)	278468.2	325447.5	414354.8	499632.6
移动互联网接入流量(万GB)	Access Volume of Mobile Internet (10 000 GB)	87926.1	126715.7	206193.6	418753.3
网页长度(总字节数)(GB)	Length of Webpages (GB)	4902328	7133363	8879006	14129575
网站数(万个)	Number of Websites (10 000 units)	268.1	320.2	334.9	422.9
网络基础设施投资和能力	**Infrastructure Investmen and Capacity**				
电信固定资产投资(亿元)	Fixed Assets Investment of Telecommunication (100 million yuan)	3616.2	3742.6	4006.2	4524.8
#互联网及数据通信	Internet and Data Communication	417.9	511.1	400.2	716.3
移动电话基站(万个)	Base Stations of Mobile Phones (10 000 units)	206.6	241.0	350.8	465.6
光缆线路长度(万公里)	Length of Optical Cable Lines (10 000 km)	1479.3	1745.4	2061.3	2486.3
互联网宽带接入端口(万个)	Broad Band Subscribers Port of Internet (10 000 ports)	32108.4	35945.3	40546.1	57709.4
IPv4地址数(万个)	Number of IPv4 Addresses (10 000 units)	33053.5	33030.8	33198.8	24698.3
IPv6地址数(块/32)	Number of IPv6 Addresses (piece/32)	12535	16670	18797	11362
互联网国际出口带宽(Mbps)	International Internet Bandwidth (Mbps)	1899792	3406824	4118663	5283570
服务水平	**Service**				
移动电话普及率(部/百人)	Popularization Rate of Mobile Telephone (sets/100 persons)	82.5	90.3	-	92.5
互联网普及率(%)	Popularization Rate of Internet (%)	42.1	45.8	-	50.3
移动电话漫游国家和地区(个)	Countries(Regions)with Mobile Phone Roaming (unit)	258	258	258	255
开通互联网业务的行政村比重(%)	Percentage of Administrative Village with Access to Internet (%)	94.9	-	-	-
开通互联网宽带业务的行政村比重(%)	Percentage of Administrative Village with Access to Internet by Broadband (%)	87.9	91.0	93.5	94.8
增值电信服务	**Value-added Telecom**				
增值电信服务企业数(个)	Number of Enterprises Engaged in Value-added Telecom (unit)	20815	22099	24001	26388
从事增值电信业务人员(人)	Number of Enmployed Persons (person)	788256	839916	807999	850118
增值电信业务收入(亿元)	Revenue from Value-added Telecom (100 million yuan)	2510.7	3317.0	4229.4	5443.6

5

港澳台地区统计资料

Statistical Indicators of Hong Kong, Macao and Taiwan, China

5-1-1　香港文化及创意产业增加值
Value Added of the Cultural and Creative Industries of Hong Kong, China

单位：百万港元，%　　(HKD million,%)

项　目	Item	2005	2006	2007	2008	2009
文化及创意产业增加值	**Value-added of Cultural and Creative Industries**	**52258**	**57309**	**65117**	**63275**	**63266**
艺术品、古董及工艺品	Art, Antiques and Crafts	4223	4437	5446	5470	5631
文化教育及图书馆、档案保存和博物馆服务	Cultural Education and Library, Archive and Museum Services				984	976
表演艺术	Performing Arts	661	628	726	706	824
电影及录像和音乐	Film, Video and Music	2243	3401	3564	3122	2741
电视及电台	Television and Radio	5543	5018	5232	4614	4189
出版	Publishing	14145	14908	17445	15716	12329
软件、电脑游戏及互动媒体	Software, Computer Games and Interactive Media	16508	19240	21253	18204	21429
设计	Design	1001	1291	1459	2683	2289
建筑	Architecture	3161	3484	3452	4941	6674
广告	Advertising	3869	4056	5713	6075	5250
娱乐服务	Amusement Services	904	847	827	759	932
文化及创意产业增加值占本地生产总值百分比	**% of GDP**	**3.8**	**3.9**	**4.1**	**3.9**	**4.0**

注：1. 资料来源：中国香港特别行政区政府统计处。
　　2. 2008年之前的文化及创意产业数据不包括文化教育及图书馆、档案保存和博物馆服务，故与2008年及以后年份数据不可比(下表同)。

a)Data source: Census and Statistics Department of Hong Kong SAR.

b)Figures for 2008 and onwards are not strictly comparable with those of earlier years where data for cultural education and library, archive and museum services are not covered. The same applies to the table following.

5-1-1　续表　continued

单位：百万港元，%　　(HKD million,%)

项　目	Item	2010	2011	2012	2013	2014
文化及创意产业增加值	**Value-added of Cultural and Creative Industries**	**77573**	**89551**	**97837**	**106050**	**109680**
艺术品、古董及工艺品	Art, Antiques and Crafts	7121	10142	11446	13633	12199
文化教育及图书馆、档案保存和博物馆服务	Cultural Education and Library, Archive and Museum Services	1065	1137	1161	1246	1465
表演艺术	Performing Arts	862	872	932	876	954
电影及录像和音乐	Film, Video and Music	2982	3239	3643	3524	3106
电视及电台	Television and Radio	5677	7322	7043	7986	6431
出版	Publishing	13655	13329	14066	14112	13894
软件、电脑游戏及互动媒体	Software, Computer Games and Interactive Media	27263	32663	37755	40265	44387
设计	Design	2932	3615	3310	3711	4080
建筑	Architecture	7968	8537	9261	9762	11058
广告	Advertising	6805	7128	7322	8682	9254
娱乐服务	Amusement Services	1244	1566	1899	2253	2852
文化及创意产业增加值占本地生产总值百分比	**% of GDP**	**4.5**	**4.7**	**4.9**	**5.1**	**5.0**

5-1-2　香港文化及创意产业就业人数
Number of Persons Engaged in the Cultural and Creative Industries of Hongkong, China

单位：人，%　　(person,%)

项　目	Item	2005	2006	2007	2008	2009
文化及创意产业就业人数	**Number of Persons Engaged in Cultural and Creative Industries**	**171990**	**177200**	**180620**	**191260**	**188250**
艺术品、古董及工艺品	Art, Antiques and Crafts	18020	18340	17730	17620	16910
文化教育及图书馆、档案保存和博物馆服务	Cultural Education and Library, Archive and Museum Services				7310	7450
表演艺术	Performing Arts	2610	3010	3020	2910	2910
电影及录像和音乐	Film, Video and Music	14010	14820	15670	15180	14500
电视及电台	Television and Radio	7350	6600	6150	6960	5790
出版	Publishing	47010	47540	47690	46950	46500
软件、电脑游戏及互动媒体	Software, Computer Games and Interactive Media	39930	41540	42730	43850	43790
设计	Design	9610	9030	10260	11100	11300
建筑	Architecture	10560	10700	11410	12890	12720
广告	Advertising	16000	17410	18120	18450	18390
娱乐服务	Amusement Services	6890	8210	7830	8040	7980
占总就业人数的百分比	**% Share of Total Employment**	**5.1**	**5.2**	**5.2**	**5.4**	**5.4**

资料来源：中国香港特别行政区政府统计处。
Data source: Census and Statistics Department of Hong Kong SAR.

5-1-2　续表　continued

单位：人，%　　(person,%)

项　目	Item	2010	2011	2012	2013	2014
文化及创意产业就业人数	**Number of Persons Engaged in Cultural and Creative Industries**	**189430**	**192930**	**200370**	**207490**	**213060**
艺术品、古董及工艺品	Art, Antiques and Crafts	16600	17160	17730	18430	19240
文化教育及图书馆、档案保存和博物馆服务	Cultural Education and Library, Archive and Museum Services	8410	8810	9100	9420	10430
表演艺术	Performing Arts	3010	3370	3810	4200	4800
电影及录像和音乐	Film, Video and Music	14270	14180	14700	14990	14960
电视及电台	Television and Radio	5440	5460	5730	6420	6740
出版	Publishing	45680	44550	44220	43900	42660
软件、电脑游戏及互动媒体	Software, Computer Games and Interactive Media	44700	46600	49700	52600	55520
设计	Design	12080	13150	14140	15120	15820
建筑	Architecture	13310	14030	14670	15310	15640
广告	Advertising	17820	17600	18320	18510	18650
娱乐服务	Amusement Services	8110	8000	8230	8590	8600
占总就业人数的百分比	**% Share of Total Employment**	**5.4**	**5.4**	**5.5**	**5.6**	**5.7**

5-1-3 香港文化及创意产品进出口情况
Total Exports and Imports of Cultural and Creative Goods of Hongkong, China

单位：百万港元，% (HKD million,%)

项 目	Item	2005	2006	2007	2008	2009
文化及创意产品的出口	**Exports of Cultural and Creative Goods**	**422365**	**453666**	**422756**	**439342**	**371644**
古董及工艺品产品	Antiques and Crafts Goods	9860	10133	10672	10496	8363
视觉艺术及设计产品	Visual arts and Design Goods	44926	43792	47849	50010	37235
视听及互动媒体产品	Audio-visual and Interactive Media Goods	316487	347798	303884	317928	273635
表演艺术及节庆产品	Performing Arts and Celebration Goods	40125	39748	46491	46267	40355
出版产品(书籍及报刊)	Publishing Goods (Books and Press)	10967	12195	13860	14641	12056
占整体出口的百分比	**% of Total Exports of Goods**	**18.8**	**18.4**	**15.7**	**15.6**	**15.1**
文化及创意产品的进口	**Imports of Cultural and Creative Goods**	**357412**	**403146**	**413691**	**438975**	**392782**
古董及工艺品产品	Antiques and Crafts Goods	8703	9607	10847	10187	8656
视觉艺术及设计产品	Visual arts and Design Goods	35187	34646	41953	48755	40599
视听及互动媒体产品	Audio-visual and Interactive Media Goods	276249	320551	309993	327244	289894
表演艺术及节庆产品	Performing Arts and Celebration Goods	30807	30904	42228	43737	45804
出版产品(书籍及报刊)	Publishing Goods (Books and Press)	6466	7438	8670	9052	7829
占整体进口的百分比	**% of Total Imports of Goods**	**15.3**	**15.5**	**14.4**	**14.5**	**14.6**

资料来源：中国香港特别行政区政府统计处。
Data source: Census and Statistics Department of Hong Kong SAR.

5-1-3 续表 continued

单位：百万港元，% (HKD million,%)

项 目	Item	2010	2011	2012	2013	2014
文化及创意产品的出口	**Exports of Cultural and Creative Goods**	**449803**	**495826**	**537874**	**507105**	**505067**
古董及工艺品产品	Antiques and Crafts Goods	9849	11194	10696	11505	11956
视觉艺术及设计产品	Visual arts and Design Goods	44990	56400	63450	66430	70876
视听及互动媒体产品	Audio-visual and Interactive Media Goods	334621	362876	393864	364993	363525
表演艺术及节庆产品	Performing Arts and Celebration Goods	47294	52010	57469	52204	47004
出版产品(书籍及报刊)	Publishing Goods (Books and Press)	13049	13346	12395	11973	11706
占整体出口的百分比	**% of Total Exports of Goods**	**14.8**	**14.9**	**15.7**	**14.2**	**13.8**
文化及创意产品的进口	**Imports of Cultural and Creative Goods**	**477698**	**545928**	**609622**	**596230**	**577487**
古董及工艺品产品	Antiques and Crafts Goods	10946	15287	13394	14005	13718
视觉艺术及设计产品	Visual arts and Design Goods	58888	91783	106054	110480	127796
视听及互动媒体产品	Audio-visual and Interactive Media Goods	347103	370599	415080	399201	368887
表演艺术及节庆产品	Performing Arts and Celebration Goods	51944	59015	66266	64222	58880
出版产品(书籍及报刊)	Publishing Goods (Books and Press)	8817	9244	8828	8322	8206
占整体进口的百分比	**% of Total Imports of Goods**	**14.2**	**14.5**	**15.6**	**14.7**	**13.7**

5-1-4 香港文化及创意服务输出和输入情况
Exports and Imports of Cultural and Creative Services of HongKong, China

单位：百万港元，% (HKD million,%)

项 目	Item	2005	2006	2007	2008	2009
文化及创意服务的输出	**Exports of Cultural and Creative Services**	**13632**	**14628**	**16602**	**20921**	**19707**
广告、市场研究及公众意见调查服务	Advertising, Market Research and Public Opinion Polling Services	4117	4292	4770	4748	4902
建筑、工程、科学及其他技术服务	Architectural, Engineering and Other Technical Services	2281	2153	3150	3988	3595
电脑服务	Computer Services	1608	2337	1613	4754	4787
资讯服务	Information Services	451	443	545	551	509
视听及有关服务	Audio-visual and Related Services	1907	2006	1945	1775	881
其他个人、文化及康乐服务	Other Personal, Cultural and Recreational Services	1023	1219	1679	2077	2162
研究及发展服务	Research and Development Services	412	228	236	363	350
特许经营权及商标以外的知识产权使用费	Charges for the Use of Intellectual Property Rights Other Than Franchises and Trademarks	1833	1950	2664	2665	2521
占服务输出总额的百分比	**% of Total Exports of Services**	**3.7**	**3.5**	**3.3**	**3.8**	**3.9**
文化及创意服务的输入	**Imports of Cultural and Creative Services**	**15595**	**15261**	**17548**	**20297**	**20674**
广告、市场研究及公众意见调查服务	Advertising, Market Research and Public Opinion Polling Services	2557	2515	3129	3282	3031
建筑、工程、科学及其他技术服务	Architectural, Engineering and Other Technical Services	712	678	824	1107	1382
电脑服务	Computer Services	2884	2405	2703	3495	3733
资讯服务	Information Services	435	481	593	490	555
视听及有关服务	Audio-visual and Related Services	278	275	304	654	304
其他个人、文化及康乐服务	Other Personal, Cultural and Recreational Services	125	158	230	466	423
研究及发展服务	Research and Development Services	1174	1757	1560	1524	1135
特许经营权及商标以外的知识产权使用费	Charges for the Use of Intellectual Property Rights Other Than Franchises and Trademarks	7430	6992	8205	9279	10111
占服务输入总额的百分比	**% of Total Imports of Services**	**3.6**	**3.1**	**3.3**	**3.6**	**4.4**

资料来源：中国香港特别行政区政府统计处。
Data source: Census and Statistics Department of Hong Kong SAR.

5-1-4 续表 continued

单位：百万港元，% (HKD million,%)

项 目	Item	2010	2011	2012	2013	2014
文化及创意服务的输出	**Exports of Cultural and Creative Services**	**22185**	**24276**	**25771**	**25065**	**25515**
广告、市场研究及公众意见调查服务	Advertising, Market Research and Public Opinion Polling Services	5063	5701	6090	6451	5961
建筑、工程、科学及其他技术服务	Architectural, Engineering and Other Technical Services	3745	3731	3946	3815	4107
电脑服务	Computer Services	6307	6621	7027	7293	7380
资讯服务	Information Services	570	742	766	760	726
视听及有关服务	Audio-visual and Related Services	869	858	869	732	675
其他个人、文化及康乐服务	Other Personal, Cultural and Recreational Services	2441	2820	2807	1087	1328
研究及发展服务	Research and Development Services	395	535	606	903	1209
特许经营权及商标以外的知识产权使用费	Charges for the Use of Intellectual Property Rights Other Than Franchises and Trademarks	2795	3268	3660	4024	4129
占服务输出总额的百分比	**% of Total Exports of Services**	**3.5**	**3.4**	**3.4**	**3.1**	**3.1**
文化及创意服务的输入	**Imports of Cultural and Creative Services**	**23544**	**24316**	**25340**	**25189**	**25416**
广告、市场研究及公众意见调查服务	Advertising, Market Research and Public Opinion Polling Services	3725	3984	4498	4386	4069
建筑、工程、科学及其他技术服务	Architectural, Engineering and Other Technical Services	1971	2483	2544	2593	2837
电脑服务	Computer Services	3788	3481	3706	4260	5087
资讯服务	Information Services	596	730	774	1127	1022
视听及有关服务	Audio-visual and Related Services	307	495	544	464	389
其他个人、文化及康乐服务	Other Personal, Cultural and Recreational Services	341	233	320	289	387
研究及发展服务	Research and Development Services	908	917	1047	1069	1250
特许经营权及商标以外的知识产权使用费	Charges for the Use of Intellectual Property Rights Other Than Franchises and Trademarks	11908	11993	11907	11001	10375
占服务输入总额的百分比	**% of Total Imports of Services**	**4.3**	**4.2**	**4.3**	**4.3**	**4.4**

5-2-1 澳门文化活动参与情况
Basic Statistics on Arts Attendance of Macao,China

单位：% (%)

类 别	Category	2016					
		总参与率 Total Participation Rate	去电影院 Visiting Movie Theaters	参观博物馆或世遗景点 Visiting Museums or Historic Spots	去图书馆 Visiting Libraries	观看表演 Performing Arts Attendance	参观艺术展览 Visting Art Exhibition
总 计	**Total**	**54.9**	**35.2**	**25.9**	**22.8**	**17.5**	**7.4**
按性别分组	**By Sex**						
男	Male	51.6	34.6	23.1	20.3	14.5	7.1
女	Female	58.0	35.7	28.5	25.2	20.4	7.7
按年龄分组	**By Age**						
16-24岁	Aged 16-24	81.9	70.3	29.2	49.5	29.2	9.9
25-34岁	Aged 25-34	69.0	55.4	31.0	22.7	19.2	6.8
35-44岁	Aged 35-44	59.7	40.7	34.4	22.2	17.9	8.0
45-54岁	Aged 45-54	41.2	17.4	19.5	19.4	12.9	7.0
55岁及以上	Aged 55 and Over	36.9	10.2	18.3	14.2	14.1	6.9
按教育程度分组	**By Education Attainment**						
小学教育	Primary Education	33.2	12.4	16.6	12.6	9.6	4.2
初中教育	Junior Secondary Education	47.3	28.4	20.9	19.4	12.5	5.8
高中教育	Senior Secondary Education	59.0	38.5	28.5	25.2	17.6	6.7
高等教育	Higher Education	79.8	60.2	38.6	34.5	29.5	13.5
其 他	Other Education	24.4	6.9	7.4	6.2	9.8	1.8
按经济活动状况分组	**By Economic Activity Status**						
劳动人口	Economically Active Population	55.0	37.3	26.2	20.2	16.2	7.1
非劳动人口	Non-economically Active Population	54.7	29.5	24.9	29.9	21.1	8.3

资料来源：澳门特别行政区政府统计暨普查局(以下相关表同)。
Data source: Statistics and Census Service of the Government of Macao SAR.The same applies to the relevant tables following.

5-2-1 续表 continued

单位：% (%)

类 别	Category	2015 总参与率 Total Participation Rate	去电影院 Visiting Movie Theaters	参观博物馆或世遗景点 Visiting Museums or Historic Spots	去图书馆 Visiting Libraries	观看表演 Performing Arts Attendance	参观艺术展 览 Visting Art Exhibition
总 计	**Total**	**52.8**	**32.0**	**22.0**	**21.8**	**19.2**	**7.4**
按性别分组	**By Sex**						
男	Male	50.9	32.2	20.7	19.9	17.9	7.0
女	Female	54.7	31.8	23.2	23.6	20.4	7.8
按年龄分组	**By Age**						
16-24岁	Aged 16-24	78.8	60.6	25.3	44.8	29.7	8.3
25-34岁	Aged 25-34	68.2	53.9	27.6	21.0	23.3	8.3
35-44岁	Aged 35-44	53.0	31.4	25.2	23.8	19.1	7.1
45-54岁	Aged 45-54	38.6	16.9	15.8	15.7	11.9	6.5
55岁及以上	Aged 55 and Over	36.1	8.6	17.3	14.6	15.9	7.0
按教育程度分组	**By Education Attainment**						
小学教育	Primary Education	35.9	12.6	13.1	15.0	11.4	4.1
初中教育	Junior Secondary Education	42.8	21.6	20.3	17.1	13.4	4.9
高中教育	Senior Secondary Education	57.6	36.9	21.7	23.8	17.5	6.6
高等教育	Higher Education	74.0	54.1	31.7	30.9	33.2	14.1
其 他	Other Education	22.2	4.4	9.8	9.2	9.0	0.7
按经济活动状况分组	**By Economic Activity Status**						
劳动人口	Economically Active Population	51.8	33.4	21.4	18.8	18.3	7.1
非劳动人口	Non-economically Active Population	55.7	28.1	23.4	30.4	21.7	8.2

5-2-2 澳门会展业基本情况
Basic Statistics on Exhibition Industry of Macao,China

指 标	Index	2011	2012	2013	2014	2015
举办会议数(个)	Number of Conventions (unit)	984 r	956 r	958 r	963 r	1163
举办商业展览数(个)	Number of Commercial Exhibitions (unit)	51	59 r	66	87	78
参与会展人次(千人次)	Number of Persons Participated (1000 person-times)	1277 r	1613	2034	2614 r	2516

注：r 指修订数字(以下相关表同)。
a)r refers to revised data.The same applies to the relevant tables following.

5-2-3 澳门表演及文化展览情况
Basic Statistics on Public Performance and Cultural Exhibitions of Macao,China

单位：场，人次 (show,person-time)

指 标	Index	2011	2012	2013	2014	2015
总 计	**Total**					
场次	Number of sessions	14715	34820	38593	41441 r	38457
观众人次	Number of Audiences	3713827	6929448	7500776	6807118 r	7365391
舞 蹈	Dance					
场次	Number of sessions	214	257	220	414	387
观众人次	Number of Audiences	165848	85553	57978	119415	104278
音乐会	Concerts					
场次	Number of sessions	445	498	1143	1387	1570
观众人次	Number of Audiences	204281	347980	427194	481850	558263
综合表演	Variety Show					
场次	Number of sessions	1304	791	1375	1010	1166
观众人次	Number of Audiences	300273	1085615	1387970	1148838	1122592
戏 剧	Theatres					
场次	Number of sessions	565	738	825	842 r	991
观众人次	Number of Audiences	187006	197033	265609	202166 r	289392
电 影	Movies					
场次	Number of sessions	9734	31243	34042	36133 r	33034
观众人次	Number of Audiences	647549	1854029	1711503	1727950 r	1650774
文化展览	Cultural Exhibitions					
场次	Number of sessions	901	462	583	691	608
观众人次	Number of Audiences	1416795	2442807	2348133	2483109 r	2849007
其 他	Others					
场次	Number of sessions	1552	831	405	964	701
观众人次	Number of Audiences	792075	916431	1302389	643790	791085

5-2-4 澳门公共图书馆及阅览室情况
Basic Statistics on Public Libraries and Reading Rooms of Macao,China

指 标	Index	2011	2012	2013	2014	2015
图书馆及阅览室（个）	Number of Libraries and Reading Rooms (unit)	54	60	65	66	70
图书馆工作人员（人）	Number of Staff (person)	301	313	346	359	391
坐席数（个）	Seating Capacity (unit)	4617	4971	5215	7581	8180
购书总支出（千澳门元）	Total Expenditure on Purchase of Books (1000 MOP)	58677	67780	68609	81813	75212
藏书量（册）	Number of Books (copy)	2003949	1946457	2158707	1908109	2094188
期刊杂志（份）	Number of Periodicals (piece)	10531	10748	13669	13091 r	14160
多媒体资料（套）	Multi-media Materials (Set)	4319431	2150336	2386799	2548149	2782456
#电子书籍	Electronic Books	4022912	1826444	1953972	2157183 r	2286838
电子期刊杂志	Electronic Journals	214382	247711	338170	315568 r	406889
接待人次（人次）	Number of Visitors (person-time)	4108584	4409936	4469786	4756487	5026353

5-2-5 澳门出版、博物馆及广播电影电视情况
Basic Statistics on Publishing, Museums,Radio, TV and Films

指 标	Index	2010	2011	2012
出版	**Publishing**			
图书	Books			
出版种数（种）	Number of Publications (kind)	460	509	539
日报	Daily newspapers			
出版种数（种）	Number of Publications (kind)	14	14	16
发行量（千份）	Circulation (1000 pieces)	85366	90821	112921
期刊	Periodicals			
出版种数（种）	Number of Publications (kind)	38	40	38
发行量（千份）	Circulation (1000 pieces)	7492	8481	10842
博物馆	**Museums**			
个数（个）	Number of Museums (unit)	21	21	21
参观人次（千人次）	Number of Visitors (1000 person-times)	1805	2959	3634
广电影视	**Radio,TV and Films**			
电视及广播发射台（个）	Number of Television and Radio Broadcasting Stations (unit)	10	10	10
电影院（个）	Number of Cinemas (unit)	4	5	5
银 幕（个）	Number of Screens (unit)	7	16	16
坐席数（个）	Seating capacity (seat)	2857	3682	3682
电影票房收入(千澳门元)	Ticket Sales (1000 MOP)		32322	91933

注：1.图书指配有国际标准书号的图书。
2.部分刊物未能提供发行量。
3.部分博物馆未能提供入馆人次。

a)Books referrs to those with international standard book number.
b)Unavailability of data on circulation of some periodicals.
c) Unavailability of data on visitors of some museums .

5-2-5 续表 continued

指 标	Index	2013	2014	2015
出版	**Publishing**			
图书	Books			
出版种数（种）	Number of Publications (kind)	641	632	717
日报	Daily newspapers			
出版种数（种）	Number of Publications (kind)	16	17	17
发行量（千份）	Circulation (1000 pieces)	111088	121417	113812
期刊	Periodicals			
出版种数（种）	Number of Publications (kind)	44	54	56
发行量（千份）	Circulation (1000 pieces)	11426	10197	14298
博物馆	**Museums**			
个数（个）	Number of Museums (unit)	21	22	22
参观人次（千人次）	Number of Visitors (1000 person-times)	4057	4553	3864
广电影视	**Radio,TV and Films**			
电视及广播发射台（个）	Number of Television and Radio Broadcasting Stations (unit)	10	10	9
电影院（个）	Number of Cinemas (unit)	5	5	5
银 幕（个）	Number of Screens (unit)	16	16	16
坐席数（个）	Seating capacity (seat)	3682	3682	3682
电影票房收入(千澳门元)	Ticket Sales (1000 MOP)	106316	122287[r]	136895

5-3-1 台湾省文创产业营业额与本地生产总值
Total Revenue of Cultural and Creative Industries and GDP of Taiwan,China

项 目	Item	2008	2009	2010	2011	2012
文创产业营业额（新台币百万元）	Total Revenue of Cultural and Creative Industries (TWD million)	678339	648840	766128	784255	757424
本地生产总值（新台币百万元,现价）	Gross Domestic Product (current price, TWD million)	12620150	12481093	13552099	13674346	14042125
本地生产总值(现价)年增长率(%)	Increase Rate of GDP (%)		-1.10	8.58	0.90	2.69
文创营业额占本地生产总值的比率(%)	Total Revenue of Cultural and Creative Industries as % of GDP (%)	5.38	5.20	5.65	5.74	5.39

资料来源："2013台湾地区文化创意产业发展年报"（以下相关表同）。
a)Data source: Annual Report on Development of Cultural and Creative Industries of Taiwan,2013. The same applies to the relevant tables following.

5-3-2 台湾省文创产业从业人员情况
Basic Statistics on Engaged Persons of Cultural and Creative Industries of Taiwan,China

类 别	Category	2008	2009	2010	2011	2012
从业人员（人）	**Engaged Persons (person)**	**169911**	**164542**	**170539**	**172903**	**172757**
出版	Press and Publication	30790	31463	31461	32466	31156
影片服务、声音录制及音乐出版	Films, Recording and Music	14614	13997	15115	15974	16168
传播及节目播送	Media and Broadcasting	18363	17935	17816	18149	18492
广告业及市场研究	Advertising and Market Research	28456	27407	27936	28842	28018
专门设计服务	Design	13359	13827	14746	16441	18737
艺术表演	Arts and Performance	3439	3634	3535	3617	3693
运动、娱乐及休闲服务	Sports, Entertainment and Leisure	52469	47259	50430	47414	46033
创意生活	Creative Life	8421	9020	9500	10000	10460

5-3-3 台湾省文化创意产业企业情况
Basic Statistics on Enterprises of Cultural and Creative Industries of Taiwan,China

类 别	Category	2008	2009	2010	2011	2012
企业数（个）	**Total Number if Enterprises (unit)**					
视觉艺术	Visual Arts	2571	2503	2479	2498	2496
音乐及表演艺术	Music and Performancing Arts	1376	1517	1790	2007	2200
文化资产应用及展演设施	Use,Exhibition and Performance of Cultural Assets	51	54	61	80	103
工艺	Art and Antiques	10630	10535	10804	10997	11134
电影	Films	674	700	731	762	803
广播电视	Radio and Television	1548	1568	1579	1557	1561
出版	Press and Publication	7906	7749	7714	7717	7803
广告	Advertising	12543	12565	12845	13237	13543
流行音乐及文化内容	Pop Music and Cultural Content	1856	1837	1894	1921	1944
产品设计	Product Design	2182	2327	2503	2747	2964
视觉传达设计	Visual and Media Design	208	217	243	289	315
品牌时尚设计	Fashion Design	42	55	84	109	134
建筑设计	Architectural Design	6602	6455	6491	6562	6660
营业额（新台币百万元）	**Total Revenue (TWD million)**					
视觉艺术	Visual Arts	4536	3636	4103	4389	5461
音乐及表演艺术	Music and Performancing Arts	8654	7755	9055	10058	11181
文化资产应用及展演设施	Use,Exhibition and Performance of Cultural Assets	572	682	463	1171	1012
工艺	Art and Antiques	91612	95642	142335	139010	105773
电影	Films	13727	13318	14971	20013	20689
广播电视	Radio and Television	108206	111190	124076	127961	130797
出版	Press and Publication	110490	104146	114713	115091	115286
广告	Advertising	126159	112117	135680	144238	144965
流行音乐及文化内容	Pop Music and Cultural Content	19023	17672	18601	19588	19203
产品设计	Product Design	46073	47588	56358	55795	54459
视觉传达设计	Visual and Media Design	2229	2750	3639	2735	1671
品牌时尚设计	Fashion Design	142	159	208	288	318
建筑设计	Architectural Design	68113	56806	64178	64021	63212

6

国际统计资料

International Statistical Indicators

6-1 世界主要国家版权产业增加值占GDP的比重 Contribution of Copyright Industries to GDP in Main Countries

国家	Country	年份 Year	版权产业增加值占GDP的比重 Value-added of Copyright Industries as Percentage of GDP (%)
阿根廷	Argentina	2013	4.70
澳大利亚	Australia	2014	7.10
不丹	Bhutan	2011	5.46
文莱	Brunei	2011	1.58
保加利亚	Bulgaria	2011	4.54
加拿大	Canada	2004	5.38
哥伦比亚	Colombia	2008	3.30
克罗地亚	Croatia	2007	4.27
多米尼加	Dominica	2012	3.40
格林纳达	Grenada	2012	4.83
芬兰	Finland	2012	4.73
匈牙利	Hungary	2010	7.42
印度尼西亚	Indonesia	2013	4.11
牙买加	Jamaica	2007	4.81
约旦	Jordan	2012	2.43
肯尼亚	Kenya	2009	5.32
韩国	Korea, Rep. of	2012	9.89
拉脱维亚	Latvia	2004	5.05
黎巴嫩	Lebanon	2007	4.75
立陶宛	Lithuania	2012	5.40
马拉维	Malawi	2013	3.46
马来西亚	Malaysia	2008	5.70
墨西哥	Mexico	2006	4.77
荷兰	Netherlands	2009	5.90
巴基斯坦	Pakistan	2010	4.45
巴拿马	Panama	2009	6.35
秘鲁	Peru	2009	2.67
菲律宾	Philippines	2006	4.82
罗马尼亚	Romania	2008	5.55
俄罗斯	Russia	2007	6.06
新加坡	Singapore	2007	6.19
斯洛文尼亚	Slovenia	2010	5.10
南非	South Africa	2011	4.11
圣基茨/尼维斯	St Kitts/Nevis	2012	6.60
圣卢西亚	St Lucia	2012	8.00
圣文森特	St Vincent	2012	5.60
坦桑尼亚	Tanzania	2012	4.56
泰国	Thailand	2012	4.48
土耳其	Turkey	2011	2.73
乌克兰	Ukraine	2008	2.85
美国	Usa	2013	11.25

资料来源：世界知识产权组织。
Data source:WIPO.

6-2 世界主要国家版权产业从业人员占从业总人员数的比重 Employed Persons Engaged in Copyright Industries as Percentage of Total Employed Persons

国 家	Country	年份 Year	版权产业从业人员占从业总人员数的比重 Employed Persons Engaged in Copyright Industries as Percentage of Total Employed Persons (%)
阿根廷	Argentina	2013	3.00
澳大利亚	Australia	2014	8.70
不丹	Bhutan	2011	10.09
文莱	Brunei	2011	3.20
保加利亚	Bulgaria	2011	4.92
加拿大	Canada	2004	5.55
哥伦比亚	Colombia	2008	5.80
克罗地亚	Croatia	2007	4.65
多米尼加	Dominica	2012	4.80
格林纳达	Grenada	2012	5.12
芬兰	Finland	2012	5.14
匈牙利	Hungary	2010	7.28
印尼	Indonesia	2013	3.75
牙买加	Jamaica	2007	3.03
约旦	Jordan	2012	2.88
肯尼亚	Kenya	2009	3.26
韩国	Korea, Rep. of	2012	6.24
拉脱维亚	Latvia	2004	5.59
黎巴嫩	Lebanon	2007	4.49
立陶宛	Lithuania	2012	4.92
马拉维	Malawi	2013	3.35
马来西亚	Malaysia	2008	7.50
墨西哥	Mexico	2006	11.01
荷兰	Netherlands	2009	8.80
巴基斯坦	Pakistan	2010	3.71
巴拿马	Panama	2009	3.17
秘鲁	Peru	2009	4.50
菲律宾	Philippines	2006	11.10
罗马尼亚	Romania	2008	4.19
俄罗斯	Russia	2007	7.30
新加坡	Singapore	2007	6.21
斯洛文尼亚	Slovenia	2010	6.80
南非	South Africa	2011	4.08
圣基茨/尼维斯	St Kitts/Nevis	2012	3.10
圣卢西亚	St Lucia	2012	4.40
圣文森特	St Vincent	2012	4.90
坦桑尼亚	Tanzania	2012	5.63
泰国	Thailand	2012	2.85
土耳其	Turkey	2011	5.40
乌克兰	Ukraine	2008	1.90
美国	Usa	2013	8.35

资料来源：世界知识产权组织。
Data source:WIPO.

6-3　世界创意产品进出口情况(2012年)
Basic Statistics on Imported and Exported Creative Goods (2012)

类　别	Category	出口 Exported		
		出口额(亿美元) Value (USD 100 million)	构成(%) Percentage	2003-2012年平均增长速度(%) Average Increase Rate from 2003 to 2012
合计	**Total**	**4738**	**100.0**	**8.7**
工艺品	Art Crafts	343	7.2	4.9
音像产品	Audio Visuals	321	6.8	14.3
设计产品	Design	2849	60.1	9.0
新媒体	New Media	409	8.6	21.2
表演艺术	Performing Art	51	1.1	6.0
出版	Publishing	383	8.1	1.4
视觉艺术	Visual Arts	383	8.1	7.2

6-3　续表　continued

类　别	Category	进口 Imported		
		进口额(亿美元) Value (USD 100 million)	构成(%) Percentage	2003-2012年平均增长速度(%) Average Increase Rate from 2003 to 2012
合计	**Total**	**4317**	**100.0**	**6.6**
工艺品	Art Crafts	277	6.4	1.7
音像产品	Audio Visuals	297	6.9	12.1
设计产品	Design	2551	59.1	6.2
新媒体	New Media	459	10.6	21.5
表演艺术	Performing Art	52	1.2	4.0
出版	Publishing	381	8.8	1.3
视觉艺术	Visual Arts	299	6.9	4.9

注：1. 资料来源：联合国贸发会议。
　　2. 上表中的创意产品包括工艺品(挂毯、庆祝用品、纸制工艺品、柳编工艺品和纱制工艺品)，音像制品(包括电影、CD、DVD和磁带)，设计(包括建筑设计、时尚设计、玻璃器皿设计、室内设计、珠宝设计和玩具设计)，新媒体(包括录制媒体和视频游戏)，表演艺术(包括乐器和乐谱)，出版制品(包括书报刊和其他印刷品)，视觉艺术(包括古董、绘画、摄影和雕刻)以及其他创意品(以下相关表同)。

a)Data source: United Nations Conference on Trade and Development.

b)Creative goods in the table above refer to art crafts (including carpets,celebration,paperware,wickerware and yarn),audio visuals (including film,CD,DVD and tapes),design (including architecture,fashion,glassware,interior,jewellery and toys),new media (including recorded media and vedio games),performing arts(inculding musical insruments and printed music),pulishing (including books,newspaper and other printed matter),visual arts (including antiques,paintings,photography and sculpture) and others. The same applies to the relevant tables following.

6-4 世界创意产品出口情况
Values of Exported Creative Goods

单位：百万美元 (USD million)

国家(地区)	Country (Region)	2005	2006	2007	2008
世界出口总额	**World**	**287517.0**	**313107.8**	**364422.5**	**417285.3**
#中国	China	54850.9	61898.4	77632.3	90288.7
中国香港	China, Hong Kong SAR	26446.1	26959.2	32889.8	34789.7
中国澳门	China, Macao SAR	74.9	93.9	138.7	171.2
中国台湾	China, Taiwan Province	3107.0	3246.2		
澳大利亚	Australia	977.1	984.4	1118.9	1069.8
奥地利	Austria	4541.3	5048.6	5727.7	6436.3
白俄罗斯	Belarus	271.4	298.6		504.2
比利时	Belgium	7554.3	7590.8	9121.5	9628.4
巴西	Brazil	1044.3	1012.5		1107.5
保加利亚	Bulgaria	214.4	240.4	336.3	377.5
加拿大	Canada	10423.0	10264.9	9803.7	9337.5
智利	Chile	321.3	343.0	354.4	378.8
哥伦比亚	Colombia	426.5	455.0	636.2	729.1
捷克	Czech Republic	2344.9	3023.0	4228.4	5639.1
丹麦	Denmark	3128.3	3246.8	3922.6	4042.6
埃及	Egypt				595.1
爱沙尼亚	Estonia	227.5	244.2	311.9	334.5
芬兰	Finland	928.1	1026.0	1277.0	1220.7
法国	France	12279.3	13513.3	16357.1	17936.6
德国	Germany	21699.9	24644.0	32650.1	36572.9
希腊	Greece	632.1	740.2	831.6	954.3
匈牙利	Hungary	651.5	620.6	824.4	1005.4
印度	India	7442.5	8927.2		
印度尼西亚	Indonesia				
伊朗	Iran (Islamic Republic of)	810.1	841.9		
爱尔兰	Ireland	2170.6	2201.9	3314.6	3069.1
以色列	Israel	526.1	544.8	587.8	614.4
意大利	Italy	20239.3	22656.2	26495.8	27816.2
日本	Japan	5861.8	5203.7	11433.7	11578.6
韩国	Korea, Republic of	3747.4	3840.3	4872.7	5497.2
立陶宛	Lithuania	397.9	506.7	694.8	728.7
马来西亚	Malaysia	2691.2	2996.0		
墨西哥	Mexico	3536.6	3695.9		5364.6
荷兰	Netherlands	6030.8	6658.4	8819.6	11731.9
新西兰	New Zealand	367.1	288.2	306.4	288.5
挪威	Norway	344.3	340.9	379.1	461.0
巴基斯坦	Pakistan	1363.1	1300.8		1262.4
巴拿马	Panama	2.8	612.0		764.3
波兰	Poland	3146.3	3510.9	4585.2	5198.9
葡萄牙	Portugal	784.8	836.8	1083.9	1116.2
罗马尼亚	Romania	1229.4	1298.5	1374.6	1454.8
俄罗斯联邦	Russian Federation	1213.3	1338.5	1493.5	1749.2
沙特阿拉伯	Saudi Arabia	308.5	521.3	525.2	500.7
新加坡	Singapore	2188.5	2516.0	7612.4	8687.8
斯洛伐克	Slovakia	781.8	829.4	1175.6	1356.4
斯洛文尼亚	Slovenia	637.3	691.2	849.4	937.9
南非	South Africa	369.6	322.7	340.9	414.1
西班牙	Spain	4945.5	5042.6	5918.0	6286.6
瑞典	Sweden	3192.1	3493.4	4222.7	4956.9
瑞士	Switzerland	6365.3	7326.7	9185.1	10386.5
泰国	Thailand	3725.6	3815.8	4734.0	5436.5
土耳其	Turkey	3362.4	3514.2	4533.5	5024.3
乌克兰	Ukraine				
英国	United Kingdom	17964.6	18346.2	22888.2	21127.3
美国	United States	23110.3	26783.9	35278.2	37546.0
越南	Viet Nam	1579.0	1924.0		3137.8

6-4 续表 continued

单位：百万美元 (USD million)

国家(地区)	Country (Region)	2009	2010	2011	2012
世界出口总额	**World**	**375306.4**	**416323.0**	**489813.6**	**473791.4**
#中国	China	79715.4	101775.2	129032.7	151181.7
中国香港	China, Hong Kong SAR	29806.4	29829.6	33843.4	34197.5
中国澳门	China, Macao SAR	172.7	6.0		31.9
中国台湾	China, Taiwan Province	6555.7	8548.3	9569.9	9380.4
澳大利亚	Australia	891.2	999.8	1483.5	1340.5
奥地利	Austria	5233.9	5519.2	6074.4	5078.8
白俄罗斯	Belarus	352.8	415.8	511.2	562.9
比利时	Belgium	7988.5	7590.1	8385.8	7610.8
巴西	Brazil	888.5	904.9	945.5	917.4
保加利亚	Bulgaria	270.7	285.3	336.7	358.8
加拿大	Canada	6501.3	7005.7	7211.1	6253.9
智利	Chile	368.5	335.9	450.4	380.8
哥伦比亚	Colombia	514.1	408.2	448.9	452.1
捷克	Czech Republic	4777.3	4976.4	5524.4	5613.7
丹麦	Denmark	3355.8	3758.8	4073.5	3506.0
埃及	Egypt	1047.0	1074.6	1152.5	1144.1
爱沙尼亚	Estonia	297.9	370.5	516.2	535.4
芬兰	Finland	694.9	753.0	835.4	774.8
法国	France	15466.3	16130.7	19669.3	19774.1
德国	Germany	30815.9	29967.2	32892.2	28718.6
希腊	Greece	714.9	769.0	823.3	790.7
匈牙利	Hungary	868.6	958.8	1186.6	1142.9
印度	India	18155.7	13967.2	22211.9	25846.1
印度尼西亚	Indonesia		3004.6	2851.5	3055.2
伊朗	Iran (Islamic Republic of)			1567.2	
爱尔兰	Ireland	2139.4	2065.5	2010.4	1603.8
以色列	Israel	468.0	520.0	613.5	536.3
意大利	Italy	20800.8	23146.0	27022.2	
日本	Japan	8386.1	8909.9	9745.3	7721.0
韩国	Korea, Republic of	4767.7	5572.0	6103.4	5763.0
立陶宛	Lithuania	632.0	764.9	952.9	1025.6
马来西亚	Malaysia	4703.5	5461.4	6085.5	5810.2
墨西哥	Mexico	4394.3	4372.7	4521.1	4491.9
荷兰	Netherlands	9408.9	9208.9	10196.1	9395.2
新西兰	New Zealand	245.1	276.3	316.6	336.5
挪威	Norway	358.1	372.6	425.0	541.9
巴基斯坦	Pakistan	1191.6	1302.4	1244.5	2355.4
巴拿马	Panama	674.3	762.7	872.7	
波兰	Poland	3938.8	4525.0	5282.1	5011.4
葡萄牙	Portugal	933.3	1189.0	1332.9	1406.8
罗马尼亚	Romania	1076.8	1193.8	1424.5	1302.4
俄罗斯联邦	Russian Federation	1348.9	1198.1	1388.3	1617.6
沙特阿拉伯	Saudi Arabia	371.4	589.7	966.9	
新加坡	Singapore	7555.3	9666.3	10585.1	11344.0
斯洛伐克	Slovakia	1228.9	1264.3	1358.6	1288.6
斯洛文尼亚	Slovenia	699.4	630.5	734.2	672.4
南非	South Africa	310.0	363.4	363.7	362.9
西班牙	Spain	5354.3	5152.5	6029.0	5922.1
瑞典	Sweden	4280.9	4169.1	4675.7	4317.2
瑞士	Switzerland	8510.4	9952.6	13016.7	13073.3
泰国	Thailand	4724.9	5848.3	6496.5	6460.4
土耳其	Turkey	4064.4	4891.9	6000.5	7360.9
乌克兰	Ukraine			770.2	787.0
英国	United Kingdom	16793.4	19543.5	20748.4	23082.9
美国	United States	32451.2	33942.6	36262.2	37844.4
越南	Viet Nam	3720.6	5815.9	6115.2	

资料来源：联合国贸发会议。
Data source: United Nations Conference on Trade and Development.

6-5 世界创意产品进口情况
Values of Imported Creative Goods

单位：百万美元 (USD million)

国家(地区)	Country (Region)	2005	2006	2007	2008
世界进口总额	**World**	**308093.1**	**328633.8**	**395234.1**	**438496.3**
#中国	China	3610.0	3969.6	9439.5	9855.9
中国香港	China, Hong Kong SAR	19857.0	21832.3	28362.3	31345.5
中国澳门	China, Macao SAR	365.2	488.6	624.6	680.4
中国台湾	China, Taiwan Province	2087.2	2064.8		
阿尔及利亚	Algeria	195.2	179.2	350.7	446.8
阿根廷	Argentina	463.2	577.0	889.5	1086.1
澳大利亚	Australia	4657.6	4907.7	6439.4	7412.8
奥地利	Austria	4805.0	5118.3	6937.5	7312.0
比利时	Belgium	6672.7	6894.1	8293.7	9152.1
巴西	Brazil	658.6	921.8		2052.5
柬埔寨	Cambodia	521.0	714.3	517.8	215.1
加拿大	Canada	10430.0	11528.9	14182.7	15313.0
智利	Chile	672.1	843.1	1088.2	1348.4
哥伦比亚	Colombia	383.1	480.6	691.3	793.3
捷克	Czech Republic	2016.3	2458.5	3658.0	4551.5
丹麦	Denmark	2636.0	3023.0	3891.7	4228.8
埃及	Egypt				585.5
芬兰	Finland	1209.4	1336.4	1905.7	2094.6
法国	France	15557.4	16470.2	21571.8	23867.1
德国	Germany	20168.9	20201.8	26393.9	28453.2
希腊	Greece	2017.7	2126.0	2813.2	3556.3
匈牙利	Hungary	1121.7	1213.5	1672.2	1836.2
印度	India	1146.1	1522.2		
印度尼西亚	Indonesia				
爱尔兰	Ireland	1998.4	2325.6	2859.0	2830.7
以色列	Israel	875.7	929.7	1172.5	1300.7
意大利	Italy	9146.2	10090.5	12828.3	13512.7
日本	Japan	16032.6	16976.7	19612.2	19982.7
哈萨克斯坦	Kazakhstan	329.6	463.0		
韩国	Korea, Republic of	2698.7	3248.1	6297.8	6472.6
卢森堡	Luxembourg	520.4	556.1	804.8	783.6
马来西亚	Malaysia	840.2	899.3		
墨西哥	Mexico	3958.3	4664.1		7123.1
荷兰	Netherlands	6033.6	6579.8	8891.3	13140.8
新西兰	New Zealand	1081.5	1061.0	1311.6	1273.5
挪威	Norway	2277.9	2462.8	3149.6	3482.4
巴拿马	Panama	181.2	742.7		1160.7
巴拉圭	Paraguay	93.1	153.1	204.2	436.3
秘鲁	Peru	271.6	300.5		610.9
波兰	Poland	1758.9	2112.8	3134.7	3970.1
葡萄牙	Portugal	1660.6	1767.5	2258.0	2312.5
罗马尼亚	Romania	991.2	1149.8	1614.8	1847.3
俄罗斯联邦	Russian Federation	1938.8	2511.3	3969.7	5411.6
沙特阿拉伯	Saudi Arabia	1273.5	1358.2	1635.9	247.6
新加坡	Singapore	3079.1	3267.9	5391.1	6207.3
斯洛伐克	Slovakia	597.5	658.5	948.1	1325.1
南非	South Africa	1150.1	1517.7	1748.3	1695.2
西班牙	Spain	7893.8	7964.6	10741.1	11090.7
瑞典	Sweden	3006.2	3269.1	4171.8	4602.0
瑞士	Switzerland	9867.8	10076.5	12404.3	14031.1
泰国	Thailand	1020.9	1146.3	3510.3	4321.6
土耳其	Turkey	1959.1	2380.0	3305.4	3613.2
乌克兰	Ukraine				
英国	United Kingdom	24877.2	27192.6	35527.2	32566.1
美国	United States	83507.4	88071.9	99122.4	93417.2
越南	Viet Nam	760.2	703.3		952.1

6-5 续表 continued

单位：百万美元 (USD million)

国家(地区)	Country (Region)	2009	2010	2011	2012
世界进口总额	**World**	**369880.4**	**410073.5**	**453412.6**	**431703.4**
#中国	China	9377.2	11373.0	14054.1	14196.7
中国香港	China, Hong Kong SAR	27758.5	29511.8	36563.6	37699.3
中国澳门	China, Macao SAR	747.9	974.9		2057.7
中国台湾	China, Taiwan Province	3169.5	4375.1	4920.1	4473.5
阿尔及利亚	Algeria	418.2	457.8	538.2	636.0
阿根廷	Argentina	796.5	1026.4	1199.3	954.5
澳大利亚	Australia	6846.8	7410.7	8309.8	8263.0
奥地利	Austria	6506.9	6547.4	7252.4	6614.2
比利时	Belgium	7712.4	7514.5	8385.9	7389.8
巴西	Brazil	1802.3	2382.9	3122.4	3192.6
柬埔寨	Cambodia	283.0	475.9	719.9	792.6
加拿大	Canada	12951.3	14516.5	14527.0	14636.9
智利	Chile	1012.4	1453.2	1703.0	1869.9
哥伦比亚	Colombia	667.0	815.7	1063.0	1172.9
捷克	Czech Republic	3625.9	3384.6	3718.8	3490.4
丹麦	Denmark	3408.9	3648.2	3721.8	3209.3
埃及	Egypt	637.5	816.5	641.1	675.4
芬兰	Finland	1687.0	1731.2	1830.7	1673.3
法国	France	20255.4	21219.4	23876.4	23062.1
德国	Germany	26600.2	25706.8	29286.5	26460.7
希腊	Greece	2461.6	2035.3	1680.4	1282.0
匈牙利	Hungary	1459.1	1425.2	1529.6	1280.7
印度	India	4140.1	3714.8	5537.1	8916.6
印度尼西亚	Indonesia		1182.6	1463.0	1552.4
爱尔兰	Ireland	2162.3	2091.4	2017.8	1768.7
以色列	Israel	1098.9	1272.4	1436.7	1420.8
意大利	Italy	11244.3	12457.0	13788.2	
日本	Japan	18422.0	19161.3	21571.7	23424.2
哈萨克斯坦	Kazakhstan	654.7	623.2	1074.8	1070.7
韩国	Korea, Republic of	4844.2	6234.6	6840.5	6018.4
卢森堡	Luxembourg	700.0	608.9	678.5	596.0
马来西亚	Malaysia	1182.9	1426.7	1804.4	1972.8
墨西哥	Mexico	5802.2	6127.5	6247.5	5815.0
荷兰	Netherlands	10096.9	10423.9	11388.5	9775.2
新西兰	New Zealand	1111.2	1271.1	1418.5	1444.1
挪威	Norway	2878.6	3021.9	3359.6	3321.3
巴拿马	Panama	899.1	1074.6	1354.9	
巴拉圭	Paraguay	523.0	783.2	781.5	632.2
秘鲁	Peru	519.4	702.7	868.3	1049.9
波兰	Poland	3007.2	3506.5	3696.5	3342.3
葡萄牙	Portugal	1862.1	2075.2	1920.2	1559.6
罗马尼亚	Romania	1387.2	1410.2	1506.1	1258.8
俄罗斯联邦	Russian Federation	4312.0	5869.0	6954.9	8468.6
沙特阿拉伯	Saudi Arabia	601.6	2319.8	3071.5	
新加坡	Singapore	5127.7	6731.0	7631.4	9116.7
斯洛伐克	Slovakia	1185.4	1074.7	1256.9	1230.2
南非	South Africa	1447.7	1893.3	2170.4	2077.9
西班牙	Spain	8055.1	8533.0	8597.0	7337.2
瑞典	Sweden	3598.9	3849.3	4258.1	3828.8
瑞士	Switzerland	13760.1	16997.3	18773.9	18155.7
泰国	Thailand	3296.9	4034.0	4456.6	4084.3
土耳其	Turkey	2656.1	3259.6	3970.0	3687.4
乌克兰	Ukraine			990.1	1202.5
英国	United Kingdom	25584.4	27613.7	31012.8	31522.6
美国	United States	74247.8	84604.4	86394.1	88103.0
越南	Viet Nam	947.6	1406.5	1564.4	

资料来源：联合国贸发会议。
Data source: United Nations Conference on Trade and Development.

6-6 世界主要国家故事影片生产情况
Total Number of National Feature Films Produced in Main Countries

单位：部 (reel)

国 家	Country	2005	2006	2007	2008
阿根廷	Argentina	41	63	48	46
澳大利亚	Australia	25	28	26	33
奥地利	Austria	30	33	32	30
比利时	Belgium	46	69	37	38
巴西	Brazil	40	60	78	79
柬埔寨	Cambodia	41	62	35	25
加拿大	Canada	52	74	99	75
智利	Chile	18	11	12	24
古巴	Cuba	4	6	3	5
捷克	Czech Republic	31	45	30	39
丹麦	Denmark	31	33	29	34
埃及	Egypt	23	59	37	44
芬兰	Finland	20	26	17	25
法国	France	240	203	228	240
德国	Germany	146	174	174	185
希腊	Greece	24	22	33	29
匈牙利	Hungary	26	46	28	30
印度	India	1041	1091	1146	1325
印度尼西亚	Indonesia	50	60	77	88
伊朗	Iran (Islamic Republic of)	26	..	57	51
爱尔兰	Ireland	10	19	24	39
以色列	Israel	22	22	23	35
意大利	Italy	98	116	121	154
日本	Japan	356	417	407	418
卢森堡	Luxembourg	13	14	8	13
马来西亚	Malaysia	23	28	28	28
毛里求斯	Mauritius				
墨西哥	Mexico	53	64	70	70
摩洛哥	Morocco	16	12	15	13
荷兰	Netherlands	51	38	42	62
新西兰	New Zealand	3	6	11	11
尼日利亚	Nigeria	872		914	956
挪威	Norway	24	24	27	30
菲律宾	Philippines	84	65	106	121
波兰	Poland	30	37	40	45
葡萄牙	Portugal	22	32	15	17
韩国	Republic of Korea	87	110	124	113
俄罗斯联邦	Russian Federation	62	59	78	78
新加坡	Singapore	8	10	14	17
南非	South Africa	11	10	9	10
西班牙	Spain	142	150	172	173
瑞典	Sweden	53	46	29	36
瑞士	Switzerland	86	80	87	87
泰国	Thailand	39	42	55	54
土耳其	Turkey	28	35	40	50
英国	United Kingdom of Great Britain and Northern Ireland	106	107	124	279
美国	United States of America	699	673	789	773
越南	Viet Nam	12	10	16	11

6-6 续表 continued

单位：部 (reel)

国 家	Country	2009	2010	2011	2012	2013
阿根廷	Argentina	61		100	141	168
澳大利亚	Australia	45	37	43	29	26
奥地利	Austria	35	46	54	54	46
比利时	Belgium	47			55	70
巴西	Brazil	84	75	99	83	129
柬埔寨	Cambodia	28	26	13		
加拿大	Canada	81	98	86	98	93
智利	Chile	14	14	23	27	31
古巴	Cuba	8	11	10	..	..
捷克	Czech Republic	45	37	45	46	45
丹麦	Denmark	37	49	43	59	69
埃及	Egypt	46	37	28	25	33
芬兰	Finland	25	42	42	49	49
法国	France	230	261	272	279	270
德国	Germany	216	189	212	220	223
希腊	Greece	37	18	43	44	69
匈牙利	Hungary	27	24	..	32	38
印度	India	1288	1274	1255	1602	1724
印度尼西亚	Indonesia	80	82	84	86	..
伊朗	Iran (Islamic Republic of)	62	98	76	67	87
爱尔兰	Ireland	36	34	32	38	34
以色列	Israel	19	29	26	40	55
意大利	Italy	131	142	155	166	167
日本	Japan	448	408	441	554	591
卢森堡	Luxembourg	18	15	16	..	..
马来西亚	Malaysia	27	39	49	76	71
墨西哥	Mexico	66	69	73	112	126
摩洛哥	Morocco	14	19	24	22	22
荷兰	Netherlands	50	65	73	79	68
新西兰	New Zealand	14	21	25	24	25
尼日利亚	Nigeria	987	1074	997	..	..
挪威	Norway	27	27	35	26	29
菲律宾	Philippines	80	40	44	78	53
波兰	Poland	49	60	51	47	31
葡萄牙	Portugal	23	33	30	15	13
韩国	Republic of Korea	158	152	216	204	207
俄罗斯联邦	Russian Federation	78	133	111	109	139
新加坡	Singapore	6	14	15	12	13
南非	South Africa	18	23	22	19	25
西班牙	Spain	186	200	199	182	231
瑞典	Sweden	41	54	43	51	61
瑞士	Switzerland	80	88	84	93	103
泰国	Thailand	37	49	..	..	..
土耳其	Turkey	70	65	70	61	85
英国	United Kingdom of Great Britain and Northern Ireland	313	346	299	326	241
美国	United States of America	751	792	819	738	738
越南	Viet Nam	12	90	75	..	..

资料来源：联合国教科文组织。
Data source: UNESCO.

6-7 世界主要国家电影银幕情况
Total Number of Screens in Main Countries

单位：块 (unit)

国 家	Country	2005	2006	2007	2008
阿根廷	Argentina	971	952	821	825
澳大利亚	Australia			1941	1980
奥地利	Austria	568	576	570	577
比利时	Belgium	503	507	513	491
巴西	Brazil	2045	2095	2160	2278
加拿大	Canada		2831		
智利	Chile	292	273	280	299
哥伦比亚	Colombia	444	475	439	472
古巴	Cuba	368	337	296	307
捷克	Czech Republic	667	701	681	689
丹麦	Denmark	389	385	394	397
埃及	Egypt			232	250
芬兰	Finland	332	330	309	313
法国	France	5308	5300	5202	5292
德国	Germany	4889	4848	4832	4810
希腊	Greece	490	500	540	
匈牙利	Hungary	485	440	400	418
印度	India	10500	11183	10189	10120
印度尼西亚	Indonesia		929	681	712
伊朗	Iran (Islamic Republic of)	243	239	240	247
爱尔兰	Ireland	386	415	426	435
意大利	Italy	3794	3785	3087	3141
日本	Japan	2926	3062	3221	3359
马来西亚	Malaysia	265	287	353	453
墨西哥	Mexico	3536	3700	4204	4499
荷兰	Netherlands	694	697	696	717
挪威	Norway	432	429	417	424
菲律宾	Philippines		690	765	770
波兰	Poland	937	931	1008	1043
葡萄牙	Portugal	519	479	546	572
韩国	Republic of Korea			1975	2004
俄罗斯联邦	Russian Federation	1079	1333	1576	1910
新加坡	Singapore	146	167	175	174
南非	South Africa	799	815	831	836
西班牙	Spain	4401	4299	4335	4208
瑞典	Sweden	969	972	933	848
瑞士	Switzerland	537	547	550	564
泰国	Thailand		671	704	737
土耳其	Turkey	1114	1299	1464	1575
英国	United Kingdom of Great Britain and Northern Ireland	3357	3440	3514	3610
美国	United States of America	38143	38415	40077	40194

6-7 续表 continued

单位：块 (unit)

国 家	Country	2009	2010	2011	2012	2013
阿根廷	Argentina	832	799	792	883	895
澳大利亚	Australia	1989	1994	1991	1997	2057
奥地利	Austria	577	584	577	565	548
比利时	Belgium	481	461		500	497
巴西	Brazil	2120	2206	2352	2517	2678
加拿大	Canada					
智利	Chile	301	311	320	342	363
哥伦比亚	Colombia	562	587	647	698	815
古巴	Cuba	313				
捷克	Czech Republic	695	688	668	633	684
丹麦	Denmark	400	399	396	406	414
埃及	Egypt	237	294		282	269
芬兰	Finland	300	289	283	281	279
法国	France	5342	5465	5465	5508	5587
德国	Germany	4734	4699	4640	4617	4610
希腊	Greece		370		482	482
匈牙利	Hungary	408	411			
印度	India	10070	10020			
印度尼西亚	Indonesia	726		763		
伊朗	Iran (Islamic Republic of)	247		438		
爱尔兰	Ireland	442	438	444	438	463
意大利	Italy	3208	3217		3240	3256
日本	Japan	3396	3412	3339	3290	3318
马来西亚	Malaysia	485	571	639		
墨西哥	Mexico	4568	4905	5166	5343	5547
荷兰	Netherlands	751	777	789	806	828
挪威	Norway	422	429	422	415	422
菲律宾	Philippines	770		693	714	747
波兰	Poland	1061	1076	1122	1162	1243
葡萄牙	Portugal	577	562	558	551	544
韩国	Republic of Korea	2055	2003	1974		
俄罗斯联邦	Russian Federation	2133	2424	2726		
新加坡	Singapore	176	169	187		
南非	South Africa	846	857		750	800
西班牙	Spain	4105	4080	4044	4003	3908
瑞典	Sweden	848	832	830	816	774
瑞士	Switzerland	559	558	547	536	533
泰国	Thailand	752	757			
土耳其	Turkey	1810	1874	1968	2093	2170
英国	United Kingdom of Great Britain and Northern Ireland	3651	3651	3767	3817	3867
美国	United States of America	39717	39547	39641	39662	39783

资料来源：联合国教科文组织。
Data source: UNESCO.

6-8 按产业分美国文化总产出及增加值(2013年)
Output and Value Added of Culture by Industry in America(2013)

单位：百万美元 (USD million)

产 业	Industry	总产出 Industry Output	中间消耗 Intermediate Consumption	增加值 Value-added
合 计	**Total**	**29721286**	**12953664**	**16767622**
核心文化艺术生产	**Core Arts and Cultural Production**	**765167**	**298160**	**467006**
表演艺术	Performing Arts	96508	43468	53040
表演艺术公司	Performing Arts Companies	28458	11215	17243
表演艺术推广	Promoters of performing arts and similar events	25560	15119	10441
艺术家经纪人	Agents/Managers For Artists	7523	3224	4299
独立艺术家，作家和表演者	Independent Artists, Writers, And Performers	34967	13910	21057
博物馆	Museums	12453	7221	5232
设计服务	Design services	396255	136842	259413
广告	Advertising	136791	53591	83200
建筑服务	Architectural Services	31763	12523	19239
园林设计服务	Landscape Architectural Services	4791	2100	2691
室内设计服务	Interior Design Services	13084	5723	7362
工业设计服务	Industrial Design Services	2318	842	1476
平面设计服务	Graphic Design Services	11321	4068	7253
电脑系统设计	Computer Systems Design	179333	51202	128131
摄影与冲印服务	Photography and Photofinishing Services	15421	6366	9054
所有其他设计服务	All Other Design Services	1434	427	1007
美术教育	Fine Arts Education	12716	6011	6705
教育服务	Education Services	247235	104619	142616
文化艺术辅助和文化生产	**Supporting Arts and Cultural Production**	**6968667**	**2617769**	**4350898**
文化艺术辅助服务	Art support services	1804574	546516	1258058
租赁	Rental and Leasing	30347	12512	17834
赠款和赠与服务	Grant-Making And Giving Services	30832	11928	18904
工会	Unions	62302	15577	46725
政府	Government	1634901	484613	1150288
其他支持	Other Support Services	46192	21885	24307
信息服务	Information services	1040552	429066	611486
出版	Publishing	304403	105362	199041
电影	Motion Pictures	130288	29293	100995
录音	Sound Recording	21185	7300	13885
广播	Broadcasting	511427	248100	263326
其他信息服务	Other Information Services	73249	39011	34239
制造	Manufacturing	187524	107539	79986
珠宝和银器制造	Jewelry and Silverware Manufacturing	12843	8783	4060
印刷制品生产	Printed Goods Manufacturing	79213	42369	36844
乐器制造	Musical Instruments Manufacturing	2058	1181	877
定制建筑木制品和金属制品制造	Custom Architectural Woodwork and Metalwork Manufacturing	46493	30037	16455
照相机和电影设备制造	Camera and Motion Picture Equipment Manufacturing	2424	1099	1325
其他产品制造业	Other Goods Manufacturing	44493	24068	20425
建筑	Construction	103066	55271	47795
批发及运输行业	Wholesale and Transportation Industries	2315333	933117	1382216
零售行业	Retail Industries	1517618	546261	971357
其他产业	**All Other Industries**	**21987452**	**10037734**	**11949718**

6-8 续表 continued

单位：百万美元 (USD million)

产　业	Industry	文化艺术生产卫星账户总产出 ACPSA Output	文化艺术生产卫星账户中间消耗 Consump-tion ACPSA Intermediate	文化艺术生产卫星账户增加值 ACPSA Value-added
合　计	**Total**	**1172890**	**468694**	**704196**
核心文化艺术生产	**Core Arts and Cultural Production**	**230304**	**97820**	**132484**
表演艺术	Performing Arts	84228	37536	46692
表演艺术公司	Performing Arts Companies	27540	10853	16687
表演艺术推广	Promoters of performing arts and similar events	20724	12258	8466
艺术家经纪人	Agents/Managers For Artists	3821	1637	2183
独立艺术家，作家和表演者	Independent Artists, Writers, And Performers	32143	12787	19356
博物馆	Museums	11509	6674	4836
设计服务	Design services	120775	47498	73277
广告	Advertising	48231	18896	29336
建筑服务	Architectural Services	23076	9098	13978
园林设计服务	Landscape Architectural Services	4447	1949	2498
室内设计服务	Interior Design Services	11855	5185	6670
工业设计服务	Industrial Design Services	2292	832	1459
平面设计服务	Graphic Design Services	10729	3855	6874
电脑系统设计	Computer Systems Design	4187	1195	2992
摄影与冲印服务	Photography and Photofinishing Services	15077	6225	8852
所有其他设计服务	All Other Design Services	882	263	619
美术教育	Fine Arts Education	5578	2636	2941
教育服务	Education Services	8214	3476	4738
文化艺术辅助和文化生产	**Supporting Arts and Cultural Production**	**900770**	**351785**	**548986**
文化艺术辅助服务	Art support services	148925	45327	103597
租赁	Rental and Leasing	8785	3622	5163
赠款和赠与服务	Grant-Making And Giving Services	953	369	584
工会	Unions	1750	438	1312
政府	Government	136533	40471	96063
其他支持	Other Support Services	903	428	475
信息服务	Information services	566268	224119	342149
出版	Publishing	122911	42543	80369
电影	Motion Pictures	129158	29039	100119
录音	Sound Recording	21124	7279	13845
广播	Broadcasting	228103	110656	117447
其他信息服务	Other Information Services	64971	34602	30369
制造	Manufacturing	41438	24669	16769
珠宝和银器制造	Jewelry and Silverware Manufacturing	12334	8435	3899
印刷制品生产	Printed Goods Manufacturing	16898	9038	7859
乐器制造	Musical Instruments Manufacturing	1915	1099	815
定制建筑木制品和金属制品制造	Custom Architectural Woodwork and Metalwork Manufacturing	5551	3586	1965
照相机和电影设备制造	Camera and Motion Picture Equipment Manufacturing	613	278	335
其他产品制造业	Other Goods Manufacturing	4129	2233	1895
建筑	Construction	20355	10916	9439
批发及运输行业	Wholesale and Transportation Industries	51028	20565	30463
零售行业	Retail Industries	72756	26188	46568
其他产业	**All Other Industries**	**41816**	**19090**	**22726**

注：1.资料来源：美国商务部经济分析局。

2.文化艺术生产卫星账户选择美国国内生产总值账户中文化艺术产品和服务的特定一部分，并提供相关信息(下表同)。

a) Data Source: Bureau of Economic Analysis, U.S. Department of Commerce.

b) ACPSA(Arts and Cultural Production Satellite Account)provides information on a select group of arts and cultural goods and services that are currently in the U.S. GDP accounts. The same applies to the table following.

6-9 按产业分类的美国文化从业人员及劳动报酬(2013年)
Employment and Compensation of Culture by Industry in America(2013)

产 业	Industry	从业人员(千人) Total employment (thousands of employees)	劳动报酬(百万美元) Compensation (USD million)
合 计	**Total**	**142459**	**8853634**
核心文化艺术生产	**Core Arts and Cultural Production**	**4926**	**328663**
表演艺术	Performing Arts	297	19662
表演艺术公司	Performing Arts Companies	106	8058
表演艺术推广	Promoters of performing arts and similar events	104	3285
艺术家经纪人	Agents/Managers For Artists	45	2117
独立艺术家，作家和表演者	Independent Artists, Writers, And Performers	42	6202
博物馆	Museums	137	4160
设计服务	Design services	1576	175687
广告	Advertising	389	35018
建筑服务	Architectural Services	144	14832
园林设计服务	Landscape Architectural Services	23	2218
室内设计服务	Interior Design Services	23	1757
工业设计服务	Industrial Design Services	28	929
平面设计服务	Graphic Design Services	65	4005
电脑系统设计	Computer Systems Design	822	111859
摄影与冲印服务	Photography and Photofinishing Services	78	4320
所有其他设计服务	All Other Design Services	4	749
美术教育	Fine Arts Education	106	6228
教育服务	Education Services	2812	122926
文化艺术辅助和文化生产	**Supporting Arts and Cultural Production**	**42621**	**2563234**
文化艺术辅助服务	Art support services	14751	1041611
租赁	Rental and Leasing	138	4261
赠款和赠与服务	Grant-Making And Giving Services	184	12441
工会	Unions	825	43411
政府	Government	13421	967070
其他支持	Other Support Services	184	14428
信息服务	Information services	2180	222684
出版	Publishing	816	97314
电影	Motion Pictures	375	27612
录音	Sound Recording	13	2222
广播	Broadcasting	919	78530
其他信息服务	Other Information Services	57	17006
制造	Manufacturing	948	56901
珠宝和银器制造	Jewelry and Silverware Manufacturing	28	2647
印刷制品生产	Printed Goods Manufacturing	454	25553
乐器制造	Musical Instruments Manufacturing	9	748
定制建筑木制品和金属制品制造	Custom Architectural Woodwork and Metalwork Manufacturing	257	12250
照相机和电影设备制造	Camera and Motion Picture Equipment Manufacturing	7	1079
其他产品制造业	Other Goods Manufacturing	194	14626
建筑	Construction	485	30208
批发及运输行业	Wholesale and Transportation Industries	9004	682612
零售行业	Retail Industries	15253	529219
其他产业	**All Other Industries**	**94912**	**5961736**

6-9 续表 continued

产 业	Industry	文化艺术生产卫星账户从业人员(千人) ACPSA employment (thousands of employees)	文化艺术生产卫星账户劳动报酬(百万美元) ACPSA compensation (USD million)
合 计	**Total**	**4741**	**339055**
核心文化艺术生产	**Core Arts and Cultural Production**	**985**	**66682**
表演艺术	Performing Arts	248	17238
表演艺术公司	Performing Arts Companies	102	7798
表演艺术推广	Promoters of performing arts and similar events	85	2664
艺术家经纪人	Agents/Managers For Artists	23	1075
独立艺术家，作家和表演者	Independent Artists, Writers, And Performers	38	5701
博物馆	Museums	126	3845
设计服务	Design services	471	38783
广告	Advertising	137	12347
建筑服务	Architectural Services	105	10776
园林设计服务	Landscape Architectural Services	22	2059
室内设计服务	Interior Design Services	20	1592
工业设计服务	Industrial Design Services	28	918
平面设计服务	Graphic Design Services	62	3795
电脑系统设计	Computer Systems Design	19	2612
摄影与冲印服务	Photography and Photofinishing Services	76	4224
所有其他设计服务	All Other Design Services	2	461
美术教育	Fine Arts Education	47	2732
教育服务	Education Services	93	4084
文化艺术辅助和文化生产	**Supporting Arts and Cultural Production**	**3575**	**261034**
文化艺术辅助服务	Art support services	1193	83881
租赁	Rental and Leasing	40	1234
赠款和赠与服务	Grant-Making And Giving Services	6	385
工会	Unions	23	1219
政府	Government	1121	80762
其他支持	Other Support Services	4	282
信息服务	Information services	1175	118991
出版	Publishing	329	39293
电影	Motion Pictures	372	27372
录音	Sound Recording	13	2216
广播	Broadcasting	410	35025
其他信息服务	Other Information Services	51	15084
制造	Manufacturing	182	11781
珠宝和银器制造	Jewelry and Silverware Manufacturing	27	2542
印刷制品生产	Printed Goods Manufacturing	97	5451
乐器制造	Musical Instruments Manufacturing	8	696
定制建筑木制品和金属制品制造	Custom Architectural Woodwork and Metalwork Manufacturing	31	1462
照相机和电影设备制造	Camera and Motion Picture Equipment Manufacturing	2	273
其他产品制造业	Other Goods Manufacturing	18	1357
建筑	Construction	96	5966
批发及运输行业	Wholesale and Transportation Industries	198	15044
零售行业	Retail Industries	731	25371
其他产业	**All Other Industries**	**181**	**11338**

资料来源：美国商务部经济分析局。
Data source: Bureau of Economic Analysis, U.S. Department of Commerce.

6-10 加拿大文化产业基本情况
Basic Statistics on Culture Industries in Canada

单位：百万加元 (CAD million)

类 别	Category	2010	2011	2012	2013	2014
文化产业合计	**Culture industries, total**	**52980**	**55185**	**57087**	**59575**	**61665**
文化产品	Culture products	40633	42057	43172	44798	45965
遗址和图书馆	Heritage and libraries	539	552	575	610	642
现场表演	Live performance	1790	1844	1896	2035	2139
视觉和应用艺术	Visual and applied arts	7057	7402	7677	8068	8490
文学作品	Written and published works	9450	9089	9149	9167	9026
视听和交互媒体	Audio-visual and interactive media	10908	11754	12105	12775	13400
录音	Sound recording	479	448	456	435	470
教育和培训	Education and training	3433	3603	3767	3815	3823
治理、资金和专业支持	Governance, funding and professional support	6466	6842	6958	7250	7296
多领域	Multi	511	525	589	643	679
其他产品	All other products	12347	13128	13915	14778	15700

注：1.资料来源：加拿大统计局。
2.多领域包括与多个文化领域相关的文化产业，如与文化相关的会议和展会组织商;磁光学媒体的生产和复制;非金融无形资产的租赁;网络出版和传播以及网络搜索门户行业。这些文化产业都会影响不止一个文化域但不能轻易分配给单个域,所以将它们聚合在一起。

a) Data source: Statistics Canada.

b) The Multi domain includes culture industries that are associated with more than one culture domain: the culture portion of convention and trade show organizers; manufacturing and reproducing magnetic optical media; lessors of non-financial intangible assets; internet publishing and broadcasting and web search portal industries. These culture industries all affect more than one culture domain but cannot be easily allocated to a single domain, so they have been aggregated together.

6-11 澳大利亚文化产业增加值基本情况
The Added Value of Creative Industries in Australia

单位：百万澳元 (AUD million)

类 别	Category	2005/2006	2006/2007	2007/2008
合 计	**Total**	**35144**	**36891**	**36805**
音乐和表演艺术	Music&Performing Arts	412	450	440
电影、电视和广播	Film,television&radio	5504	5150	4883
广告&市场营销	Advertising & marketing	779	793	806
软件开发&交互内容	Software &interactive content	15373	17000	16876
文学、印刷、出版媒体	Writing,publishing& Print Media	8159	8131	8016
设计&视觉艺术	Design&Visual Arts	1897	1943	1965
建筑	Architecture	3020	3470	3820

6-11 续表 continued

单位：百万澳元 (AUD million)

类 别	Category	2008/2009	2009/2010	2010/2011	2011/2012
合 计	**Total**	**33704**	**33600**	**32809**	**32666**
音乐和表演艺术	Music&Performing Arts	459	494	512	559
电影、电视和广播	Film,television&radio	4418	4463	4327	4419
广告&市场营销	Advertising & marketing	805	784	768	767
软件开发&交互内容	Software &interactive content	14931	15053	15286	15708
文学、印刷、出版媒体	Writing,publishing& Print Media	7365	7231	6484	5925
设计&视觉艺术	Design&Visual Arts	1925	1876	1907	1939
建筑	Architecture	3800	3700	3525	3350

资料来源：市场研究公司IBISWorld的工业报告预测。
Data source: IBISWorld.

6-12 英国文化产业增加值基本情况
Gross value added for the Creative Industries in UK

单位：百万英镑 (GBP million)

类 别	Category	2008	2009	2010	2011	2012	2013	2014
合 计	**Total**	**61145**	**57618**	**59753**	**65180**	**69849**	**77187**	**84067**
广告和营销	Advertising and Marketing	8347	6967	6840	8128	9268	11946	13250
建筑设计	Architecture	3565	3205	2638	3235	3480	3718	4326
工艺品	Crafts	195	218	268	264	248	135	288
产品、图表和时尚设计	Design: Product, Graphic and Fashion Design	1856	1886	2049	2504	2502	2775	3235
电影、电视、视频、广播和摄影	Film, TV, video, radio and photography	8222	6296	7973	9987	9792	9500	10807
信息技术、软件和计算机服务	IT, software and computer services	26018	26403	26991	27672	30713	34055	36578
出版	Publishing	9255	8968	9580	9286	9504	9902	10180
博物馆、艺术馆和图书馆	Museums, Galleries and Libraries	-	-	-	-	-	-	-
音乐、表演艺术和视觉艺术	Music and the Visual and Performing Arts	3740	3779	3434	4184	4492	5163	5444
文化产业增加值占总增加值的比重(%)	**The Added Value of Cultural Industries as % of Total Value-added(%)**	**4.5**	**4.3**	**4.3**	**4.5**	**4.7**	**5.0**	**5.2**

资料来源：英国文化、传媒和体育部。
Data source: UK Department for Culture, Media and Sport.

6-13 德国文化产业基本情况
Key Data on the Culture and Creative Industries in Germany

类 别	Category	企业数量(个) Number of Enterprises(unit)		
		2010	2011	2012
合 计(扣除重复计算)	**Total(No Double Counting)**	**239534**	**244290**	**246578**
音乐产业	Music Industry	13723	13894	13858
图书市场	Book Market	16481	16702	16942
艺术市场	Art Market	13464	13422	13208
电影产业	Film Industry	17956	18199	18043
广播产业	Broadcasting Industry	17751	18128	18186
表演艺术产业	Performing Art Industry	15402	15982	16448
设计产业	Design industry	50111	52439	54401
建筑市场	Architectural Market	40159	40702	41018
出版市场	Press Market	33564	33498	32974
广告	Advertising Market	35330	34577	33158
软件/游戏产业	Software/Games Industry	28527	30413	32048
其他	Other Activities	7506	7736	7915
占全国企业数的比重(%)	**as % of National Total**	**7.6**	**7.6**	**7.6**

6-13 续表 continued

类 别	Category	营业额(亿欧元) Total Turnovers (EUR 100 million)		
		2010	2011	2012
合 计(扣除重复计算)	**Total (No Double Counting)**	**1373**	**1410**	**1428**
音乐产业	Music Industry	63	66	69
图书市场	Book Market	142	143	141
艺术市场	Art Market	23	23	25
电影产业	Film Industry	89	93	93
广播产业	Broadcasting Industry	77	79	73
表演艺术产业	Performing Art Industry	35	37	39
设计产业	Design industry	182	184	188
建筑市场	Architectural Market	80	87	91
出版市场	Press Market	314	317	313
广告	Advertising Market	257	249	249
软件/游戏产业	Software/Games Industry	265	284	301
其他	Other Activities	16	17	17
占全国企业数的比重(%)	**as % of National Total**	**2.6**	**2.5**	**2.4**

资料来源：德国联邦经济技术部。
Data source: Federal Ministry of Economics and Technology.

6-14 法国文化产业增加值及构成
Value-added of Cultutal Industries and Its Composition in France

年 份 Year	文化产业 Cultural Industries	音 像 Audio-visual Arts	现场表演 Live Performance	报 刊 Press	广 告 Advertising
增加值(亿欧元) Value-added (EUR 100 million)					
2014	439	126	69	53	49
构 成(%) Composition (%)					
1995	100.0	25.0	11.9	22.1	10.6
2013	100.0	28.0	15.6	12.5	11.2
2014	100.0	28.6	15.7	12.1	11.2

6-14 续表 continued

年 份 Year	文化遗产 Cultural Heritage	建筑设计 Architecture	视觉艺术 Visual Arts	书籍 Books	文化教育 Cultural Education
增加值(亿欧元) Value-added (EUR 100 million)					
2014	42	30	26	26	18
构 成(%) Composition (%)					
1995	4.8	6.4	5.7	8.3	5.2
2013	9.4	7.3	5.9	6.0	4.1
2014	9.6	6.9	5.9	5.9	4.2

注：1.资料来源：法国文化统计部门。
2.上表数据按现价计算。
a) Data source:Culture Ministerial Statistical Department.
b) Data in the table above is calculated in current price.

6-15　西班牙核心文化产业增加值
Value-added of Core Cultural Industries in Spain

类　别	Category	2009	2010	2011	2012
合　计(亿欧元)	**Total (EUR 100 million)**	**284**	**285**	**274**	**253**
文化遗产、档案馆和图书馆	Heritage, Archives and Libraries	21	21	21	20
书籍、报刊	Books, Newspapers and Magazines	104	108	106	96
造型艺术	Plastic Arts	44	40	40	36
表演艺术	Performing Arts	24	24	23	22
视听和多媒体	Audio-visual and Media	74	74	68	61
跨学科文化	Interdisciplinary Culture	17	18	17	17
构 成 (%)	**As % of Total Value-added(%)**	**100**	**100**	**100**	**100**
文化遗产、档案馆和图书馆	Heritage, Archives and Libraries	7.4	7.3	7.3	7.8
书籍、报刊	Books, Newspapers and Magazines	36.5	37.9	38.5	38.2
造型艺术	Plastic Arts	15.6	14.1	14.8	14.4
表演艺术	Performing Arts	8.5	8.4	8.3	8.5
视听和多媒体	Audio-visual and Media	26.1	26.1	24.7	24.3
跨学科文化	Interdisciplinary Culture	6.0	6.2	6.4	6.8
占GDP的比重(%)	**As % of GDP(%)**	**2.8**	**2.8**	**2.7**	**2.5**
文化遗产、档案馆和图书馆	Heritage, Archives and Libraries	0.2	0.2	0.2	0.2
书籍、报刊	Books, Newspapers and Magazines	1.0	1.1	1.1	1.0
造型艺术	Plastic Arts	0.4	0.4	0.4	0.4
表演艺术	Performing Arts	0.2	0.2	0.2	0.2
视听和多媒体	Audio-visual and Media	0.7	0.7	0.7	0.6
跨学科文化	Interdisciplinary Culture	0.2	0.2	0.2	0.2

注：1.资料来源：西班牙文化部。
　　2.按2008年可比价计算。

a) Data source: Ministry of Education, Culture and Sport, Spain.
b) Data in the table above is calculated at constant price base on year of 2008.

6-16 日本文化产业基本情况
Basic Statistics on Culture Industries in Japan

类 别	Category	企业数量(千家) Number of Enterprises(1000 unit)		
		1999	2004	2011
全国企业数	**All industries**	**5414.8**	**4709.5**	**5768.5**
创意产业企业数	**Creative industries**	**243.4**	**211.9**	**178.0**
创意产业-制造业	**Creative industries-manufacturing**	**107.4**	**78.5**	**53.4**
纤维和服装服装	Fiber & apparel clothing	71.3	47.6	32.2
家具	Furniture	10.2	10.9	7.2
皮革制品	Leather article	8.2	5.6	2.8
餐具	Tableware	2.7	2.1	1.5
玩具	Toys	4.2	3.2	2.4
首饰	Jewelry	2.5	1.7	1.4
工艺	Crafts	7.8	6.7	5.5
文具	Stationery	0.6	0.5	0.4
创意产业-服务业	**Creative industries-service**	**136.0**	**133.4**	**124.6**
软件和计算机服务	Software & computer service	14.4	20.1	25.4
广告	Advertising	11.7	10.9	10.5
出版	Publishing	3.6	2.6	7.0
建筑	Architecture	59.2	53.8	46.7
电视和收音机	TV & radio	1.7	1.6	2.2
音乐视频	Music & video	27.8	27.2	20.0
电影	Film	4.6	4.4	3.0
表演艺术	Performing arts	2.2	2.3	2.0
设计	Design	9.6	9.4	7.0
艺术	Arts	1.1	1.1	0.6

6-16 续表 continued

类 别	Category	从业人员数量(千人) Engaged Persons (1000 person)		
		1999	2004	2011
全国就业总人口	**All industries**	**45450.5**	**40128.6**	**55838.3**
创意产业就业人口	**Creative industries**	**2387.4**	**2154.9**	**2053.2**
创意产业-制造业	**Creative industries-manufacturing**	**921.8**	**620.4**	**456.4**
纤维和服装服装	Fiber & apparel clothing	629.8	389.0	293.4
家具	Furniture	90.9	87.1	60.2
皮革制品	Leather article	52.6	35.1	18.6
餐具	Tableware	33.6	27.2	19.3
玩具	Toys	41.6	28.5	22.8
首饰	Jewelry	15.2	11.0	8.1
工艺	Crafts	45.6	32.5	23.8
文具	Stationery	12.3	10.0	10.1
创意产业-服务业	**Creative industries-service**	**1465.6**	**1534.5**	**1596.8**
软件和计算机服务	Software & computer service	455.7	618.8	795.4
广告	Advertising	146.6	144.5	128.0
出版	Publishing	118.7	121.0	117.0
建筑	Architecture	429.3	357.7	294.2
电视和收音机	TV & radio	68.5	62.9	68.1
音乐视频	Music & video	105.6	107.1	83.0
电影	Film	68.6	43.5	49.1
表演艺术	Performing arts	26.4	31.0	28.0
设计	Design	44.4	46.3	32.7
艺术	Arts	1.7	1.8	1.2

资料来源：日本政策研究大学院大学(GRIPS)。
Data source: National Graduate Institute for Policy Studies.

6-17 韩国文化产业统计(2012年)
Statistics of Korea's Creative Content Industry(2012)

类 别	Category	企业数量(个) Number of Enterprises (unit)	从业人员数量(人) Engaged Persons (person)	销售额(百万美元) Total Sales (million USD)	出口额(千美元) Exports (thousand USD)	进口额(千美元) Imports (thousand USD)
合 计	**Total**	**111587**	**611437**	**77474**	**4611505**	**1673787**
出版	Publication	26702	198262	18729	245154	314305
漫画	Manhwa	8856	10161	673	17105	5286
音乐	Music	37116	78402	3546	235097	12993
游戏	Games	16189	95051	8658	2638916	179135
电影	Movie	2630	30857	3910	20175	59409
动画	Animation	341	4503	463	112542	6261
广播	Broadcast	945	40774	12590	233821	136071
广告	Advertisements	5804	36424	11082	97492	779936
人物形象	Characters	1992	26897	6674	416454	179430
知识信息	Knowledge Information	9696	69961	8460	444837	508
文化产业解决方案	Contents Solution	1316	20145	2689	149912	453

资料来源：韩国内容产业振兴院。
Data source: KOCCA.

6-18 印度娱乐传媒业营业额基本情况
Business Revenue of Entertainment and Media Industry in India

单位：10亿卢比 (INR billion)

类 别	Category	2011	2012	2013		
				营业额 Business Revenue	构成(%) as % of Total Revenue	比上年增长(%) Increase compared to last year(%)
合 计	**Total**	**805**	**965**	**1120**	**100.0**	**16.1**
电视	Television	340	383	420	37.5	9.7
出版印刷	Publishing and Printing	190	212	223	19.9	5.2
互联网	Internet	116	171	252	22.5	47.4
电影	Film	96	112	126	11.3	12.5
户外广告	Outdoor Advertising	16	17	19	1.7	11.8
广播	Broadcasting	14	15	18	1.6	20.0
音乐	Music	12	13	12	1.1	-7.7
游戏	Games	11	18	21	1.9	16.7
互联网广告	Internet Advertising	10	23	29	2.6	26.1

资料来源：PWC数据公司。
Data source: PWC Data Centre.

附录一

Appendix 1

中国入选世界文化遗产项目

Items Listing in World Cultural Heritage of China

1.中国入选"世界遗产名录"的文化和自然遗产项目

序号	名　称	项目	批准时间
1	泰山	文化与自然双重遗产	1987.12
2	敦煌莫高窟	文化遗产	1987.12
3	周口店"北京人"遗址	文化遗产	1987.12
4	长城[1]	文化遗产	1987.12
5	秦始皇陵及兵马俑	文化遗产	1987.12
6	明清皇宫[2]	文化遗产	1987.12
7	黄山	文化与自然双重遗产	1990.12
8	黄龙国家级名胜区	自然遗产	1992.12
9	武陵源国家级名胜区	自然遗产	1992.12
10	九寨沟国家级名胜区	自然遗产	1992.12
11	武当山古建筑群	文化遗产	1994.12
12	曲阜孔庙、孔府及孔林	文化遗产	1994.12
13	承德避暑山庄及周围寺庙	文化遗产	1994.12
14	布达拉宫和大昭寺注[3]	文化遗产	1994.12
15	峨眉山—乐山风景名胜区	文化与自然双重遗产	1996.12
16	庐山风景名胜区	文化景观	1996.12
17	苏州古典园林	文化遗产	1997.12
18	平遥古城	文化遗产	1997.12
19	丽江古城	文化遗产	1997.12
20	天坛	文化遗产	1998.11
21	颐和园	文化遗产	1998.11
22	武夷山	文化与自然双重遗产	1999.12
23	大足石刻	文化遗产	1999.12
24	皖南古村落：西递、宏村	文化遗产	2000.11
25	明清皇家陵寝注[4]	文化遗产	2000.11
26	龙门石窟	文化遗产	2000.11
27	青城山和都江堰	文化遗产	2000.11
28	云冈石窟	文化遗产	2001.12
29	"三江并流"	自然遗产	2003.7
30	高句丽王城、王陵及贵族墓葬	文化遗产	2004.7
31	澳门历史城区	文化遗产	2005.7
32	四川大熊猫栖息地	自然遗产	2006.7

续表

序号	名 称	项目	批准时间
33	殷墟	文化遗产	2006.7
34	中国南方喀斯特	自然遗产	2007.6
35	开平碉楼与古村落	文化遗产	2007.6
36	福建土楼	文化遗产	2008.7
37	三清山	自然遗产	2008.7
38	五台山	文化景观	2009.6
39	登封“天地之中”历史建筑群	文化遗产	2010.7
40	中国丹霞	自然遗产	2010.8
41	杭州西湖文化景观	文化景观	2011.6
42	元上都遗址	文化遗产	2012.6
43	云南澄江帽天山化石地	自然遗产	2012.7
44	云南红河哈尼梯田	文化景观	2013.6
45	新疆天池	自然遗产	2013.6
46	丝绸之路：长安-天山走廊的路网	文化遗产	2014.6
47	大运河	文化遗产	2014.6
48	土司遗址	文化遗产	2015.7
49	广西左江花山岩画	文化景观	2016.7
50	湖北神农架	自然遗产	2016.7

注：1. 2002 年 11 月辽宁九门口水上长城获批加入此项世界文化遗产。

2. 明清皇宫：包括北京故宫（北京）和沈阳故宫（辽宁），分别于 1987 年 12 月和 2004 年 7 月获批。

3. 2001 年 12 月拉萨的罗布林卡获批加入此项世界文化遗产。

4. 明清皇家陵寝：明显陵（湖北钟祥市）、清东陵（河北遵化市）、清西陵（河北易县）于 2000 年 11 月获批，明孝陵（江苏南京市）、明十三陵（北京昌平区）于 2003 年 7 月获批，盛京三陵（辽宁沈阳市）于 2004 年 7 月获批。

5. 丝绸之路：长安-天山走廊的路网为中国、哈萨克斯坦和吉尔吉斯斯坦三国联合申报并共有的项目。

2.中国入选世界“非物质文化遗产代表作名录”的项目

序号	名　称	批准时间
1	昆曲	2001
2	古琴艺术	2003
3	新疆维吾尔木卡姆艺术	2005
4	蒙古族长调民歌注	2005
5	中国传统桑蚕织技艺	2009
6	福建南音	2009
7	南京云锦织造技艺	2009
8	宣纸传统制作技艺	2009
9	侗族大歌	2009
10	粤剧	2009
11	《格萨尔》史诗	2009
12	龙泉青瓷传统烧制技艺	2009
13	青海热贡艺术	2009
14	藏戏	2009
15	新疆《玛纳斯》	2009
16	甘肃花儿	2009
17	西安鼓乐	2009
18	中国朝鲜族农乐舞	2009
19	中国书法	2009
20	中国篆刻	2009
21	中国剪纸	2009
22	中国传统木结构营造技艺	2009
23	端午节	2009
24	妈祖信俗	2009
25	中国雕版印刷技艺	2009
26	蒙古族呼麦	2009
27	中医针灸	2010
28	京剧	2010
29	中国皮影	2011
30	中国珠算	2013

注：该项目为与蒙古国共同申报。

3.中国列入“急需保护的非物质文化遗产名录”的项目

序号	名　称	批准时间
1	羌年庆祝习俗	2009
2	黎族传统纺染织绣技艺	2009
3	中国木拱桥传统营造技艺	2009
4	麦西来甫	2010
5	帆船水密舱壁制作	2010
6	木版活字印刷术	2010
7	赫哲族伊玛堪说唱	2011

4.中国世界文化遗产预备名单

序号	名 称
1	北京中轴线（含北海）（北京市）
2	中国白酒老作坊：杏花村汾酒老作坊（山西省汾阳市）、成都水井街酒坊（四川省成都市）、泸州老窖作坊群（四川省泸州市）、古蔺县郎酒老作坊（四川省泸州市）、剑南春酒坊及遗址（四川省绵竹市）、宜宾五粮液老作坊（四川省宜宾市）、红楼梦糟房头老作坊（四川省宜宾市）、射洪县泰安作坊（四川省射洪县）
3	辽代木构建筑：应县木塔（山西应县）、义县奉国寺大雄殿（辽宁义县）
4	山陕古民居：丁村古建筑群（山西省襄汾县）、党家村古建筑群（陕西省韩城市）
5	红山文化遗址：牛河梁遗址（辽宁省朝阳市）；红山后遗址、魏家窝铺遗址（内蒙古自治区赤峰市）
6	中国明清城墙：南京城墙（江苏省南京市）、兴城城墙（辽宁省兴城市）、临海台州府城墙（浙江省临海市）、寿县城墙（安徽省寿县）、凤阳明中都皇城城墙（安徽省凤阳县）、荆州城墙（湖北省荆州市）、襄阳城墙（湖北省襄阳市）、西安城墙（陕西省西安市）
7	扬州瘦西湖及盐商园林文化景观（江苏省扬州市）
8	江南水乡古镇：角直（江苏省苏州市）、周庄（江苏省昆山市）、千灯（江苏省昆山市）、锦溪（江苏省昆山市）、沙溪（江苏省太仓市）、同里（江苏省吴江市）、乌镇（浙江省桐乡市）、西塘（浙江省嘉善县）、南浔（浙江省湖州市）、新市（浙江省德清县）
9	中国海上丝绸之路（江苏省南京市、扬州市，浙江省宁波市，福建省泉州市、福州市、漳州市，山东省蓬莱市，广东省广州市，广西壮族自治区北海市及高邮菱塘清真寺、普哈丁墓园、郑和墓、南越国宫署遗址等50个申遗遗产点）
10	良渚遗址（浙江省杭州市）
11	中国古代瓷窑遗址（浙江省慈溪市、龙泉市）
12	鼓浪屿（福建省厦门市）
13	三坊七巷（福建省福州市）
14	“明清皇家陵寝”扩展项目：潞简王墓（河南省新乡市）
15	凤凰古城（湖南省凤凰县）
16	侗族村寨（湖南省通道侗族自治县、绥宁县；广西壮族自治区三江县；贵州省黎平县、榕江县、从江县）
17	南越国遗迹（广东省广州市）
18	灵渠（广西壮族自治区兴安县）
19	白鹤梁题刻（重庆市涪陵区）
20	古蜀文明遗址：金沙遗址、古蜀船棺合葬墓（四川省成都市），三星堆遗址（四川省广汉市）
21	藏羌碉楼与村寨（四川省甘孜藏族自治州、阿坝藏族羌族自治州）
22	苗族村寨（贵州省台江县、剑河县、榕江县、从江县、雷山县、锦屏县）
23	普洱景迈山古茶园（云南省澜沧拉祜族自治县）
24	西夏陵（宁夏回族自治区银川市）
25	坎儿井（新疆维吾尔自治区吐鲁番地区）
26	中国阿尔泰：喀纳斯国家级自然保护区（新疆维吾尔自治区布尔津县）新疆阿尔泰山两河源自然保护区（新疆维吾尔自治区富蕴县，青河县）
27	东寨港自然保护区（海南省文昌县）
28	敦煌雅丹国家地质公园（甘肃省敦煌市）

续表

序号	名　称
29	梵净山（贵州省铜仁市）
30	天坑地缝风景名胜区（重庆市奉节县）
31	帕米尔喀喇昆仑：塔什库尔干自然保护区（新疆维吾尔自治区塔吉克自治县）帕米尔高原湿地国家级自然保护区（新疆维吾尔自治区阿克陶县）
32	鄱阳湖自然保护区（江西省九江市）
33	青海可可西里国家级自然保护区（青海省玉树藏族自治州）
34	塔克拉玛干沙漠——胡杨林（新疆维吾尔自治区阿克苏地区）
35	安徽扬子鳄国家级自然保护区（安徽省宣城市）
36	五大连池风景名胜区（黑龙江省黑河市）
37	新疆雅丹地貌（新疆维吾尔自治区哈密地区）
38	大理苍山洱海风景区（云南省大理白族自治州）
39	海坛风景名胜区（福建省平潭县）
40	华山（陕西省华阴市）
41	武夷山扩展项目：北武夷山——井冈山（江西省铅山县 江西省井冈山市）
42	天水麦积山风景名胜区（甘肃省天水市）
43	楠溪江风景名胜区（浙江省永嘉县）
44	古蜀道：金牛道（四川省广元市巴中市 绵阳市 德阳市 南充市 达州市）
45	泰山扩展项目：“五岳”另外四座提名场所包括：南岳衡山（湖南省衡山市）西岳华山（陕西省华阴市）中岳嵩山（河南省郑州市洛阳市）、北岳恒山（山西省大同市）
46	天柱山（安徽省安庆市）
47	土林-古格风景名胜区（西藏自治区阿里地区）
48	西藏雅砻（西藏自治区山南地区）
49	雁荡山（浙江省温州市）
50	长江三峡风景区（湖北省）

附录二

Appendix 2

主要统计指标解释

Explanatory Notes on Main Statistical Indicators

主要统计指标解释

国内生产总值(GDP) 指按市场价格计算的一个国家（或地区）所有常住单位在一定时期内生产活动的最终成果。国内生产总值有三种表现形态，即价值形态、收入形态和产品形态。从价值形态看，它是所有常住单位在一定时期内生产的全部货物和服务价值与同期投入的全部非固定资产货物和服务价值的差额，即所有常住单位的增加值之和。

对于一个地区来说，称为地区生产总值或地区 GDP。

人口数 年度统计的年末人口数指每年 12 月 31 日 24 时的人口数。年度统计的全国人口总数内未包括香港、澳门特别行政区和台湾省以及海外华侨人数。

城镇人口和乡村人口 城镇人口是指居住在城镇范围内的全部常住人口；乡村人口是除上述人口以外的全部人口。

就业人员 指在 16 周岁及以上，从事一定社会劳动并取得劳动报酬或经营收入的人员。

法人单位 指有权拥有资产、承担负债，并独立从事社会经济活动（或与其他单位进行交易）的组织。法人单位应同时具备以下条件：（1）依法成立，有自己的名称、组织机构和场所，能够独立承担民事责任；（2）独立拥有（或授权使用）资产或者经费，承担负债，有权与其他单位签订合同；（3）具有包括资产负债表在内的账户，或者能够根据需要编制账户。法人单位包括五种类型：企业法人、事业单位法人、机关法人、社会团体和其他成员组织法人、其他法人。

全社会固定资产投资 是以货币形式表现的在一定时期内全社会建造和购置固定资产的工作量以及与此有关的费用的总称。

居民可支配收入 指居民可用于最终消费支出和储蓄的总和，即居民可以用来自由支配的收入。既包括现金收入，也包括实物收入。

货物进出口总额 指实际进出我国国境的货物总金额。出口货物按离岸价格统计，进口货物按到岸价格统计。

一般公共预算收入 指国家财政参与社会产品分配所取得的收入，是实现国家职能的财力保证。主要包括：（1）各项税收：包括国内增值税、国内消费税、进口货物增值税和消费税、出口货物退增值税和消费税、营业税、企业所得税、个人所得税、资源税、城市维护建设税、房产税、印花税、城镇土地使用税、土地增值税、车船税、船舶吨税、车辆购置税、关税、耕地占用税、契税、烟叶税等。（2）非税收入：包括专项收入、行政事业性收费、罚没收入和其他收入。财政收入按现行分税制财政体制划分为中央本级收入和地方本级收入。

一般公共预算支出 指国家财政将筹集起来的资金进行分配使用，以满足经济建设和各项事业的需要。财政支出根据政府在经济和社会活动中的不同职权，划分为中央财政支出和地方财政支出。

旅游收入 指游客在中国（大陆）境内旅行、游览过程中用于交通、参观游览、住宿、餐饮、购物、娱乐等全部花费。

入境游客 指报告期内来中国（大陆）观光、度假、探亲访友、就医疗养、购物、参加会议或从事经济、文化、体育、宗教活动的外国人、港澳台同胞等游客（即入境旅游人数）。统计时，入境游客按每入境一次统计 1 人次。入境游客包括入境过夜游客和入境一日游游客。

国内游客 指报告期内在中国（大陆）观光游览、度假、探亲访友、就医疗养、购物、参加会议或从事经济、文化、体育、宗教活动的中国（大陆）居民人数，其出游的目的不是通过所从事的活动谋取报酬。统计时，国内游客按每出游一次统计 1 人次。

文化及相关产业 指为社会公众提供文化产品和文化相关产品的生产活动的集合。《文化及相关产业分类(2012)》规定文化及相关产业包括文化产品的生产、文化产品生产的辅助生产、文化用品的生产和专用设备的生产等。按业态不同，可分为文化制造业、文化批零业和文化服务业。

核心文化产品 依据联合国教科文组织（UNESCO）制订的文化贸易统计框架，文化产品贸易划分为核心层和相关层两个层次。核心文化产品具体范围包括：文化遗产、印刷品、声像制品、视觉艺术品、视听媒介和其他六个类别。

规模以上文化制造业企业 指《文化及相关产业分类(2012)》所规定行业范围内，年主营业务收入在2000万元及以上的工业企业法人。

R&D（研究与试验发展） 指在科学技术领域，为增加知识总量、以及运用这些知识去创造新的应用而进行的系统的、创造性的活动，包括基础研究、应用研究、试验发展三类活动。

R&D人员全时当量 指报告期企业R&D全时人员（全年从事R&D活动累积工作时间占全部工作时间的90%及以上人员）工作量与非全时人员按实际工作时间折算的工作量之和。

R&D经费内部支出 指企业在报告年度用于内部开展R&D活动的实际支出。包括用于R&D项目（课题）活动的直接支出，以及间接用于R&D活动的管理费、服务费、与R&D有关的基本建设支出以及外协加工费等。不包括生产性活动支出、归还贷款支出以及与外单位合作或委托外单位进行R&D活动而转拨给对方的经费支出。

限额以上文化批零业企业 指《文化及相关产业分类(2012)》所规定行业范围内，年主营业务收入在2000万元及以上的批发业企业法人和年主营业务收入在500万元及以上的零售业企业法人。

规模以上文化服务业企业 指《文化及相关产业分类(2012)》所规定行业范围内，从业人员在50人及以上或年主营业务收入在500万元及以上的服务业企业法人。

文化服务业事业单位 指《文化及相关产业分类(2012)》所规定行业范围内，执行事业单位会计制度的法人，不包括实行企业化管理的事业单位。

文化服务业其他单位 指《文化及相关产业分类(2012)》所规定行业范围内，执行民间非营利组织和其它会计制度的法人。

少年儿童读物 指供初中及初中以下少年儿童阅读的书籍。

出版物纯销售 指向读者实际销售的出版物以及直接向国外出口的出版物。

版权合同登记 指根据国际条约和中国有关法律法规，申请人到著作权行政管理部门登记著作权质权等各类授权合同的行为。

作品自愿登记 指作者、其他享有著作权的公民、法人或者非法人单位和专有权所有人及其代理人，自愿到著作权行政管理部门登记应予以保护作品的行为。

版权输出和引进 指以受版权保护的作品的财产权为标的物，与国外的出版单位等相关机构进行的交易行为，其内容涉及图书、报刊、影视、动漫、戏剧、音乐、软件等。

广播（电视）节目综合人口覆盖率 指根据国家广电总局制定的《广播电视人口覆盖率统计技术标准和方法》进行统计调查的，在对象区内能接收到中央、省、地市、或县通过无线、有线或卫星等各种技术方式转播的各级广播（电视）节目的人口数占全部总人口的比重。

有线广播电视实际用户数 指通过广播电视有线传输网收看电视节目的家庭用户数，包括接收模拟信号和接收数字信号的有线电视用户数。不包括宾馆、单位、写字楼等集体用户。

数字电视实际用户数 指通过广播电视有线传输网收看数字信号电视节目的家庭用户数。

全年广播（电视）节目制作时间 指广播电视节目制作机构全年自采、自编、自录的及合作制作、加工制作的各类广播（电视）节目（包括直播节目）的总时长。

公共广播（电视）节目套数 指经国家广电总局批准的、广播电视播出机构开办的不向听众收取收听（收看）费用，以为大众提供公共广播（电视）服务为主要目的，用固定频率（频道）播出，并编有整套自办节目时间表的广播（电视）节目套数。

全年公共广播（电视）节目播出时间 指广播电视播出机构自办节目频率（频道）内公共节目全年播

出的时间（含节目重复播出时间）。

艺术表演团体　指由文化部门主办或实行行业管理（经文化市场行政部门审批或已申报登记并领取相关许可证），专门从事表演艺术等活动的各类专业艺术表演团体，含民间职业剧团。不包括群众业余文艺表演团体。

艺术表演场馆　指由文化部门主办或实行行业管理（经文化市场行政部门审批或已申报登记并领取相关许可证），有观众席、舞台、灯光设备，公开售票、专供文艺团体演出的文化活动场所。

博物馆　指为了研究、教育、欣赏的目的，收藏、保护、展示人类活动和自然环境的见证物，向公众开放，非营利性、永久性社会服务机构，包括以博物馆（院）、纪念馆（舍）、美术（艺术）馆、科技馆、陈列馆等专有名称开展活动的单位。

总藏量　指公共图书馆已编目的古籍、图书、期刊和报纸的合订本、小册子、手稿，以及缩微制品、录像带、录音带、光盘等视听文献资料数量之和。

藏品　指文博机构根据收藏品的文化属性、自然属性等情况，所划分的文物藏品、标本藏品、模型藏品（含具有收藏、展示价值的雕塑、绘画等艺术作品）和复制品藏品的总和。本指标所统计的藏品是指报告期末，该机构已经整理并登记入账的藏品数。

国家综合档案馆　指归口中央或地方各级档案行政管理部门直接管理的，按行政区划或历史时期设置的，收集和管理所辖范围内多种门类档案的档案馆。

国家级风景名胜区　指经国务院审定公布的风景名胜区。

娱乐场所　指以营利为目的，并向公众开放、消费者自娱自乐的歌舞、游艺等场所，以及各地文化行政部门依据相关规定管理并发放《娱乐场所经营许可证》的其它娱乐场所。

网吧　指通过计算机等设备向公众提供互联网上网服务的营业性娱乐文化服务场所。

动漫企业　指经文化部、财政部、国家税务总局三部门联合认定的从事漫画创作、动画创作、网络动漫（含手机动漫）创作、动漫舞台创作、动漫软件开发和动漫衍生产品研发等动漫业务的企业。

移动个性化回铃用户　指报告期末电信企业开通的、可由用户自己选择回铃音的移动电话用户。包括使用套餐由电信企业提供多种回铃音的移动电话用户。

互联网宽带接入用户　指报告期末在电信企业登记注册，通过 xDSL、FTTx+LAN、FTTH/O 以及其他宽带接入方式和普通专线接入公众互联网的用户。

互联网普及率　指报告期末互联网网民占行政区域总人口的比率。互联网网民是指通过定期调查进行估算的过去半年内使用过互联网的 6 周岁及以上中国居民。

网页长度（总字节数）　指报告期内中国所有网站所含网页的总长度。网站是指以域名本身或者“www.+域名”为网址的 web 站点，其中包括中国的国家顶级域名.CN 和类别顶级域名（gTLD）下的 web 站点，该域名的注册者位于中国境内。

网站数　指报告期内中国所有网站的总数量。网站是指以域名本身或者“www.+域名”为网址的 web 站点，其中包括中国的国家顶级域名.CN 和类别顶级域名（gTLD）下的 web 站点，该域名的注册者位于中国境内。

互联网宽带接入端口　指用于接入互联网用户的各类实际安装运行的接入端口的数量，包括 xDSL 用户接入端口、LAN 接入端口、FTTH/O 端口及其他类型接入端口等，不包括窄带拨号接入端口。

互联网国际出口带宽　指基础电信企业与其他国家和地区相连的网络出口带宽总数。

互联网及相关服务企业数　指获得工业和信息化部或省、自治区、直辖市通信管理局颁发的《增值电信业务经营许可证》、在中国大陆境内经营全国或区域性增值电信业务的服务商数。

互联网及相关服务收入　指企业经营《增值电信业务经营许可证》中注册的业务所获得的收入总和。

更多指标解释可参见《中国统计年鉴》和相关专业统计年鉴。

附录三

Appendix 3

文化及相关产业分类(2012)

Classification of Culture and Related Industries (2012)

文化及相关产业分类(2012)

一、目的和作用

（一）为深入贯彻落实党的十七届六中全会关于深化文化体制改革、推动社会主义文化大发展大繁荣的精神，建立科学可行的文化及相关产业统计制度，制定本分类。

（二）本分类为界定我国文化及相关单位的生产活动提供依据，为当前的社会主义文化建设、文化宏观管理提供参考，为文化及相关产业统计提供统一的定义和范围。

二、定义和范围

（一）定义

本分类规定的文化及相关产业是指为社会公众提供文化产品和文化相关产品的生产活动的集合。

（二）范围

根据以上定义，我国文化及相关产业的范围包括：

1．以文化为核心内容，为直接满足人们的精神需要而进行的创作、制造、传播、展示等文化产品（包括货物和服务）的生产活动；

2．为实现文化产品生产所必需的辅助生产活动；

3．作为文化产品实物载体或制作（使用、传播、展示）工具的文化用品的生产活动(包括制造和销售)；

4．为实现文化产品生产所需专用设备的生产活动(包括制造和销售)。

三、分类原则

（一）以《国民经济行业分类》为基础

本分类以《国民经济行业分类》（GB/T 4754—2011）为基础，根据文化及相关单位生产活动的特点，将行业分类中相关的类别重新组合，是《国民经济行业分类》的派生分类。

（二）兼顾部门管理需要和可操作性

根据我国文化体制改革和发展的实际，本分类在考虑文化生产活动特点的同时，兼顾政府部门管理的需要；立足于现行的统计制度和方法，充分考虑分类的可操作性。

（三）与国际分类标准相衔接

本分类借鉴了联合国教科文组织的《文化统计框架—2009》的分类方法，在定义和覆盖范围上可与其衔接。

四、分类方法

本分类依据上述分类原则，将文化及相关产业分为五层。

第一层包括文化产品的生产、文化相关产品的生产两部分，用“第一部分”、“第二部分”表示；

第二层根据管理需要和文化生产活动的自身特点分为10个大类，用“一”、“二”……“十”表示；

第三层依照文化生产活动的相近性分为 50 个中类，在每个大类下分别用“（一）”、“（二）”、“（三）”……表示；

第四层共有120个小类，是文化及相关产业的具体活动类别，直接用《国民经济行业分类》（GB/T

4754—2011）相对应行业小类的名称和代码表示。对于含有部分文化生产活动的小类，在其名称后用“*”标出。

第五层为带“*”小类下设置的延伸层。通过在类别名称前加“—”表示，不设代码和顺序号，其包含的活动内容在表 2 中加以说明。

五、文化及相关产业分类表

表1　文化及相关产业的类别名称和行业代码

类　别　名　称	国民经济行业代码
第一部分　文化产品的生产	
一、新闻出版发行服务	
（一）新闻服务	
新闻业	8510
（二）出版服务	
图书出版	8521
报纸出版	8522
期刊出版	8523
音像制品出版	8524
电子出版物出版	8525
其他出版业	8529
（三）发行服务	
图书批发	5143
报刊批发	5144
音像制品及电子出版物批发	5145
图书、报刊零售	5243
音像制品及电子出版物零售	5244
二、广播电视电影服务	
（一）广播电视服务	
广播	8610
电视	8620
（二）电影和影视录音服务	
电影和影视节目制作	8630
电影和影视节目发行	8640
电影放映	8650
录音制作	8660
三、文化艺术服务	
（一）文艺创作与表演服务	
文艺创作与表演	8710
艺术表演场馆	8720
（二）图书馆与档案馆服务	
图书馆	8731
档案馆	8732
（三）文化遗产保护服务	
文物及非物质文化遗产保护	8740
博物馆	8750
烈士陵园、纪念馆	8760
（四）群众文化服务	
群众文化活动	8770
（五）文化研究和社团服务	
社会人文科学研究	7350
专业性团体（的服务）*	9421
—学术理论社会团体的服务	
—文化团体的服务	

续表 1

类 别 名 称	国民经济行业代码
（六）文化艺术培训服务	
文化艺术培训	8293
其他未列明教育 *	8299
—美术、舞蹈、音乐辅导服务	
（七）其他文化艺术服务	
其他文化艺术业	8790
四、文化信息传输服务	
（一）互联网信息服务	
互联网信息服务	6420
（二）增值电信服务（文化部分）	
其他电信服务 *	6319
—增值电信服务(文化部分)	
（三）广播电视传输服务	
有线广播电视传输服务	6321
无线广播电视传输服务	6322
卫星传输服务 *	6330
—传输、覆盖与接收服务	
—设计、安装、调试、测试、监测等服务	
五、文化创意和设计服务	
（一）广告服务	
广告业	7240
（二）文化软件服务	
软件开发 *	6510
—多媒体、动漫游戏软件开发	
数字内容服务 *	6591
—数字动漫、游戏设计制作	
（三）建筑设计服务	
工程勘察设计 *	7482
—房屋建筑工程设计服务	
—室内装饰设计服务	
—风景园林工程专项设计服务	
（四）专业设计服务	
专业化设计服务	7491
六、文化休闲娱乐服务	
（一）景区游览服务	
公园管理	7851
游览景区管理	7852
野生动物保护 *	7712
—动物园和海洋馆、水族馆管理服务	
野生植物保护 *	7713
—植物园管理服务	
（二）娱乐休闲服务	
歌舞厅娱乐活动	8911
电子游艺厅娱乐活动	8912
网吧活动	8913
其他室内娱乐活动	8919
游乐园	8920
其他娱乐业	8990

续表 2

类　别　名　称	国民经济行业代码
（三）摄影扩印服务	
摄影扩印服务	7492
七、工艺美术品的生产	
（一）工艺美术品的制造	
雕塑工艺品制造	2431
金属工艺品制造	2432
漆器工艺品制造	2433
花画工艺品制造	2434
天然植物纤维编织工艺品制造	2435
抽纱刺绣工艺品制造	2436
地毯、挂毯制造	2437
珠宝首饰及有关物品制造	2438
其他工艺美术品制造	2439
（二）园林、陈设艺术及其他陶瓷制品的制造	
园林、陈设艺术及其他陶瓷制品制造 *	3079
—陈设艺术陶瓷制品制造	
（三）工艺美术品的销售	
首饰、工艺品及收藏品批发	5146
珠宝首饰零售	5245
工艺美术品及收藏品零售	5246
第二部分　文化相关产品的生产	
八、文化产品生产的辅助生产	
（一）版权服务	
知识产权服务 *	7250
—版权和文化软件服务	
（二）印刷复制服务	
书、报刊印刷	2311
本册印制	2312
包装装潢及其他印刷	2319
装订及印刷相关服务	2320
记录媒介复制	2330
（三）文化经纪代理服务	
文化娱乐经纪人	8941
其他文化艺术经纪代理	8949
（四）文化贸易代理与拍卖服务	
贸易代理 *	5181
—文化贸易代理服务	
拍卖 *	5182
—艺（美）术品、文物、古董、字画拍卖服务	
（五）文化出租服务	
娱乐及体育设备出租 *	7121
—视频设备、照相器材和娱乐设备的出租服务	
图书出租	7122
音像制品出租	7123
（六）会展服务	
会议及展览服务	7292
（七）其他文化辅助生产	
其他未列明商务服务业 *	7299
—公司礼仪和模特服务	

续表 3

类别名称	国民经济行业代码
一大型活动组织服务	
一票务服务	
九、文化用品的生产	
（一）办公用品的制造	
文具制造	2411
笔的制造	2412
墨水、墨汁制造	2414
（二）乐器的制造	
中乐器制造	2421
西乐器制造	2422
电子乐器制造	2423
其他乐器及零件制造	2429
（三）玩具的制造	
玩具制造	2450
（四）游艺器材及娱乐用品的制造	
露天游乐场所游乐设备制造	2461
游艺用品及室内游艺器材制造	2462
其他娱乐用品制造	2469
（五）视听设备的制造	
电视机制造	3951
音响设备制造	3952
影视录放设备制造	3953
（六）焰火、鞭炮产品的制造	
焰火、鞭炮产品制造	2672
（七）文化用纸的制造	
机制纸及纸板制造 *	2221
一文化用机制纸及纸板制造	
手工纸制造	2222
（八）文化用油墨颜料的制造	
油墨及类似产品制造	2642
颜料制造 *	2643
一文化用颜料制造	
（九）文化用化学品的制造	
信息化学品制造 *	2664
一文化用信息化学品的制造	
（十）其他文化用品的制造	
照明灯具制造 *	3872
一装饰用灯和影视舞台灯制造	
其他电子设备制造 *	3990
一电子快译通、电子记事本、电子词典等制造	
（十一）文具乐器照相器材的销售	
文具用品批发	5141
文具用品零售	5241
乐器零售	5247
照相器材零售	5248
（十二）文化用家电的销售	
家用电器批发 *	5137
一文化用家用电器批发	
家用视听设备零售	5271

续表 4

类　别　名　称	国民经济行业代码
（十三）其他文化用品的销售	
其他文化用品批发	5149
其他文化用品零售	5249
十、文化专用设备的生产	
（一）印刷专用设备的制造	
印刷专用设备制造	3542
（二）广播电视电影专用设备的制造	
广播电视节目制作及发射设备制造	3931
广播电视接收设备及器材制造	3932
应用电视设备及其他广播电视设备制造	3939
电影机械制造	3471
（三）其他文化专用设备的制造	
幻灯及投影设备制造	3472
照相机及器材制造	3473
复印和胶印设备制造	3474
（四）广播电视电影专用设备的批发	
通讯及广播电视设备批发 *	5178
—广播电视电影专用设备批发	
（五）舞台照明设备的批发	
电气设备批发 *	5176
—舞台照明设备的批发	

表 2 对延伸层文化生产活动内容的说明

序号	类别名称及代码		文化生产活动的内容
	小类	延伸层	
1	专业性团体（的服务）（9421）	学术理论社会团体的服务	包括党的理论研究、史学研究、思想工作研究、社会人文科学研究等团体的服务。
		文化团体的服务	包括新闻、图书、报刊、音像、版权、广播、电视、电影、演员、作家、文学艺术、美术家、摄影家、文物、博物馆、图书馆、文化馆、游乐园、公园、文艺理论研究、民族文化等团体的服务。
2	其他未列明教育（8299）	美术、舞蹈、音乐辅导服务	包括美术、舞蹈和音乐等辅导服务。
3	其他电信服务（6319）	增值电信服务(文化部分)	包括手机报、个性化铃音、网络广告等业务服务。
4	卫星传输服务（6330）	传输、覆盖与接收服务	包括卫星广播电视信号的传输、覆盖与接收服务。
		设计、安装、调试、测试、监测等服务	包括卫星广播电视传输、覆盖、接收系统的设计、安装、调试、测试、监测等服务。
5	软件开发（6510）	多媒体、动漫游戏软件开发	包括应用软件开发及经营中的多媒体软件和动漫游戏软件开发及经营活动。
6	数字内容服务（6591）	数字动漫、游戏设计制作	包括数字动漫制作和游戏设计制作等服务。
7	工程勘察设计（7482）	房屋建筑工程设计服务	包括房屋（住宅、商业用房、公用事业用房、其他房屋）建筑工程设计服务。
		室内装饰设计服务	包括住宅室内装饰设计服务和其他室内装饰设计服务。
		风景园林工程专项设计服务	包括各类风景园林工程专项设计服务。
8	野生动物保护（7712）	动物园和海洋馆、水族馆管理服务	包括动物园管理服务，放养动物园管理服务，鸟类动物园管理服务，海洋馆、水族馆管理服务。
9	野生植物保护（7713）	植物园管理服务	包括各类植物园管理服务。
10	园林、陈设艺术及其他陶瓷制品制造（3079）	陈设艺术陶瓷制品制造	包括室内陈设艺术陶瓷制品、工艺陶瓷制品、陶瓷壁画、陶瓷制塑像和其他陈设艺术陶瓷制品的制造。
11	知识产权服务（7250）	版权和文化软件服务	版权服务包括版权代理服务，版权鉴定服务，版权咨询服务，海外作品登记服务，涉外音像合同认证服务，著作权使用报酬收转服务，版权贸易服务和其他版权服务。文化软件服务指与文化有关的软件服务，包括软件代理、软件著作权登记、软件鉴定等服务。
12	贸易代理（5181）	文化贸易代理服务	包括文化用品、图书、音像、文化用家用电器和广播电视器材等国际国内贸易代理服务。
13	拍卖（5182）	艺（美）术品、文物、古董、字画拍卖服务	包括艺（美）术品拍卖服务，文物拍卖服务，古董、字画拍卖服务。
14	娱乐及体育设备出租（7121）	视频设备、照相器材和娱乐设备的出租服务	包括视频设备出租服务，照相器材出租服务，娱乐设备出租服务。
15	其他未列明商务服务业（7299）	公司礼仪和模特服务	公司礼仪服务包括开业典礼、庆典及其他重大活动的礼仪服务。模特服务包括服装模特、艺术模特和其他模特等服务。
		大型活动组织服务	包括文艺晚会策划组织服务，大型庆典活动策划组织服务，艺术、模特大赛策划组织服务，艺术节、电影节等策划组织服务，民间活动策划组织服务，公益演出、展览等活动的策划组织服务，其他大型活动的策划组织服务。
		票务服务	包括电影票务服务，文艺演出票务服务，展览、博览会票务服务。

续表

序号	类别名称及代码		文化生产活动的内容
	小类	延伸层	
16	机制纸及纸板制造（2221）	文化用机制纸及纸板制造	包括未涂布印刷书写用纸制造，涂布类印刷用纸制造，感应纸及纸板制造。
17	颜料制造（2643）	文化用颜料制造	包括水彩颜料、水粉颜料、油画颜料、国画颜料、调色料、其他艺术用颜料、美工塑型用膏等制造。
18	信息化学品制造（2664）	文化用信息化学品的制造	包括感光胶片的制造，摄影感光纸、纸板及纺织物制造，摄影用化学制剂、复印机用化学制剂制造，空白磁带、空白磁盘、空盘制造。
19	照明灯具制造（3872）	装饰用灯和影视舞台灯制造	包括装饰用灯（圣诞树用成套灯具、其他装饰用灯）和影视舞台灯的制造。
20	其他电子设备制造（3990）	电子快译通、电子记事本、电子词典等制造	包括电子快译通、电子记事本、电子词典等电子设备的制造。
21	家用电器批发（5137）	文化用家用电器批发	包括电视机、摄录像设备、便携式收录放设备、音响设备等的批发。
22	通讯及广播电视设备批发（5178）	广播电视电影专用设备批发	包括广播设备、电视设备、电影设备、广播电视卫星设备等的批发。
23	电气设备批发（5176）	舞台照明设备的批发	包括各类舞台照明设备的批发。